KB212377

清涼國師華嚴經疏鈔

청량국사화엄경소초 12

세주묘엄품 ②

청량징관 찬술 · 관허수진 현토역주

운주사

서언

천이백 년 침묵의 역사를 깨고

오늘도 나는 여전히 거제만을 바라본다.

겹겹이 조종하는 산들

산자락 사이 실가닥 저잣길을 지나 낙동강의 시린 눈빛

그 너머 미동도 없는 평온의 물결 저 거제만을 바라본다.

십오 년 전 그날 아침을 그리며 말이다.

나는 2006년 1월 10일 은해사 운부암을 다녀왔다.

그리고 그날 밤 열한 시 대적광전에서 평소에 꿈꾸어 왔던 『청량국사 화엄경소초』 완역의 무장무애를 지심으로 발원하고 번역에 착수하였다.

나의 가냘픈 지혜와 미약한 지견으로 부처님의 비단과도 같은 화장세계에 청량국사의 화려하게 수놓은 소초의 꽃을 피워내는 긴 여정을 시작한 것이다.

화엄은 바다였고 수미산이었다.

그 바다에는 부처님의 용이 살고 있었고

그 산에는 부처님의 코끼리가 노닐고 있었다.

예쁘게 단장한 청량국사 소초의 꽃잎에는 부처님의 생명이 태동하고 있었고,

겁외의 연꽃 밭에는 영원히 지지 않는 일승의 꽃이 향기를 뿜어내고

있었다.
그 바다 그 산 그리고 그 꽃밭에서 10년 7개월(구체적으로는 2006년 1월 10일부터 2016년 8월 1일까지) 동안 자유롭게 노닐었다.
때로는 산 넘고 강 건너 협곡을 지나고
때로는 은하수 별빛 따라 오작교도 다니었다.
삼경 오경의 그 영롱한 밤
숨쉬기조차 미안한 고요의 숭고함
그 시공은 영원한 나의 역경의 놀이터였다.

애시당초 이 작업은 세계 인문학의 자존심
내가 살아 숨쉬는 이 나라 대한민국 그리고 불교의 자존심에 기인한 것이다.
일찍이 그 누가 이 청량국사의 『화엄경소초』를 완역하였다면 나는 이 작업을 하지 않았을 것이다.
지금도 여전히 완역자는 없다.
더욱이 이 『청량국사화엄경소초』의 유일한 안내자 인악스님의 『잡화기』와 연담스님의 『유망기』도 그 누가 번역한 사실이 없다.
그러나 내 손안에 있는 두 분의 『사기』는 모두 다 번역하여 주석으로 정리하였다.

이 청량국사 화엄경의 소는 초를 판독하지 않으면 알 수가 없다.
그래서 그 이름을 구체적으로 대방광불화엄경수소연의초大方廣佛華嚴經隨疏演義鈔라 한 것이다.

즉 대방광불화엄경의 소문을 따라 그 뜻을 강연한 초안의 글이라는 것이다.
청량국사는『화엄경』의 소문을 4년(혹은 5년) 쓰시되 2년차부터는 소문과 초문을 함께 써서 완성하시고 5년차부터 8년 동안 초문을 쓰셨다.
따라서 그 소문의 양은 초문에 비하면 겨우 삼분의 일에 지나지 않는다 할 것이다.

나는 1976년 해인사 강원에서 처음『청량국사화엄경소초 현담』여덟 권을 독파하였고,
1981년부터 3년간 금산사 화엄학림에서『청량국사화엄경소초』를 독파하였다.
그때 이미 현토와 역주까지 최초 번역의 도면을 완성하였고,
당시에 아쉽게 독파하지 못한 십정품에서 입법계품까지의 소초는 1984년 이후 수선 안거시절 해제 때마다 독파하여 모두 정리하였다.

그러나 번역의 기연이 맞지 않아 미루다가 해인사 강주시절 잠시 번역에 착수하였으나 역시 기연이 맞지 않아 미루었다.
그리고 드디어 2006년 1월 10일 번역에 착수하여 2016년 8월 1일 십만 매 원고로 완역 탈고하고, 2020년 봄날 시공을 초월한 사상 초유『청량국사화엄경소초』가 1,200년 침묵의 역사를 깨고 이 세상에 처음 눈을 뜨게 된 것이다.

번역의 순서는 먼저 입법계품의 소초, 다음에는 세주묘엄품 소초에서 이세간품 소초까지, 마지막으로 소초 현담을 번역하였다.
번역의 형식은 직역으로 한 글자도 빠뜨리지 않고 번역하였다.
따라서 어색하게 느껴지는 곳도 있을 것이다.
예를 들면 소所 자를 "바"라 하고, 지之 자를 지시대명사로 "이것, 저것"이라 하고, 이而 자를 "그러나"로 번역한 등이 그렇다.
판본은 징광사로부터 태동한 영각사본을 뿌리로 하였고, 대만에서 나온 본과 인악스님의 『잡화기』와 연담스님의 『유망기』와 또 다른 사기 『잡화부』(잡화부는 검자권부터 광자권까지 8권만 있다)를 대조하여 번역하였다.

앞에서 이미 말한 것처럼, 그 누가 청량국사의 『화엄경소초』를 완역한 적이 있었다면 나는 이 번역에 착수하지 않았을 것이다.
지금까지 이 황금보옥黃金寶玉의 『청량국사화엄경소초』가 번역되지 아니한 것은 나에게 주어진 시대적 사명이고 역사적 명령이라 생각한다.
나는 이 『청량국사화엄경소초』의 완역으로 불조의 은혜를 갚고 청량국사와 은사이신 문성노사 그리고 나를 낳아준 부모의 은혜를 일분 갚는다 여길 것이다.

끝으로 이 『청량국사화엄경소초』가 1,200년의 시간을 지나 이 세상에 눈뜨기까지 나와 인연한 모든 사람들 그리고 영산거사 가족과 김시열 거사님께 원력의 보살이라 찬언讚言하며, 나의 미약한 번역으로 선지자의 안목을 의심케 할까 염려한다.

마지막 희망이 있다면 이 『청량국사화엄경소초』의 완역 출판으로 청량국사에 대한 더욱 깊고 넓은 연구와 『화엄경』에 대한 더욱 다양한 연구가 이루어지기를 바라는 것뿐이다.

장세토록 구안자의 자비와 질책을 기다리며 고개 들어 다시 저 멀리 거제만을 바라본다.

여전히 변함없는 저 거제만을.

2016년 8월 1일 절필시에 게송을 그리며

長廣大說無一字 장광대설무일자
無碍眞理亦無義 무애진리역무의
能所兩詮雙忘時 능소양전쌍망시
劫外一經常放光 겁외일경상방광

화엄경의 장대한 광장설에는 한 글자도 없고
화엄경의 걸림없는 진리에는 또한 한 뜻도 없다.
능전의 문자와 소전의 뜻을 함께 잊은 때에
시공을 초월한 경전 하나 영원히 광명을 놓누나.

불기 2565년 음력 1월 10일 최초 완역장
승학산 해인정사 관허 수진

● 화엄경소초현담華嚴經疏鈔玄談(1~8)

● 화엄경소초華嚴經疏鈔

1. 세주묘엄품世主妙嚴品
2. 여래현상품如來現相品
3. 보현삼매품普賢三昧品
4. 세계성취품世界成就品
5. 화장세계품華藏世界品
6. 비로자나품毘盧遮那品
7. 여래명호품如來名號品
8. 사성제품四聖諦品
9. 광명각품光明覺品
10. 보살문명품菩薩問明品
11. 정행품淨行品
12. 현수품賢首品
13. 승수미산정품昇須彌山頂品
14. 수미정상게찬품須彌頂上偈讚品
15. 십주품十住品
16. 범행품梵行品
17. 초발심공덕품初發心功德品
18. 명법품明法品

19. 승야마천궁품昇夜摩天宮品
20. 야마천궁게찬품夜摩天宮偈讚品
21. 십행품十行品
22. 십무진장품十無盡藏品
23. 승도솔천궁품昇兜率天宮品
24. 도솔천궁게찬품兜率天宮偈讚品
25. 십회향품十廻向品
26. 십지품十地品
27. 십정품十定品
28. 십통품十通品
29. 십인품十忍品
30. 아승지품阿僧祇品
31. 여래수량품如來壽量品
32. 보살주처품菩薩住處品
33. 불부사의법품佛不思議法品
34. 여래십신상해품如來十身相海品
35. 여래수호광명공덕품如來隨好光明功德品
36. 보현행품普賢行品
37. 여래출현품如來出現品
38. 이세간품離世間品
39. 입법계품入法界品

영인본 2책 月字卷之一

대방광불화엄경수소연의초 제일권의 삼권
大方廣佛華嚴經隨疏演義鈔 第一卷之三卷

우진국 삼장사문 실차난타 번역
청량산 대화엄사 사문 징관 찬술
대한민국 조계종 사문 수진 현토역주

세주묘엄품 제일의 일권

世主妙嚴品 第一之一卷

疏

第六에 有十佛世界下는 明衆海雲集이라 衆雖深廣難測이나 略啓十門하리니 一은 集意요 二는 集因이요 三은 辯類요 四는 定數요 五는 權實이요 六은 地位요 七은 前後요 八은 有無요 九는 聞不聞이요 十은 釋文이라

제 여섯 번째 열 부처님 세계에[1] 작은 티끌 수만치 많은 보살마하살이 있다고 한 아래는 대중의 바다(衆海)가 구름처럼 모임을 밝힌 것이다. 대중의 바다가 비록 깊고도 넓어 측량하기 어렵지만 간략하게 열 가지 문으로 계시하리니
첫 번째는 모이는 뜻이요,
두 번째는 모이는 원인이요,
세 번째는 모인 유형을 말한 것이요,
네 번째는 모인 대중의 수를 결정한 것이요,

1 열 부처님 세계라고 한 등은 영인본 화엄 2책, p.565, 4행에 있다.

다섯 번째는 방편(權) 대중과 진실(實) 대중이요,
여섯 번째는 모인 대중의 지위地位요,
일곱 번째는 앞의 대중과 뒤의 대중이요,
여덟 번째는 모인 대중이 있기도 하고 없기도 한 것이요,
아홉 번째는 모인 대중이 법문을 듣기도 하고 듣지 못하기도 한 것이요,
열 번째는 문장을 해석한 것이다.

疏

今初니 來至佛所는 何所爲耶아 有十義故니 一은 爲影響이니 爲主伴故요 二는 爲作輔翼하야 得圓滿故니 如普賢等常隨之衆이요 三은 爲守護如來니 如執金剛等이 諸佛住處에 常勤護故요 四는 爲莊嚴이니 如道場神等이 常爲嚴淨佛宮殿故요 五는 爲供養이니 如偈讚은 卽正行供養이며 華幢等은 卽財供養故요 六은 爲發起此經이니 諸請難者가 卽其事故요 七은 爲聞法獲益이니 當機領悟가 卽其類故요 八은 爲表法이니 諸首諸林은 表信行等으로 皆同名故며 及座出菩薩等은 顯奇特故며 亦通表萬行으로 俱成佛故요 九는 爲順證이니 佛菩薩等은 證說不虛故요 十은 爲翻顯이니 卽聲聞不聞은 顯法不共故니라 爲斯多意하야 所以衆海雲集이요 非爲證信而已也니라

지금은 처음으로 부처님의 처소에 온 것은 무엇 때문인가.

열 가지 뜻이 있는 까닭이니,
첫 번째는 그림자와 메아리처럼 따르기 위한 것이니
주主와 반伴이[2] 되는 까닭이요,
두 번째는 부처님의 보익輔翼[3]을 지어 원만함을 얻게 하기 위한 까닭이니
보현보살 등 상수常隨 대중과 같은 것이요,
세 번째는 여래를 수호하기 위한 것이니
집금강신 등이 모든 부처님이 머무는 곳에 항상 부지런히 수호하는 것과 같은 것이요,
네 번째는 장엄하기 위한 것이니
도량신 등이 항상 부처님의 궁전을 장엄하고 청정하게 하는 것과 같은 까닭이요,
다섯 번째는 공양하기 위한 것이니
게송으로 찬탄한 것은 곧 정행正行 공양[4]이며 꽃이나 당기 등은 곧 재물 공양과 같은 까닭이요,
여섯 번째는 이 『화엄경』을 발기하기 위한 것이니
모든 청하는 것과 질문하는 것이 곧 그 사실인 까닭이요,
일곱 번째는 법문을 듣고 이익을 얻기 위한 것이니
당기當機가 깨닫는 것이 곧 그 유형인 까닭이요,

---

2 주主와 반伴이라고 한 것은, 주主는 여래이고 반伴은 보살이다.

3 보익이라고 한 것은 곧 부처님을 도와 좋은 곳으로 인도하는 것이니, 즉 부처님을 보필하는 것이다.

4 정행正行 공양이란 곧 법공양이다.

여덟 번째는 법을 표하기 위한 것이니

제수諸首 보살과 제림諸林 보살은 십신과 십행 등으로 다 이름이 같음을 표하는 까닭이며,

그리고 부처님의 자리[5]에서 나온 보살 등은 기특함을 표현하는 까닭이며,

또 보살 만행으로[6] 함께 성불함을 모두 표하는 까닭이요,

아홉 번째는 증득함을 따르기 위한 것이니

부처님과 보살 등은 증득[7]한 것과 설법하는 것이 허망하지 않은 까닭이요,

열 번째는 반대로 나타내기[8] 위한 것이니

---

5 자리라고 한 것은, 『유망기』에 이 부처님의 자리인 까닭으로 부처님을 표한 것이고, 바로 아래 만행은 보살을 표한 것이라 하였다.

6 또 보살 만행으로 운운한 것은, 당시에 강사가 말하기를 이 부처님의 자리에서 나온 보살의 제 두 번째 뜻이니 부처님의 자리는 부처님을 표한 것이고, 자리에서 나온 보살은 만행을 표한 까닭으로 보살 만행으로 함께 성불한다는 뜻이 되는 것이다 하나, 어리석은 나는(私記主) 곧 위에서는 따로 설함을 잡았기에 십신 등을 표하였다 말하고 기특함을 표하였다 말한 것이며, 지금에는 모두 표하는 것을 잡았기에 곧 모든 보살 대중이 부처님의 처소에 와서 모인 것은 보살 만행으로 함께 성불함을 나타내고자 한 것이라 하리라. 역시 『잡화기』의 말이다.

7 원문에 증설證說이라고 한 것은, 증證은 증득한 법(證得法)이니 내內이고, 설說은 설법說法이니 외外이다.

8 반대로 나타내었다고(翻顯) 한 것은, 고본 화엄 月字卷 상권 3장 3·4행과 영인본 화엄 2책, p.547, 3·4행을 보면 여기와 좋은 예가 있다. 번현翻顯이 곧 반현反顯이다.

곧 성문이 듣지 못하는 것은 법이 같지 아니함을 나타내는 까닭이다. 이러한 수많은 뜻을[9] 위하여 대중의 바다가 구름처럼 모이는 것이지 증신證信[10]을 위하여 모이는 것만은 아닌 까닭이다.[11]

鈔

一에 爲影響者는 此集意中에 十意가 皆闇取下經이라 此初는 意引이니 卽諸大菩薩과 及下證法如來가 皆互爲主件호미 若影之隨形하며 響之應聲하니라 二에 爲作輔翼等者는 亦是義引이라 三에 爲守護者는 經云호대 皆於往昔의 無量劫中에 恒發大願하야 願常親近供養諸佛이라하며 又下經云호대 一切諸佛의 化形所在에 皆隨化往하며 一切如來의 所住之處에 常勤守護라하니라 四에 常爲嚴淨者는 此卽主城神德이니 下經云호대 皆於無量不思議劫에 嚴淨如來의 所居宮殿이라하니 所以로 標道場神이요 此中等字는 等城神故니라 然道場神은 合嚴道場거니와 以道場神이 所歎德中엔 但云호대 皆於過去에 値無量佛하야 成就願力하야 廣興供養이라하니 釋曰由無嚴飾之文일새 故等取城神之文耳니라 五에 爲供養者는 以義繁重일새 故總相引이니 偈讚下는 妙嚴品이요 其華幢等은 卽第二十二經이니 昇兜率天宮品이라 六에 爲發起者는 卽解脫月이라

---

9 수많은 뜻이란, 곧 위에서 말한 열 가지 뜻이다.

10 증신證信은 經文이 정확함을 증명하여 대중에게 믿음을 일으키게 하는 것이다.

11 원문에 비위증신非爲證信은, 좁게 보면 중해衆海가 운집雲集한 목적目的이 證信에 있지만, 크게 보면 이 위에 열거한 열 가지 뜻 때문에 운집한 것이다.

첫 번째 그림자와 메아리처럼 따르기 위한 것이라고 한 것은, 여기에 대중이 모이는 뜻 가운데 열 가지 뜻이 다 암암리에 아래 묘엄품의 경을 취하고 있다.
이 열 가지에 첫 번째는 뜻으로 인용한 것이니,
곧 모든 큰 보살과 그리고 아래에 법을 증득한 여래가 다 서로 주主와 반伴이 되는[12] 것이 마치 그림자가 형상을 따르는 것과 같으며 메아리가 소리를 응하는 것과 같은 것이다.

두 번째 보익을 짓는다고 한 등은 역시 뜻으로 인용한 것이다.

세 번째 여래를 수호하기 위한 것이라고 한 것은, 묘엄품경[13]에 말하기를 다 지나간 옛날 한량없는 세월 가운데 항상 큰 서원을 일으켜 모든 부처님을 항상 친근하고 공양하기를 서원한다 하였으며,
또 아래의 묘엄품경[14]에 말하기를 일체 모든 부처님이 형상을 변화하여 있는 곳에 다 따라 변화하여 가며 일체 여래가 머무시는 곳에

12 서로 주主와 반伴이 된다고 한 것은, 이것은 진실을 잡아 말한 것이어니와, 지금에 만약 인용한 바라면 곧 다만 모여온 대중이 반이 되고 비로자나가 주가 되는 것뿐이라고 『잡화기』는 말한다.

13 묘엄품경이라고 한 것은 묘엄품에 집금강신의 찬덕으로써 장행문이다. 영인본 화엄 2책, p.623, 2행이고, 교림 1책, p.17, 2행에 있다.

14 또 아래의 묘엄품경이라고 한 것은, 바로 위에 인용한 아래에 있는 까닭으로 아래라 한 것이니 역시 집금강신의 찬덕으로써 장행문이다. 영인본 화엄 2책, p.624, 7행이고, 교림 1책, p.17, 7행에 있다.

항상 부지런히 수호한다 하였다.

네 번째 항상 부처님의 궁전을 장엄하고 청정하게 하기 위한 것이라고 한 것은 이것은 곧 주성신主城神의 공덕이니,
아래의 묘엄품경[15]에 말하기를 다 한량없이 사의할 수 없는 세월에 여래께서 거처하시는 바 궁전을 장엄하고 청정하게 한다 하였으니, 그런 까닭으로 도량신을 표한 것이요,
이 가운데 등等[16]이라는 글자는 주성신主城神을 등취한 까닭이다.
그러나 도량신은[17] 도량을 장엄하는 것이 합당하거니와, 도량신이 찬탄한 바 공덕[18] 가운데에는 다만 말하기를 다 과거에 한량없는 부처님을 만나 원력을 성취하여 널리 공양을 일으킨다 하였으니, 해석하여 말하면 장엄하여 꾸민다는 문장이 없음을 인유하기에 그런 까닭으로 주성신의 문장을 등취하였을 뿐이다.

---

15 아래의 묘엄품경이라고 한 것은, 묘엄품에 주성신의 찬덕으로써 장행문이다. 위에 인용한 두 페이지 뒤에 있나니 영인본 화엄 2책, p.629, 4행이고, 교림 1책, p.19, 7행에 있다.

16 이 가운데 등等이라고 한 등은, 소문에 도량신 등이라 한 등等 자를 말한다.

17 그러나 도량신 운운은, 어떤 사람이 말하기를 이미 도량신을 표하였다면 도량신의 문장을 취하는 것이 합당하거늘, 지금에는 어찌하여 그렇지 않은가 할까 염려하기에 그런 까닭으로 이 해석을 한 것이라고 『잡화기』는 말하고 있다.

18 도량신이 찬탄한 바 공덕 운운은, 묘엄품에 도량신의 찬덕으로 역시 장행문이다. 영인본 화엄 2책, p.628, 5행이고, 교림 1책, p.18, 말행에 있다.

다섯 번째[19] 공양하기 위한 것이라고 한 것은 뜻이 많고[20] 중복되었기에 그런 까닭으로 총상總相으로 인용한 것이니,
게송으로 찬탄한 것이라고 한 아래는 세주묘엄품이요,
그 꽃이나 당기 등이라고 한 것은 곧 화엄 이십이경이니 승도솔천궁품이다.

여섯 번째 이 『화엄경』을 발기하기 위한 것이라고 한 것은 곧 해탈월보살이다.

疏

第二에 集因은 亦有十因하니 一은 曾與毘盧遮那如來로 同集善根故요 二는 蒙佛四攝으로 曾攝受故요 三은 往在生死하야 聞圓法故요 四는 曾發大心하야 護一切故요 五는 往發大願하야 願事佛故요 六은 隨逐如來하야 無厭足故요 七은 樂聞正法하야 心無倦故요 八은 善能散滅我慢心故요 九는 福智已淨하야 身周遍故요 十은 同一法性의 善根大海之所生故니 爲此多義하야 得與斯會니라

---

19 원문에 오위하五爲下는 오위공양자五爲供養者로 고쳐 번역하였다.

20 뜻이 많다고 한 등은, 그 뜻에 말하기를 두 번째 보익과 세 번째 수호 등은 다 보현과 집금강신 등을 따로 가리킨 것이어니와, 그러나 지금에 다섯 번째 공양은 곧 수많은 대중에 통하는 것이다. 그 뜻의 유형이 하나가 아니기에 곧 가히 낱낱이 따로 가리킬 수 없는 까닭으로 다만 여기에 총상으로만 인용하였을 뿐이다. 역시 『잡화기』의 말이다.

中有集因도 亦通集意하며 及隨諸衆하야 各有別因이니 可以思準니라

제 두 번째 모이는 원인이라고 한 것은 또한 열 가지 원인이 있나니 첫 번째는[21] 일찍이 비로자나 여래로 더불어 함께 선근을 모은 까닭이요,
두 번째는[22] 부처님의 사섭四攝으로 일찍이 섭수함을 입은 까닭이요,
세 번째는 지나간 옛날의 생사에 있으면서 이 원교의 법문을 들은 까닭이요,
네 번째는 일찍이 큰마음을 일으켜[23] 일체중생을 수호한 까닭이요,
다섯 번째는 지나간 옛날에 큰 서원을 일으켜 부처님 섬기기를 서원한 까닭이요,
여섯 번째는 여래를 따라 싫어하거나 만족함이 없는 까닭이요,
일곱 번째는 정법 듣기를 좋아하여 마음에 게으름이 없는 까닭이요,
여덟 번째는 잘 능히 아만심을 산멸하는 까닭이요,
아홉 번째는 복덕과 지혜가 이미 청정하여 몸이 두루한 까닭이요,
열 번째는 동일한 법성의 선근의 큰 바다에 태어난 바인 까닭이니,
이러한 많은 뜻을 위하여 이 회중에 참여함을 얻은 것이다.

---

21 첫 번째 운운은 세주묘엄품으로 영인본 화엄 2책, p.576, 8행이다.

22 두 번째 운운은 세주묘엄품으로 영인본 화엄 2책, p.701, 9행이다.

23 네 번째는 일찍이 큰마음을 일으킨다고 한 등은, 그 뜻에 말하기를 저 모여오는 대중 등이 일찍이 이런 사실이 있는 까닭으로 지금 여기 와서 법문을 들음을 얻는 것이다. 역시 『잡화기』의 말이다.

중간에 있는[24] 모이는 원인도 또한 모이는 뜻에 통하며, 그리고 모든 대중을 따라서 각각 다른 원인이 있나니 가히 생각하여 기준할 것이니라.

鈔

一에 曾與毘盧等者는 卽菩薩德中云호대 此諸菩薩이 往昔에 皆與毘盧遮那如來로 共集善根하야 修菩薩行이라하니라 二에 蒙佛四攝曾攝受者는 卽第二經初에 總歎衆云호대 如是皆以毘盧遮那如來의 往昔之時에 於劫海中에 修菩薩行할재 以四攝事로 而曾攝受라하니라 三은 卽義引入法界品이니 諸聲聞等이 往在生死하야 不曾聞此일새 故不見聞이라하니 反顯菩薩昔曾聞故니라 四는 卽夜叉王德云호대 皆勤守護一切衆生이라하니 此亦義引이라 如海雲言호대 發哀愍心하야 有怖畏者를 咸守護故니라 五는 卽身衆神德文云호대 皆於往昔에 成就大願하야 供養承事一切諸佛이라하니라 六은 卽是足行神德文云호대 皆於過去無量劫中에 親近如來하야 隨逐不捨라하니 卽無厭足이라 七은 卽乾闥婆王德文云호대 皆於大法에 深生信解하야 歡喜愛重하야 勤修不倦이라하니라 八은 卽主風神德文云호대 皆勤散滅我慢之心이라하며 亦阿修羅德文云호대 悉已精勤하야 摧伏我慢과 及諸煩惱라하니라 九는 卽菩薩德文云호대 一切如來의 功德大海가 咸入其身하며 一切諸佛의 所在國土에 皆隨願往이라하니라 亦通就義說인댄 具二嚴者라사 方能周遍하야 至諸佛所니라 十은 亦菩

24 열 가지 원인 가운데 중간의 네 가지를 말한다.

薩德文云호대 皆從如來善根海生이라하니라

첫 번째 일찍이 비로자나 여래로 더불어라고 한 등은, 곧 보살의 공덕 가운데 말하기를 이 모든 보살이[25] 지나간 옛날에 다 비로자나 여래로 더불어 함께 선근을 모아 보살의 행을 닦았다 하였다.

두 번째 부처님의 사섭으로 일찍이 섭수함을 입은 까닭이라고 한 것은, 곧 제 두 번째 경의 첫머리에 대중을 모두 찬탄하여 말하기를 이와 같은[26] 보살들이 다 비로자나 여래가 지나간 시절에 겁해劫海 가운데서 보살행을 닦을 때에 사섭사四攝事로써 일찍이 섭수한 이들이다 하였다.

세 번째는 입법계품을 뜻으로 인용한 것이니,
모든 성문 등이 지나간 옛날에 생사에 있으면서 일찍이 이 원교의 법문을 듣지 못한 것이다. 그런 까닭으로 보고 듣지 못한다 한 것은 반대로 보살은 일찍이 들었다고 나타내는 까닭이다.

---

25 보살의 공덕 가운데 말하기를 이 모든 보살 운운은 세주묘엄품 집금강신 앞에 있는 장행문의 말이니, 열 보살이 상수가 된다 하여 보현·보덕 등 열 보살의 이름을 열거하고 난 다음에 있는 말이다. 영인본 화엄 2책, p.576, 8행에 있다고 앞에 소문의 주석에서 이미 말한 바 있다.

26 이와 같은 운운은 영인본 화엄 2책, p.7, 9행에 있다고 앞에 소문의 주석에서 이미 말한 바 있다.

네 번째는 곧 야차왕의 공덕[27] 문장에 말하기를 다 일체중생을 부지런히 수호한다 하였으니,

이것도 또한 뜻으로 인용한 것이다.[28]

마치 해운비구가 말하기를 애민한 마음을 일으켜 두려움이 있는 사람을 다 수호한다 한 것과 같은 까닭이다.

다섯 번째는 곧 신중신의[29] 공덕 문장에 말하기를 다 지나간 옛날에 큰 서원을 성취하여 일체 모든 부처님을 공양하고 받들어 섬겼다 하였다.

여섯 번째는 곧 족행신[30]의 공덕 문장에 말하기를 다 과거 한량없는 세월 가운데 여래를 친근하여 따르고 버리지 않았다 하였으니 곧

---

27 네 번째는 곧 야차왕의 공덕이라고 한 것은 입법계품에 야차왕의 공덕이니, 아래 신중신의 공덕이라 한 것도 다 입법계품의 말이다 하나, 그러나 세주묘엄품으로 영인본 화엄 2책, p.658, 1행에 있다. 교림은 1책, p.28, 1행이다. 아래 신중신도 역시 여기 세주묘엄품이다.

28 이것도 또한 뜻으로 인용한 것이라고 한 것은, 이 위에는 바로 대중에만 나아가 인용한 것이고, 여기는 곧 모두 뜻으로 인용한 것이니, 아래 4행(영인본 화엄 2책, p.548, 4행, 月字卷 上卷, 3장, 4행)에 또한 모두 뜻에 나아가 설하였다는 등도 그 뜻이 또한 여기와 같다고 『잡화기』는 말하고 있다.

29 다섯 번째는 곧 신중신 운운은 세주묘엄품으로 영인본 화엄 2책, p.626, 3행이고, 교림 1책 p.17, 말행이다.

30 여섯 번째는 곧 족행신 운운은 세주묘엄품으로 영인본 화엄 2책, p.627, 5행이고, 교림 1책, p.18, 7행이다.

무염족왕이다.

일곱 번째는 곧 건달바왕[31]의 공덕 문장에 말하기를 다 큰 법에 깊이 믿고 이해하는 마음을 내어 환희하고 좋아하는 것이 지중하여 부지런히 닦아 게으르지 않았다 하였다.

여덟 번째는 곧 주풍신[32]의 공덕 문장에 말하기를 다 부지런히 아만의 마음을 산멸한다 하였으며,
또 아수라[33]의 공덕 문장에 말하기를 다 이미 정진을 부지런히 하여 아만과 그리고 모든 번뇌를 꺾어 항복받았다 하였다.

아홉 번째는 곧 보살[34]의 공덕 문장에 말하기를 일체 여래의 공덕의 큰 바다가 다 그 몸에 들어가며 일체 모든 부처님이 계시는 바 국토에 다 서원을 따라 왕생한다 하였다.
또 모두 뜻에 나아가 설한다면[35] 복덕과 지혜의 두 가지 장엄을

31 일곱 번째는 곧 건달바왕 운운은 세주묘엄품으로 영인본 화엄 2책, p.666, 9행이고, 교림 1책, p.29, 7행이다.

32 여덟 번째는 곧 주풍신 운운은 세주묘엄품으로 영인본 화엄 2책, p.640, 8행이고, 교림 1책, p.23, 말행이다.

33 또 아수라 운운은 세주묘엄품으로 영인본 화엄 2책, p.647, 말행에 있다.

34 아홉 번째는 곧 보살 운운은 세주묘엄품으로 영인본 화엄 2책, p.615, 5행이고, 교림 1책, p.16, 4행과 5행이다.

35 또 모두 뜻에 나아가 설한다면이라고 한 것은, 이 위에는 문장(경문)에 나아가 따로 말한 까닭으로 지금에는 모두 뜻에 나아가 말한다 할 것이다.

갖춘 사람이라야 바야흐로 능히 두루하여 모든 부처님의 처소에 이른다 할 것이다.

열 번째는 또한 보살[36]의 공덕 문장에 말하기를 다 여래의 선근의 바다를 좇아 태어난다 하였다.

中有集因도 亦通集意者는 謂卽五六七八이니 五는 約往願이니 承願而來는 卽是集意요 由願得來는 卽是集因이라 六은 約隨逐이니 心樂隨逐은 卽是集意요 由樂隨逐하야 故得來集은 卽是集因이라 七은 約樂聞大法이니 樂聞大法而來는 卽是集意요 由樂得來는 卽是集因이라 八은 約散我爲歎이니 散我는 卽是集意이요 由散我故로 方得在會는 卽是集因이라 初四와 後二는 但是其因이니 同集善等하야 得在道場은 但爲集因이요 非爲別來하야 爲同集善等일새 故非集意니라 及隨諸衆하야 各有別因者는 卽下經文에 隨名歎德이라 然上所引이 卽是其文이라 然經隨便宜하야 歎德不同이니 如風神云호대 散滅我慢之心이라하니라 語其大意인댄 總此十因이 遍通多衆일새 故此別說隨衆別因하니라

중간에 있는 모이는 원인도 또한 모이는 뜻에 통한다고 한 것은, 말하자면 곧 열 가지 원인 가운데 제 다섯 번째와 제 여섯 번째와

36 열 번째는 또한 보살 운운은 역시 세주묘엄품으로 영인본 화엄 2책, p.576, 9행이고, 교림 1책, p.15, 8행이다.

제 일곱 번째와 제 여덟 번째니,
다섯 번째는 지나간 옛날에 서원을 잡은 것이니
서원을 받들어 온 것은[37] 곧 모이는 뜻이요,
서원을 인유하여 옴을 얻은 것은 곧 모이는 원인이다.
여섯 번째는 따름을 잡은 것이니
마음에 부처님 따르기를 좋아하는 것은 곧 모이는 뜻이요,
따르기 좋아함을 인유하여 짐짓 와서 모임을 얻은 것은 곧 모이는 원인이다.
일곱 번째는 큰 법[38] 듣기를 좋아함을 잡은 것이니
큰 법 듣기를 좋아하여 온 것은 곧 모이는 뜻이요,
좋아함을 인유하여 옴을 얻은 것은 곧 모이는 원인이다.
여덟 번째는 아만심 산멸함을 찬탄[39]함을 잡은 것이니
아만심을 산멸하는 것은 곧 모이는 뜻이요,
아만심을 산멸함을 인유한 까닭으로 바야흐로 회중에 있음을 얻은

---

37 서원을 받들어 온 것이라고 한 등은, 지금에 숙세의 서원을 받아 왔다면 곧 이것은 모이는 뜻이고, 옛날 숙세를 인유한 까닭으로 지금에 와서 참여함을 얻었다면 곧 이것은 모이는 원인이니 모이는 원인은 과거를 잡은 것이고, 모이는 뜻은 현재를 잡은 것이다. 이 아래 세 가지(六·七·八)도 여기를 본받아 볼 것이라고 『잡화기』는 말하고 있다.

38 大法이란, 앞에서는 正法이라 하였다. 大法下에 樂聞大法이라는 四字가 있어야 옳다. 그러나 『잡화기』에는 樂聞이라 한 위에 樂聞이라는 말이 한 번 더 있어야 한다 하였으나, 그 뜻은 낙문대법 四字가 아래 있는 것과 같다 하겠다.

39 歎을 『잡화기』는 欲의 잘못이라 하나 여의치 않다.

것은 곧 모이는 원인이다.

처음에 네 가지 원인과 뒤에 두 가지는 다만 그 모이는 원인뿐이니, 함께 선근 등을 모아서 도량에 있음을 얻은 것은 다만 모이는 원인이 될 뿐이요, 달리 와서[40] 함께 선근 등을 모으기 위한 것이 아니기에 그런 까닭으로 모이는 뜻이 아니다.

그리고 모든 대중을 따라서 각각 다른 원인이 있다고 한 것은 곧 아래의 경문[41]에 이름을 따라 공덕을 찬탄한 것이다.
그러나 위에서 인용한 바가 곧 그 문장이다.
그러나 경에는 편의함을 따라 공덕을 찬탄한 것이 같지 않나니, 주풍신의 문장에[42] 말하기를 아만의 마음을 산멸한다 한 것과 같다.
그 대의大意를 말한다면 모두 이 열 가지 원인이 수많은 뜻에 두루 통하기에 그런 까닭으로 여기에서[43] 모든 대중을 따라 다른 원인이[44]

---

40 원문에 위별래爲別來라 한 三字는 『잡화기』에 衍字라 하니 생각해 볼 것이다.

41 아래의 경문은 입법계품入法界品이다. 그러나 이미 말한 것처럼 이 아래 묘엄품에서 차례로 공덕을 찬탄하고 있다. 영인본 화엄 2책, p.576, 8행 이하이다.

42 주풍신의 문장에 운운은 앞의 여덟 번째에 말한 것처럼 영인본 화엄 2책, p.640, 8행이다.

43 그런 까닭으로 여기에서 운운한 것은, 말하자면 이미 열 가지 원인이 이 모이는 원인에 통하는 까닭으로 소문 가운데 통인通因의 뜻을 따르고, 그 끝부분에는 바야흐로 그 별인別因을 말한 것이다. 그러나 곧 그 별인이라고 하는 것은 다만 다른 뜻으로 말하는 것뿐이다. 이상은 『잡화기』의 말이다.

있다고 따로 말한 것이다.

疏

第三에 辯類는 卽上集意가 便成十類니 一은 影響衆이요 二는 常隨衆이요 三은 守護衆이요 四는 嚴會衆이요 五는 供養衆이요 六은 發起衆이요 七은 當機衆이요 八은 表法衆이요 九는 證法衆이요 十은 顯法衆이니 準前可知니라

제 세 번째 모인 유형을 말한다고 한 것은, 곧 위에 모인 뜻이[45]
문득 열 가지 유형을 이루나니
첫 번째는 그림자와 메아리와 같은 대중이요,
두 번째는 항상 따르는 대중이요,
세 번째는 수호하는 대중이요,
네 번째는 회중을 장엄하는 대중이요,
다섯 번째는 공양하는 대중이요,
여섯 번째는 발기하는 대중이요,
일곱 번째는 당기當機의 대중이요,
여덟 번째는 법을 표하는 대중이요,
아홉 번째는 법을 증득한 대중이요,
열 번째는 법을 나타내는 대중이니,

---

44 원문에 수중별인隨衆別因은 대중을 따라 모이는 원인이 다르다는 것이다.
45 위에 모인 뜻이라고 한 것은 영인본 화엄 2책, p.543, 8행의 열 가지 뜻이다.

앞에서 말한 것을[46] 기준한다면 가히 알 수가 있을 것이다.

疏

第四에 定數者는 稱法界衆을 焉能數知리요만은 即文而言인댄 九會都數가 總有一百七十五衆하니라 都序之中에 有四十一衆하니 謂同生有一이요 異生三十九요 師子座中一이라 若兼取前菩提樹中所流와 及宮殿中無邊菩薩인댄 總四十三衆이니 此四十三이 遍於九會니라 第一會中엔 有二衆하니 謂新集十方衆과 佛眉間衆이니 添成四十五라 第二會엔 有新舊二衆이라 第三四會엔 各有四衆하니 謂新舊와 及證法衆과 天衆이라 第五會엔 一百一十一衆이니 謂新舊衆과 昇天品內에 供養衆의 有一百七과 并天衆과 證法衆이라 第六會엔 四衆이니 謂天衆과 同生과 異生과 證法衆이라 七八兩會엔 各唯一衆이니 謂普賢等舊衆이라 第九會엔 三衆이니 謂菩薩과 聲聞과 及天王等舊衆이라 舊衆이 雖重이나 隨會別故로 並皆取之니라 然此諸衆이 或總爲一이니 一乘衆故요 或分爲二니 以有實衆과 及化衆故요 或可爲三이니 人天神故요 或爲四니 佛菩薩과 人非人故요 或五니 非人에 開天神故요 或六이니 加畜生故요 或七이니 天에 分欲色故요 或八이니 菩薩에 有此界他界故요 或九이니 他方에 有主伴故요 或十이니 加聲聞故니라 或一百七十

46 앞에서 말한 것이라고 한 것은 영인본 화엄 2책, p.543, 8행의 열 가지 뜻이다.

五이니 如前說故요 或無量無邊이니 義類多方故요 一一或以刹塵數等으로 爲量故니라 又如新集菩薩의 毛光出衆도 例上皆爾일새 故一一衆이 皆無分齊니라 此猶約相別거니와 若融攝인댄 一一會中에 皆具一百七十五衆이니 以稱法界緣起之會가 互相在故니라 上且約一界어니와 若通十方과 及異類인댄 刹塵帝網의 無盡無盡이니 是爲華嚴海會衆數니라

제 네 번째 모인 대중의 수를 결정한다고 한 것은, 법계에 칭합한 대중을 어찌 능히 그 수를 알겠는가마는

나타난 문장에 즉하여 말한다면 구회九會의 모든 수가 다 일백칠십오 대중이 있다.

도서都序[47] 가운데는 사십일 대중[48]이 있나니

말하자면 동생同生[49]이 하나가 있고, 이생異生[50]이 서른아홉이 있고, 사자자리 가운데 하나가 있다.

만약 앞의 보리수 가운데서 유출한 바와 그리고 궁전 가운데 끝없는 보살을 겸하여 취한다면 모두 사십삼 대중이 있나니

47 도서都序라고 한 것은 발기서發起序, 통서通序, 총서總序라고도 한다. 즉 세주묘엄품을 말한다.

48 사십일 대중이라고 한 것은 삼현三賢 대중과 십지十地 대중과 사자좌師子座의 한 대중이다.

49 동생同生은 사람이다.

50 이생異生은 축생이다.

이 사십삼 대중이 구회九會에 두루한 것이다.

제일회 가운데는[51] 두 대중이 있나니

말하자면 시방에서 새로 온 대중과 부처님의 미간에서 나온 대중이니

이를 더하면 사십오 대중을 이루는 것이다.

제이회에는 신新·구舊의 두 대중이[52] 있다.

제삼회와 제사회에는 각각 네 대중이 있나니

말하자면 신·구의 두 대중과 그리고 법을 증득한 대중과 하늘 대중이다.

제오회에는 일백일십일 대중이 있나니

말하자면 신·구의 대중과 승도솔천궁품 안에 공양하는 대중 일백칠 대중이 있는 것과 아울러 하늘 대중과 법을 증득한 대중이다.

제육회에는 네 대중이 있나니

말하자면 하늘 대중과 동생同生 대중과 이생異生 대중과 법을 증득한 대중이다.

---

51 제일회 가운데라고 한 것은 곧 여래현상품 안을 가리키는 것이니, 여기에 두 번째 여래현상품 이후로써 바야흐로 제일회라 이름하는 것은 처음에 세주묘엄품은 곧 이 총서總序인 까닭이요, 아래 경문을 해석하는 가운데 제일회 가운데 모두 사십 대중(四十衆)이 있다 말한 때문이다. 저 아래서는 처음의 세주묘엄품으로써 다 제일회에 배속한 것은 지금에 모인 대중들이 다 보리장 가운데 있는 까닭이다. 이상은 『잡화기』의 말이다.

52 신新·구舊의 두 대중이라고 한 것은, 신新 대중은 신집중新集衆이니 곧 내집중來集衆이고, 구舊 대중은 구집중舊集衆이니 곧 상수중常隨衆이다. 신집중은 그 법회를 위하여 처음 새롭게 모여온 대중이고, 구집중은 옛날부터 모여 항상 따라다니는 대중이다.

제칠과 제팔의 두 회에는 각각 오직 한 대중뿐이니
말하자면 보현보살 등 구舊 대중이다.
제구회는 세 대중이 있나니
말하자면 보살과 성문과 그리고 천왕 등 구舊 대중이다.
구 대중이 비록 중복되었지만 회會를 따라 다른 까닭으로 아울러 다 취하였다.

그러나 이 모든 대중이 혹은 다 하나가 되나니
일승의 대중인 까닭이요,
혹은 나누어 둘이 되나니
진실 대중과 그리고 화현 대중이 있는 까닭이요,
혹은 가히 셋이 되나니
인간과 하늘과 신神의 대중인 까닭이요,
혹은 넷이 되나니
부처님과 보살과 사람과 사람 아닌 대중인 까닭이요,
혹은 다섯이 되나니
사람 아닌 대중에 천신 대중을 전개하는 까닭이요,
혹은 여섯이 되나니
축생을 더하는[53] 까닭이요,
혹은 일곱이 되나니

---

53 축생을 더한다고 한 것은 천신에 또 축생을 더하는 것이니, 합하면 함께 사람 아닌 대중에 섭속하는 것이다. 역시 『잡화기』의 말이다.

하늘에 육계와 색계를 나누는 까닭이요,
혹은 여덟이 되나니
보살에게 이 세계 보살과 저 세계 보살이 있는 까닭이요,
혹은 아홉이 되나니
저 세계에 주主와 반伴이 있는 까닭이요,
혹은 열이 되나니
성문을 더하는[54] 까닭이다.
혹 일백칠십오 대중이 있나니
앞에서 설한 것과[55] 같은 까닭이요,
혹은 한량도 없고 끝도 없는 대중이 있나니
의류義類가 다방多方인 까닭이요,
낱낱이 혹은 국토 티끌 수 등으로 수량을 삼는 까닭이다.

또 저 새로 모인(新集) 보살의[56] 털끝 광명에서 나온 대중도 이 위에 말한 것을 비례하여 보면 다 그러하기에 그런 까닭으로 낱낱 대중이

---

54 성문을 더한다고 한 것은, 말하자면 부처님과 보살에 또 성문을 더하는 것이니, 합하면 함께 사람 대중 가운데 섭속하는 것이다. 역시 『잡화기』의 말이다.

55 앞에서 설한 것이라고 한 것은 바로 앞에 장, 영인본 화엄 2책, p.550, 1행 이하이다.

56 또 저 새로 모인 보살이라고 한 등은, 말하자면 새로 모인 모든 보살 몸의 털구멍 가운데 낱낱이 각각 열 세계(十世界) 미진수 광명이 나타나고, 낱낱 광명 가운데 다 열 세계 미진수 모든 보살이 나타나는 까닭이다. 숙자권宿字卷 하권 초, 10장을 볼 것이다. 이상은 역시 『잡화기』의 말이다.

다 분제分齊가 없는 것이다.

이것은 오히려 모습(相)이 다름을 잡아 말한 것이어니와
만약 원융으로 섭수한다면 낱낱 회會 가운데 다 일백칠십오 대중을 갖추었나니,
법계연기에 칭합한 회會가 서로 서로 존재하는 까닭이다.
이 위에는 또한 한 세계만을 잡아서 말하였거니와
만약 시방세계와 이류異類 세계를 모두 말한다면 국토 티끌 수에 제석의 거물처럼 끝이 없고 끝이 없나니,
이것이 화엄의 해회海會에 대중의 숫자인 것이다.

疏

第五에 權實者는 夫能對揚聖教하야 影響其跡은 靡不是權이요 當機之流는 多皆是實이라 諸教所明은 穢土之中에 雜類와 菩薩과 聲聞은 皆通權實이니 地前是實이요 地上是權이니 法身無生이나 生五道故니라 淨土菩薩은 唯實이니 實報生故요 雜類聲聞은 是權이니 攝論云호대 欲令淨土로 不空코자하야 化作雜類衆故라하니라 若依此經인댄 同生異生이 皆通權實이니 海印定現하야 實德攝故요 隨緣隨位하야 而示現故니 第二會初云호대 莫不皆是一生補處故라하니라 對前十類하야 辯權實者인댄 影響一衆에 自有二類하니 一은 果德衆이니 謂能加와 證法의 諸佛이 互爲主伴하야 非權非實이라 若位極菩薩이 影響인댄 一向是權이니 故有經云호대 昔

爲釋迦師러니 今爲佛弟子라 二尊不並化일새 故 我爲菩薩等이라 하니라 當機唯實이요 餘八은 通權實이니라

제 다섯 번째 방편 대중과 진실 대중이라고 한 것은, 대저 능히 성인의 가르침을 대양對揚[57]하여 그 자취를 그림자와 메아리같이 따르는 것은 이 방편(權)이 아님이 없는[58] 것이요,
당기當機의 무리는 다분히 다 이 진실(實)이다.
제교諸敎에서 밝힌 바는 예토穢土 가운데 잡류雜類[59]와 보살과 성문은 다 방편과 진실에 통하나니,
십지 이전은 진실(實)이요, 십지 이상은 방편(權)이니[60]
법신은 태어난 적이 없지만[61] 오도五道에 태어나는 까닭이다.
정토淨土 가운데 보살은 오직 진실(實)뿐이니
실보토實報土에 태어나는 까닭이요,
잡류와 성문은 방편(權)이니,

---

57 대양對揚이란, 군주君主의 가르침에 답하여 그 뜻을 널리 백성에게 알린다는 뜻이 본래의 뜻이다.

58 이 방편(權)이 아님이 없다고 한 것은, 그 뜻에 말하기를 인과가 다 그러한 것이니 저 과보 가운데 오직 본문本門은 낮고 적문迹門은 높은 것으로 방편을 삼은 것만 잡아 말한 것이다. 역시 『잡화기』의 말이다.

59 잡류雜類는 神 등을 말한다.

60 십지 이상은 방편이라고 한 것은 모든 부처님이 방편으로 보살이 된 것이다.

61 법신은 태어난 적이 없다고 한 등은 방편의 소이所以를 밝힌 것이다. 법신이 태어난 적이 없다고 한 것은 진실이고 오도에 태어난다고 한 것은 방편이니, 따라서 방편과 진실에 통하는 것이다.

『섭론』에 말하기를 정토로 하여금 비지 않게 하고자[62] 하여 잡류 대중을 화작化作하는 까닭이다 하였다.

만약 이 『화엄경』을 의지한다면 동생同生과 이생異生이 다 방편과 진실에[63] 통하나니,
해인삼매 속에서 나타나 진실한 공덕(實德)에 섭수(攝)하는 까닭이요,
인연을 따르고 지위를 따라 시현하는 까닭이니,
제이회 초에 말하기를[64] 다 일생보처一生補處가 아님이 없는 까닭이

62 정토로 하여금 비지 않게 한다고 한 것은, 정토에는 진실 보살뿐이지만 정토가 비지 않게 하려고 방편 보살을 만들었다는 것이다. 『미타경』에는 아비발치보살이라야 정토에 간다 하였다. 아비발치는 불퇴不退라 번역하나니 팔지보살을 말한다.

63 다 방편과 진실이라고 한 등은, 여기에 방편과 진실이라고 말한 것은 상·하에 방편과 진실(權實)이라는 글자로 더불어 다름이 있나니, 말하자면 동생 대중과 이생 대중의 본문本門을 모두 거론한다면 다 진실한 공덕을 갖춘 까닭으로 진실이라 말하고, 동생 대중과 이생 대중의 적문迹門을 모두 간看한다면 다 방편의 응應함을 현시하는 까닭으로 방편이라 말하는 것이다. 역시 『잡화기』의 말이다.

64 제이회 초에 말하였다고 한 등은, 이 제이회 초의 말을 인용하여 위에 시현의 뜻을 증거한 것이니 현고現故니 吐이다. 강사가 말하기를 아래 소문(二會初)에서 이것을 해석함에 이미 화신의 모습(三十二相)과 실보신의 두 가지 뜻이 있다고 하였다면 곧 지금에 이 문장으로써 방편과 진실을 함께 증거한 것이니, 현고現故며 吐라 하시나, 어리석은 내가(私記主) 취하지 않는 까닭은 저 이회二會에 말한 바 실보신이라고 한 것은 그 실보신이 저 일생에 해당한다고 말하였다면 곧 대개 이 가운데 진실한 공덕의 뜻이 아니니, 그런 까닭으로 함께 증거한 것이 아니다. 이상은 『잡화기』의 말이다.

다 하였다.

앞의 십류十類를[65] 상대하여 방편과 진실을 말한다면 그림자와 메아리와 같은 한 대중에 스스로 두 유형이 있나니
첫 번째 유형은 과덕중果德衆이니,
말하자면 능히 가피하는 모든 부처님과 법을 증득한 모든 부처님이 서로 주主와 반伴이 되어 방편(權)도 아니고 진실(實)도 아닌 것이다.
만약 지위가[66] 다한(位極) 보살이 그림자와 메아리처럼 따른다면 한결같이 이는 방편(權)이니,
그런 까닭으로 어떤 경에[67] 말하기를 옛날에는 석가모니의 스승이 되었더니, 지금에는 석가모니의 제자가 되었다.
두 세존이 아울러 화현이 아니기에 그런 까닭으로 내[68]가 보살이 되었다 한 등이라 하였다.
당기當機는 오직 진실(實)뿐이요,
나머지 여덟 유형은[69] 방편과 진실에 통하는 것이다.

---

65 앞의 십류는 영인본 화엄 2책, p.549, 7행이다.
66 만약 지위 운운은 제 두 번째 유형이다.
67 어떤 경이라고 한 것은 『방발경放鉢經』이다.
68 '내'라고 한 것은 문수보살이다.
69 나머지 여덟 유형이라고 한 것은, 그림자와 메아리처럼 따르는 대중과 법을 증득한 대중을 제외한 여덟 대중을 말한다.

鈔

對前十類下는 對前別辯이라 云互爲主伴하야 非權非實者는 然權實이 有其二類하니 一은 本高迹下니 如佛爲菩薩이요 二는 本下迹高니 如菩薩爲佛이라 今旣是佛인댄 則非迹下요 實是如來인댄 又非本下니 則是實非權이요 無權可對일새 故亦非實이니 同果海故니라 昔爲釋迦者는 略有二經하니 一은 卽放鉢經이니 但云호대 昔爲釋迦之師러니 今爲佛弟子라 二尊不並化일새 故我爲菩薩이라하니라 二는 菩薩處胎經第七이니 亦同此說이라 文云호대 計我成佛身인댄 此刹爲最小로다 座中有疑故로 於胎現變化하나니 我身如微塵하야 今在他國土하야 三十二相明하야 在在無不現하니라 昔爲能仁師러니 今乃爲弟子라 佛道極廣大하고 淸淨無增減하니 我欲現佛身이나 二尊不並立일새 此界現受敎하고 我刹見佛身이라하니라 下取意引하리라 佛刹名無礙요 佛名昇仙尊이라하고 結云호대 我身은 濡首是라하니라 又云호대 刹土名究竟이요 佛名大智慧라하고 亦結屬已云호대 我身은 濡首是라하니라 當機唯實者는 上至等覺하고 下至地前히 皆有當機하니 並皆稱實하니라 餘八通權實은 可以意得이니라

앞의 십류를 상대한다고 한 아래는 앞을 상대하여 방편과 진실을 따로 말한 것이다.

서로 주와 반이 되어 방편도 아니고 진실도 아니라고 말한 것은 그러나 방편과 진실이 그 두 가지 유형이 있나니,

첫 번째는 본문本門은 높고 적문迹門은 낮은 것이니

부처님이 보살이 되는 것과 같은 것이요,
두 번째는 본문은 낮고 적문은 높은 것이니
보살이 부처님이 되는 것과 같은 것이다.
지금에는 이미 부처님이었다면 곧 적문이 낮은 것이 아니요,
진실로 이 여래라면 또한 본문이 낮은 것도 아니니
곧 진실(實)이라 방편(權)이 아니요,
방편 가히 상대할 것이 없기에 그런 까닭으로 또한 진실(實)도 아니니
다 과해果海인 까닭이다.

옛날에 석가모니의 스승이 되었다고 한 것은 간략하게 두 가지 경이 있나니,
첫 번째는 곧 『방발경放鉢經』[70]이니,
다만 말하기를 옛날에 석가모니의 스승이 되었더니 지금에는 석가모니의 제자가 되었다.
두 세존이 아울러 화현이 아니기에 그런 까닭으로 내가 보살이 되었다 하였다.
두 번째는 『보살처태경菩薩處胎經』[71] 제칠권이니,
또한 여기에 설한 것과 같다.

---

70 『방발경』은 『불설방발경』 제일권이니 역자譯者의 이름이 없다. 내용은 문수보살文殊菩薩이 과거 석가모니釋迦牟尼의 스승이고, 과거 무수제불無數諸佛이 다 이 문수보살의 弟子라는 의미를 담고 있다.

71 『보살처태경』은 『보살종도솔강신모태설광보경菩薩從兜率降神母胎說廣普經』이니 칠권으로 축불념竺佛念 번역이다. 제칠권이 제사권으로 된 본도 있다.

『처태경』 문장에 말하기를 내가 성불한 몸을 헤아려 보면[72] 이 국토가 가장 작음이 된다.

좌중座中에 의심하는 이가 있는 까닭으로 태중에서 변화를 나타내나니

---

72 내가 성불한 몸을 헤아려 보면이라 한 이전에 『처태경』 문수변화품에 이 말이 더 있다. 부처님이 문수사리에게 말씀하시기를, 그대 문수의 옛날 칠십구겁을 현시컨대 저 화광세계花光世界에서 태중에 있으면서 설법하되, 그 국토에 사람의 신장은 천 유순이고 부처님의 신장은 만 유순이다 운운하여 이 큰 회중으로 하여금 한 번 여래를 친견함에 그 회중에 중생을 이익케 하려 하였다 하시고, 그때에 세존이 게송을 설하여 말씀하시기를, 문수는 본래 성불하였으나 / 태중에 있으면서 변화를 나타내니 / 방소와 신장은 만 유순이고 / 광명의 모습은 밝게 나타나며 / 눈은 푸른 연꽃 같고 / 입술은 붉고 밝은 구슬 같다 / 지금 내가 이 태중에 거처하니 / 방소를 비견컨대 그대 저 화광세계와 같다 운운하시고, 여기에 지금 모여온 모든 회중이 어떤 법을 묻고자 하니 문수여, 그대의 힘을 나타내어 의심에 그물의 결박을 제거하여라 하시니, 그때에 문수보살이 본래 자리를 떠나지 않고 곧 신통력으로써 마치 크게 힘 있는 사람이 팔을 굽히고 펴는 사이에 화광세계에 접인하는 것과 같이 사바세계 석가모니의 모태회중母胎會中에 납입하니, 두 부처님의 세계(화광세계·사바세계 부처님)가 서로 걸리지 않고 부처님의 신상을 나타내니 삼십이상 팔십종호가 구족하고, 보리수왕 아래 앉아 깊고 깊은 최승의 법을 펴서 연설하기에 저 국토에 보살이 또한 석가모니 부처님께 와서 친근하는 것이다 운운하고, 그때에 문수보살이 곧 게송을 설하여 말하기를, 안과 밖의 청정을 관찰하라 / 인연이 사라짐에 생각도 또한 그렇게 사라지고 / 시방의 모든 부처님의 세계에는 / 신통과 공덕이 다름이 없다 / 다 중생의 근기를 인유하여 / 묘함도 있고 묘하지 아니함도 있음을 나타내나니 / 내가 성불한 몸을 헤아려 본다면 운운하여 여기 초문과 같다. 이상은 『잡화기』의 말이다. 연수軟首와 유수濡首는 다 문수이다. 二本經이 다름이 있을 뿐이다.

나의 몸이 작은 티끌과 같아 지금 다른 국토에 있으면서 삼십이상이 밝아 있는 곳마다 나타나지 아니함이 없다.
옛날에 석가모니(能仁)의 스승이 되었더니 지금에는 이에 제자가 되었다.
불도佛道는 지극히 광대하고 청정하여 증·감이 없나니,
내가 부처님의 몸을 나타내고자 하지만 두 세존이 병립竝立할 수 없기에 이 세계에서는 수생受生하여 가르침을 나타내고 나의 국토에서는 부처님의 몸을 나타낸다 하였다.
이 아래부터는 뜻을 취하여 인용하겠다.
부처님의 국토는 이름이 무애無礙요, 부처님은 이름이 승선존昇仙尊이다 하고, 맺어서 말하기를 나의 몸이란 문수(濡首)가 이것이다 하였다.
또 말하기를 찰토刹土는 이름이 구경究竟이요, 부처님은 이름이 대지혜大智慧다 하고, 또한 맺어 묶어 마치고 말하기를 나의 몸은 문수가 이것이다 하였다.

당기는 오직 진실(實)뿐이라고 한 것은, 위로 등각等覺에 이르고 아래로 지전地前에 이르기까지 모두 다 당기가 있나니 아울러 다 진실(實)이라 이름하는 것이다.
나머지 여덟 유형은 방편과 진실에 통한다고 한 것은 가히 뜻으로 체득할 것이다.

疏

第六에 地位者는 有說호대 一切皆是果位니 以是舍那의 海印現故라하며 或說호대 一切皆因이니 果海는 非可見聞이며 世尊도 亦是因者는 識所現故라하며 或皆通因果니 果不捨因하야 隨類現故며 因位願力으로 助佛化故며 當機之流가 正修趣故라하며 或俱非因果니 緣起大衆이 同眞性故라하니라 將此對前權實인댄 則果位는 一向權이요 因位는 通權實이라 若對前十類인댄 影響證法은 通因果요 餘八唯因이니 因位高下는 難以準定이니라

제 여섯 번째 모인 대중의 지위라고 한 것은, 어떤 이는 말하기를
일체가 다 과위果位이니
이 노사나 부처님의 해인삼매로써 나타난 까닭이다 하며,
혹은 말하기를 일체가 다 인위因位이니
과해果海는 가히 볼 수도 들을 수도 없으며,
세존도 역시 인위因位인 것은 식識에서 나타난 바인 까닭이다 하며,
혹은 다 인과에 통하나니
과위는 인위를 버리지 않아 부류를 따라 나타나는 까닭이며,[73]

73 과위 운운은 모든 대중을 한꺼번에 잡은 것이고, 당기 운운은 당기를 따로 잡은 것이니, 앞에서 이미 말하기를 당기는 오직 진실(實)뿐이라고 하였다면 곧 다만 인위와 같다 할까 염려하기에 그런 까닭으로 여기에 따로 설하는 것이니, 원인을 닦아 과위에 나아가는 까닭으로 또한 통하는 것이다. 역시 『잡화기』의 말이다. 또 과위는 인위를 버리지 않는다고 한 것은 과이면서

인위의 원력으로 부처님의 교화를 도우는 까닭이며,
당기當機의 무리가 바로 닦아 나아가는 까닭이다 하며,
혹은 함께 인과가 아니니
인연으로 생기한 대중이 다 진성眞性인 까닭이다 하였다.
이 말을 가져 앞의 방편과 진실에 상대한다면 곧 과위는 한결같이 방편뿐이요[74]

인이고, 인위의 원력이라고 한 것은 인이면서 과이다.

74 과위는 한결같이 방편뿐이라고 한 것은, 말하자면 만약 해인삼매로써 나타난 바 일체가 다 과위라고 한 것을 의지한다면 곧 과해果海는 보고 듣는 것으로 가히 미칠 수 없는 것이다. 여기에 온 대중이 반중伴衆이 된다는 이치는 없으나, 그러나 지금에 도리어 여기에 온 대중이 반중이 된다고 한다면 곧 한결같이 이것은 방편뿐이라는 것이다. 앞에 모든 부처님이 방편이 아니라고 말한 것은 지금에 과위를 잡은 것이요, 지금에 과위는 한결같이 방편이라고 말한 것은 본문의 과위를 잡은 까닭이니, 가히 앞에 방편과 진실(第五에 권실 대중)을 가져 여기에 과위를 물은 것(問難)이 아니다.
바로 아래 인위는 방편과 진실에 통한다고 한 것은, 이미 보고 들은 것으로 미치는 바 일체가 다 인위라고 함을 잡는다면 부처님의 대중이 되는 것은 이 방편이고, 나머지 대중의 대중이 되는 것은 이 진실이니, 이상의 말은 다 강사의 말이다.
어리석은 나는(私記主) 곧 여기에 인과라 말한 것은 바로 당상當相을 잡은 것이라 생각한다. 곧 그 뜻은 여래를 과위로 삼고 보살 이하로 인위를 삼나니, 위에 진실의 뜻 가운데 일체가 다 과위라고 한 등과는 같지 않은 것이다. 앞에 방편과 진실(第五)을 상대한다면 이미 성인의 가르침을 대양對揚하는 것이 이 방편이 아님이 없다고 말하였다면 곧 여래와 그리고 보살 이하가 다 그러함을 모두 가리킨 것이니, 여래는 이 과위이고 보살 등은 인위이며, 이미 당기는 다분히 진실(第五이니 영인본 화엄 2책, p.552, 4행)이라고 말하였다 인위는 방편과 진실에 통하는 것이다.
만약 앞의 십류[75]를 상대한다면 그림자와 메아리와 같은 대중과 법을 증득한 대중은 인과에 통하고, 나머지 여덟 유형은 오직 인위뿐이니
인위의 높고 낮은 것은 기준을 세워 결정하기 어렵다 할 것이다.

鈔

將此對前權實下는 料揀이니 初는 對第五門하야 料揀이요 若對前十類는 卽對第三門하야 料揀이라

이 말을 가져 앞의 방편과 진실에 상대한다고 한 아래는 헤아려 가린 것이니,
처음에는 제오문에 방편과 진실을 상대하여 헤아려 가린 것이요,
만약 앞의 십류를 상대한다고 한 것은 곧 제삼문[76]에 모인 유형을 상대하여 헤아려 가린 것이다.

면 당기는 오직 인위뿐이니, 그런 까닭으로 과위는 오직 방편에만 속하고 인위는 방편과 진실에 통하는 것이다. 바로 아래 그림자와 메아리 같은 대중과 법을 증득한 대중은 인과에 통한다고 말한 등이 그 뜻이 다 이 여래로써 과위를 삼고 보살로써 인위를 삼은 것이니, 이것이 밝게 증명한 것이 아니겠는가. 이상은 역시 『잡화기』의 말이다.

75 앞의 십류는 이미 말한 것과 같이 영인본 화엄 2책, p.349, 7행이다.

76 제삼문은 제 세 번째 모인 유형을 말한다 한 것이니, 영인본 화엄 2책, p.549, 7행에 이미 말한 것이다.

疏

第七에 前後者는 初列菩薩하고 後列餘衆者는 表從本以起末이요 下讚에 卽後明菩薩者는 表尋末歸本이니 良以本末無二故로 二文互擧하니라 又從本流末에 必先小後大일새 故自在天爲末이요 攝末歸本에 必從深至淺일새 故先明自在니 然皆顯法界緣起가 逆順自在故也니라 又表四十位가 一一皆徹因門하고 並該果海일새 故互擧前後하야 令物不作優劣之解故니라

제 일곱 번째 앞의 대중과 뒤의 대중이라고 한 것은, 처음에 보살을 열거하고 뒤에 나머지 대중을 열거한 것은 근본으로 좇아 지말을 일으킴을 표한 것이요,
아래 공덕을 찬탄함에 곧 뒤에 보살을 밝힌 것은 지말을 찾아 근본에 돌아감을 표한 것이니,
진실로 근본과 지말이 둘이 없는 까닭으로 두 문장(二文)을 서로 열거하였다.

또 근본을 좇아 지말을 유출함에 반드시 소승을 먼저 열거하고 대승을 뒤에 열거하기에 그런 까닭으로 자재천이 지말이 되는 것이요,
지말을 거두어 근본에 돌아감에 반드시 깊은 곳으로 좇아 얕은 곳에 이르기에 그런 까닭으로 먼저 자재천을 밝힌 것이니,
그러나 다 법계연기가 역순으로 자재함을 나타내는 까닭이다.

또 사십 지위가 낱낱이 다 인문因門에 사무치고 아울러 과해果海를 갖추기에 그런 까닭으로 서로 전前·후後를 열거하여 중생으로 하여금 우優·열劣의 지해를 짓지 않게 하는 까닭이다.

鈔

第七에 前後等者는 謂約列衆인댄 餘經은 或從勝先列하며 或從微至著하며 或先列聲聞하고 後列菩薩거니와 今此衆海는 何者爲先고 今明列與讚德이 前後不同이라 然以菩薩爲本하고 雜類爲末하며 下讚德中에 先三卷은 明雜類讚하고 後第五卷에 方明菩薩讚이니 故云尋末歸本이라하니라 又從本流末下는 通妨이니 謂有難言호대 就前列中하야 旣菩薩爲本하고 雜類爲末하야 先本後末인댄 卽合諸天之內에 從自在天으로 次明廣果하고 次列三禪等거늘 何以先明欲界하고 後列初禪二禪等耶아 是則先小後大矣라할새 故今答云호대 菩薩爲本은 猶如一乘이요 雜類爲末은 如流三乘이니 三乘之中엔 初於鹿苑에 轉於四諦하고 漸次歸大일새 故先列欲界하고 後列色界하야 如次而上하나니 故云先小後大일새 故自在爲末이라하니라 末卽末後耳니라

제 일곱 번째 앞의 대중과 뒤의 대중이라고 한 등은, 말하자면 대중 열거함을 잡는다면 나머지 경전은 혹은 수승함을 좇아 먼저 열거하며[77]

77 혹은 수승함을 좇아 먼저 열거한다고 한 것은, 즉 보살을 먼저 열거하고

혹은 작은 것으로 좇아 큰 것에 이르며[78]
혹은 먼저 성문을 열거하고 뒤에 보살을 열거하였거니와,
지금에 이 화엄의 중해衆海는 어떤 것이 먼저가 되는가.
지금에는 대중을 열거하고 더불어 공덕을 찬탄하는 것이 앞·뒤가 같지 아니함을 밝힌 것이다.
그러나 보살로써 근본을 삼고 잡류로써 지말을 삼으며,
아래에 공덕을 찬탄하는 가운데서는 먼저 삼권은 잡류의 찬탄을 밝히고, 뒤에 제오권에서야 바야흐로 보살의 찬탄을 밝혔으니 그런 까닭으로 말하기를 지말을 찾아 근본에 돌아간다 하였다.

또 근본으로 좇아 지말을 유출한다고 한 아래는 방해함을 통석한 것이니,
말하자면 어떤 사람이 비난하여 말하기를, 앞의 대중을 열거(列衆)하는 가운데 나아가 이미 보살로 근본을 삼고 잡류로 지말을 삼아 근본을 먼저 하고 지말을 뒤로 하였다면, 곧 모든 하늘 안에 자재천으로 좇아 다음에 광과천廣果天을 밝히고 다음에 삼선천三禪天 등을 열거하여야 합당하거늘, 어찌하여 먼저 욕계를 밝히고 뒤에 초선初禪과 이선二禪 등을 열거하는가. 이것은 곧 소승을 먼저 열거하고

성문을 뒤에 열거하였다는 뜻이다.

78 혹은 작은 것으로 좇아 큰 것에 이른다고 한 것은 잡류 대중으로 좇아 이에 보살 대중에 이르는 것이고,
바로 아래 혹은 먼저 성문을 열거하고 운운한 것은 다만 성문과 보살의 二衆만 열거한 까닭이다. 역시 『잡화기』의 말이다.

대승을 뒤에 열거한 것이다 하기에, 그런 까닭으로 지금에 답하여 말하기를 보살로써 근본을 삼는다고 한 것은 오히려 일승과 같고, 잡류로써 지말을 삼는다고 한 것은 삼승을 유출한 것과 같나니, 삼승 가운데는 처음 녹야원에서 사제四諦를 전하고 점차 대승에 돌아가기에, 그런 까닭으로 먼저 욕계를 열거하고 뒤에 색계를 열거하여 차례와 같이 위로 올라가나니,
그런 까닭으로 말하기를 소승을 먼저 열거하고 대승을 뒤에 열거하기에, 그런 까닭으로 자재천이 지말이 된다 하였다.
지말은 곧 말후末後이다.

攝末歸本者는 又有難言호대 讚德之中에 表尋末歸本하야 後明菩薩者인댄 則合先明日月天讚하고 末後方明自在天讚거늘 何以雜類之中에 先明自在讚耶아할새 故今答云호대 攝末歸本에 必從深至淺이라하니라 謂菩薩은 是所歸之本이요 雜類는 是所攝之末이라 攝末에 必從勝先攝이니 如海攝百川에 必先攝江하고 次攝大河하고 次攝小河하고 次攝溝洫하니라 故攝歸一乘에 先攝權大하고 次攝緣覺하고 次攝聲聞하고 次攝天人하야 一毫之善도 無不皆攝이니라 故先明自在天讚은 表是所攝之中에 先攝勝也요 末明日月天等은 表所攝之中에 後收劣也니라

지말을 거두어 근본에 돌아간다고 한 것은, 또 어떤 사람이 비난하여 말하기를 공덕을 찬탄하는 가운데 지말을 찾아 근본에 돌아감을 표하여 뒤에 보살을 밝혔다면 곧 먼저 일천자와 월천자의 찬탄을

밝히고 말후에 바야흐로 자재천의 찬탄을 밝혀야 합당하거늘, 어찌 하여 잡류 가운데 먼저 자재천의 찬탄을 밝히는가 하기에, 그런 까닭으로 지금에 답하여 말하기를 지말을 거두어 근본에 돌아감에 반드시 깊은 곳으로 좇아 얕은 곳에 이른다 하였다.

말하자면 보살은 돌아갈 바 근본이요,

잡류는 거둘 바 지말이다.

지말을 거둠에 반드시 수승함을 좇아 먼저 거두나니,

마치 바다가 백천百川의 물을 거둠에 반드시 먼저 강물을 거두고, 다음에 큰 냇물을 거두고, 다음에 작은 냇물을 거두고, 다음에 봇도랑물(溝洫)[79]을 거두는 것과 같다.

그런 까닭으로 일승에 거두어 돌아감에 먼저 방편(權) 대승을 거두고, 다음에 연각을 거두고, 다음에 성문을 거두고, 다음에 하늘과 사람을 거두어 하나의 작은 선善도 다 거두지 아니함이 없는 것이다.

그런 까닭으로 먼저 자재천의 찬탄을 밝힌다고 한 것은 거둘 바 가운데 먼저 수승함을 거둠을 표한 것이요,

말후에 일천자와 월천자의 찬탄을 밝힌다고 한 등은 거둘 바 가운데 말후에 하열함을 거둠을 표한 것이다.

疏

第八에 有無者는 亦有十類하니 一은 約界인댄 無無色이요 二는 約趣인댄 無地獄이니 此二는 非器故니라 若約轉生인댄 有地獄天

79 구혁溝洫: 전답 사이 물길이니 봇도랑을 말한다.

子요 若約所益인댄 亦通無色이니 三界皆益故니라 三은 約洲인댄 但列閻浮하고 餘三은 略無故며 或成難故니라 四는 約乘인댄 無二乘이니 不共教故며 下는 爲顯法이니 亦不見聞故니라 智度論云호대 若小乘經初인댄 唯列聲聞하고 若大乘經初인댄 具列菩薩聲聞하고 若一乘經初인댄 唯列菩薩이라하니 故指此經하야 爲不共教니라 或大乘經에 唯列小者는 爲引攝故니 如金剛經이니라 或唯列大는 亦屬大乘이니 主伴具者라야 必是一乘이니라 五는 約部인댄 無四衆이니 未說小教故니라 六은 約主인댄 無人王이니 王未知故니라 七은 約三聚인댄 無邪定이니 彼障隔故며 生盲之流는 但冥益故니라 八은 約內外인댄 無外道니 非彼測故니라 九는 約諸天인댄 無無想이니 入邪定故니라 十은 約善惡인댄 無惡魔니 不爲違害하며 天中攝故니라 上十은 且隨相說거니와 圓融인댄 應有니 卽無所不具니라

제 여덟 번째 모이는 대중이 있기도 하고 없기도 하다고 한 것은 또한 십류十類가 있나니
첫 번째는 삼계를 잡는다면 무색계가 없는 것이요,
두 번째는 육취를 잡는다면 지옥이 없는 것이니
이 두 가지 유형은 그릇이 아닌 까닭이다.
만약 전생転生을 잡는다면 지옥천자地獄天子가 있고,
만약 이익하는 바를 잡는다면 또한 무색계에도 통하나니
삼계가 다 이익하는 까닭이다.

세 번째는 사주四洲를 잡는다면 다만 염부제만 열거하고 나머지 삼주三州[80]는 생략하고 없는 까닭이며,
혹은 어려움을 이루는[81] 까닭이다.
네 번째는 삼승三乘[82]을 잡는다면 이승二乘이 없는 것이니
화엄은 불공교不共敎인 까닭이며,
이 아래[83]에 이승二乘이 있는 것은 법을 나타내기 위한 것이니
이승은 또한 보지도 듣지도 못하는 까닭이다.
『지도론』에 말하기를 만약 소승경의 초두初頭라면 오직 성문만을 열거하고, 만약 대승경의 초두라면 보살과 성문을 갖추어 열거하고, 만약 일승경의 초두라면 오직 보살만을 열거한다 하였으니,
그런 까닭으로 이 『화엄경』을 지시하여 불공교라 하는 것이다.
혹 대승경에 오직 소승만을 열거한 것은 이끌어 섭수하기 위한 까닭이니
『금강경』과 같은 것이다.
혹 오직 대승만을 열거한 것은[84] 또한 대승에 속하나니

---

80 나머지 삼주는 동불바테(동승신주), 서구야니(서우화주), 북구로주이다.

81 혹은 어려움을 이룬다고 한 것은, 부처님은 남염부제에 태어난 까닭으로 나머지 三州에는 있기가 어렵다는 뜻이니, 즉 나머지 三州에는 없다는 것이다. 혹은 북주北洲는 팔난八難의 하나로서 長壽天과 같이 즐거움이 너무 많아 佛法을 듣는 데 어려움을 이룬다는 것이다.
『잡화기』는 혹성난或成難 이상은 삼주를 모두 말한 것이고, 여기는 단 북주만 말한 것이라 하였다.

82 삼승은 여기서는 소승과 대승과 일승이다.

83 아래(下)라고 한 것은 제구회이다.

주主·반伴이 갖추어져야 반드시 일승이라 할 것이다.
다섯 번째는 부류部類를 잡는다면 사부대중이 없는 것이니
아직 소승교를 설하지 아니한[85] 까닭이다.
여섯 번째는 세주世主를 잡는다면 인왕人王이 없나니
인왕은 아직 알지 못하는[86] 까닭이다.
일곱 번째는 삼정취三定聚를 잡는다면 사정취邪定聚가 없는 것이니
저 장애를 현격히 뛰어난 까닭이며,
생맹生盲의 무리는[87] 다만 어둠만 더할 뿐인 까닭이다.
여덟 번째는 안과 밖을 잡는다면 외도가 없는 것이니
저들이 측량할 게 아닌 까닭이다.
아홉 번째는 모든 하늘을 잡는다면 무상천無想天이 없는 것이니
사정邪定에 든 까닭이다.
열 번째는 선과 악을 잡는다면 악마가 없는 것이니
어기거나 해롭게 하지 못하며,

---

84 혹 오직 대승만을 열거하였다고 한 등은, 『잡화기』에 말하기를 여기에는 또한 대승의 정의正義를 겸하여 통석한 것이니, 대승의 정의란 화엄의 불공교의 뜻이다.

85 아직 소승교를 설하지 않았다는 것은, 화엄을 설한 다음 녹야원에서 처음 소승의 사제법四諦法을 설하기에 아직 三寶도 사부대중四部大衆도 成立되지 않았다는 뜻이다.

86 인왕은 아직 알지 못했다고 한 것은, 바사익왕·빈비사라왕 등은 부처님이 성불成佛하여 설법說法함을 아직 모른다는 뜻이다.

87 생맹生盲의 무리 운운은 생맹의 사람은 보고 듣지 못하여 定에 들은 듯하나, 定에 들었다 하여도 사정邪定에 든 것 같다는 것이다.

하늘 가운데 함섭된 까닭이다.
이상의 열 가지는 또한 모습(相)을 따라 설하였거니와, 원융을 잡는다면 응당히 있어야 할 것이니
곧 갖추지 못하는 바가 없기 때문이다.

鈔

四에 約乘인댄 無二乘者는 此段有四하니 一은 正明이요 二에 爲顯法下는 通妨이니 謂有難言호대 若無二乘인댄 第九會中에 何得有耶아할새 答云호대 爲顯法耳라하니라 次又難云호대 若爲顯法인댄 則有二乘이라할새 答云호대 亦不見聞이라하니 與無同故니라 三에 智論云下는 引證이니 云明無小乘은 是不共義라 四에 或大乘經下는 重通妨難이니 正通智論하고 兼通正義라 謂有問言호대 現有唯小라도 而是大乘이니 如金剛經이라 那言列小라하야 是小乘經耶아할새 答云호대 爲引攝故라하니라 智論은 就其大略일새 故唯列小乘은 是小乘經이어니와 如金剛經等은 別是一理耳니라 或唯列大는 大乘等은 謂主件不具者니 卽如楞伽等이 是也니라

네 번째 삼승을 잡는다면 이승二乘이 없다고 한 것은 이 단락에 네 가지가 있나니,
첫 번째는 바로 밝힌 것이요,
두 번째 법을 나타내기 위한 것이라고 한 아래는 방해함을 통석한 것이니,

말하자면 어떤 사람이 비난하여 말하기를 만약 이승이 없다면 제구회 가운데는 어떻게 있는가 하기에, 답하여 말하기를 법을 나타내기 위한 것이다 하였다.

다음에 또 비난하여 말하기를 만약 법을 나타내기 위한 것이라면 곧 이승이 있어야 할 것이다 하기에, 답하여 말하기를 또한 보지도 듣지도 못한다 하였으니

없는 것으로 더불어 같은 까닭이다.

세 번째 『지도론』에 말하기를이라고 한 아래는 인용하여 증명한 것이니,

말하자면 소승이 없는 것은 화엄이 불공교不共教의 뜻임을 밝힌 것이다.

네 번째 혹 대승경이라고 한 아래는 거듭 방해하여 비난함을 통석한 것이니,

바로 『지도론』으로 통석하고 겸하여 정의正義를 통석한 것이다.[88]

말하자면 어떤 사람이 물어 말하기를 현재 오직 소승만 있다 할지라도 이것은 대승경이니 『금강경』과 같다. 어찌 소승을 열거하였다 하여 소승경이라 말하는가 하기에, 답하여 말하기를 이끌어 섭수하기 위한 까닭이다 하였다.

『지도론』은 그 대략大略에 나아가서 말하기에 그런 까닭으로 오직

---

88 겸하여 정의正義를 통석한 것이라고 한 것은, 오직 소승만 열거하고 오직 대승만 열거하였다고 한 것은 다 『지도론』의 뜻을 바로 통석한 것이지만, 그러나 오직 대승을 열거한 가운데 겸하여 정의를 통석한 것이라고 『유망기』는 말하고 있다.

소승만 열거한 것은 이 소승경이라 하였거니와, 『금강경』과 같은 등은 또 다른 한 이치[89]이다.
혹 오직 대승만을 열거한 것은, 대승[90]이라고 한 등은 말하자면 주主·반伴을 갖추지 못한 것이니,
곧 『능가경』과 같은 것이 이것이다.

疏

第九에 聞不聞者는 約權인댄 前後가 皆互得聞이요 約實인댄 當會自聞이라 縱不起前하고 而趣於後라도 亦各不相知어니와 若約頓機인댄 許一時頓領하리라

제 아홉 번째 모인 대중이 듣기도 하고 듣지 못하기도 한다고 한 것은, 방편(權)을 잡는다면 전회前會·후회後會의 대중이 다 들음을 얻을 것이요,
진실(實)을 잡는다면 당회當會 대중만 스스로 들을 것이다.
비록 전회에서 일어나지 않고 후회에 나아간다 할지라도 또한 각각 서로 알지 못하거니와, 만약 돈오의 근기(頓機)[91]를 잡는다면 일시에 문득 알아들음을 허락할 것이다.

---

89 또 다른 이치라고 한 것은 곧 대승 가운데 오직 소승을 열거한 것이다.
90 일승一乘이라 한 일一 자는 소문에 대大 자이다. 어떤 본에는 열대列代라고 한 아래에 역비亦非라는 두 글자가 있으나 옳지 않다 하겠다.
91 돈기頓機는 상근기로 돈오의 근기이다.

鈔

縱不起前下는 通妨이니 謂有問言호대 若約實에 衆不互聞者인댄 如來說法에 旣不起前하고 而趣於後에늘 如何聽衆이 不得互聞가할새 故今答云호대 約佛인댄 前後圓融거니와 約根인댄 互不知覺이라 故法慧云호대 一切閻浮提는 皆言佛在中거니와 我等今見佛이 住於須彌頂이라하니 則知各不相知也니라

비록 전회에서 일어나지 않고 후회에 나아간다고 한 아래는 방해함을 통석한 것이니,
말하자면, 어떤 사람이 물어 말하기를 만약 진실(實)을 잡음에 대중이 서로 듣지 못한다고 한다면 여래가 법을 설함에 이미 전회에서 일어나지 않고 후회에 나아갔거늘 어떻게 듣는 대중이 서로 듣지 못하겠는가 하기에, 그런 까닭으로 지금에 답하여 말하기를 부처님을 잡는다면 전회와 후회가 원융하거니와 근기를 잡는다면 서로 지각하지 못하는 것이다.
그런 까닭으로 법혜보살이[92] 말하기를
일체 염부제 대중은
다 부처님이 이 가운데 있다 말하거니와
우리[93] 등은 지금 부처님께서

92 법혜보살 운운은 수미정상게찬품에 법혜보살의 게송이니, 이 앞에 두 구절이 있나니 불자야, 그대는 응당 / 여래의 자재한 힘을 관찰하라(佛子汝應觀 如來自在力)이다.

수미정상에 머물고 계심을 본다 하였으니,
곧 각각 서로 알지 못하는 줄 알아야 할 것이다.

疏

上之九門은 且從顯著하야 略爲此釋거니와 中本廣本은 或隱或顯하니 不可執文이니라

이상의 아홉 문은 우선 뚜렷하게 나타난 것[94]만을 좇아서 간략하게 여기에 해석하였거니와, 중본中本 화엄과[95] 광본廣本 화엄은 혹 숨기도 하고 혹 나타나기도 하였으니
문장에 집착하는 것은 옳지 않다.

疏

第十에 釋文은 第一會中에 前總四十衆을 大分爲二하리니 初一은 同生이요 餘는 是異生이라 十論云호대 解脫月은 是同生衆故라하며 又云호대 同生衆請이라하니 則知兼有地前이요 明知不約地位니라 餘釋云云은 不符論意니라 云何名爲同異生耶아 然有二義하

93 '우리'라고 한 것은 법혜보살이다.

94 뚜렷하게 나타난 것이라고 한 것은 현재 우리가 보는 약본 『화엄경』을 말한다.

95 중본 등이라 한 것은, 중본은 곧 세상에 유행하지 않는 것이다. 소가가 미처 능히 보지 못한 것이나, 이치를 헤아려봄에 반드시 그러하기에 그런 까닭으로 여기에 회통함이 있는 것이다. 역시 『잡화기』의 말이다.

니 一은 謂雜類는 作諸異生의 種種形故요 菩薩은 得法性身하야 同人이 作一類菩薩形故라 二는 菩薩爲同者는 通諸位故요 神等爲異는 法界差別德故니라

제 열 번째 문장을 해석한다고 한 것은 제일회 가운데 앞의 총 사십 대중을 크게 분류하여 두 가지로 하리니
처음에 한 대중은 동생同生이요,
나머지 대중은 이생異生이다.
『십지론』에 말하기를 해탈월은[96] 이 동생 대중인 까닭이다 하였으며,
또 말하기를 동생 대중이 청한다 하였으니
곧 지전地前에 겸하여 있는[97] 줄 알고, 지위地位를 잡은 것이 아닌 줄 분명히 알아야 할 것이다.
나머지는 해석하여 운운한 것은 논의 뜻에 부합하지 않는 것이다.
어떤 것을 이름하여 동생 대중, 이생 대중이라 하는가.
그러나 두 가지 뜻이 있나니
첫 번째는 말하자면 잡류雜類는 모든 이생異生의 가지가지 형상을 짓는 까닭이요,

96 해탈월 운운은 전후에 육가六家의 해석을 한꺼번에 번역한 것이요, 또 말하기를 동생 대중이라 한 등은 이가二家의 해석을 따로 번역한 것이니, 대개 저 이가의 해석이 이치가 가히 근접함이 있다. 그러나 사람들이 그 해석이 잘못이라고 비난하여 말할까 염려하기에 그런 까닭으로 반드시 여기에 따로 탄핵해야 하는 것이다. 역시 『잡화기』의 말이다.

97 겸하여 있다고 한 것은 동생중同生衆과 이생중異生衆이 함께 있는 것이다.

보살은 법성신을 얻어 같은 사람이 한 유형의 보살의 형상을 짓는 까닭이다.

두 번째는 보살이 동생同生이 되는 것은 모든 지위에 통하는[98] 까닭이요,

신神 등이 이생異生이 되는 것은 법계의 차별한 공덕인 까닭이다.

餘釋云云者는 有釋云호대 聲聞爲同이요 菩薩爲異니 謂小乘은 斷惑同故라하며 有云호대 出家菩薩과 聲聞爲同이요 餘並爲異라하니 此約形相同故니라 上之二解는 俱非論意니 以經八會에 無聲聞故며 論釋地經이나 經亦無故며 初成正覺에 無出家故니라 或云호대 登地爲同이니 同證眞故요 餘皆是異니 是以地前을 名異生性故라하며 有云호대 八地以上이 爲同이니 同無漏故라하니 上之二解도 亦違論文이라 論主但云호대 解脫月은 是同生衆이요 本不曾言約地位故며 又論明大衆請云호대 有同生衆請은 有地前故니라 所以知有者는 由金剛藏

---

98 모든 지위에 통한다고 한 것은, 말하자면 낱낱 보살이 다 모든 지위에 통한다면 곧 다 같이 법계의 공덕이 있는 까닭으로 동생이라 하는 것이다. 혹 동생은 곧 지위를 잡은 것이고, 이생은 곧 공덕을 잡은 것이니 지위와 더불어 공덕은 다 표하는 바가 되는 까닭이다. 대개 여기에서 저 모든 지위에 통한다고 한 것은 곧 소가의 정의正義이지만, 그러나 초문 가운데는 고인의 해석을 상대하여 그 고인의 실의失意를 바로 해석한 까닭으로 지위를 따로 배대하여 초주에 귀속시켰다. 영인본 화엄 2책, p.564, 5행 초문에 해월광 등 열 보살은 초발심주에 배속한다 하였다. 초주 귀속까지는 『잡화기』의 말이다.

云호대 有行未久에 解未得하야 隨識而行하고 不隨智일새 聞此生疑하야 墮惡道니 我愍是等故로 不說이라하니 大衆이 承此便請하니라 明大衆之中에 有行未久는 卽地前故니라 復有釋云호대 雜類爲同이니 以受彼彼同類身故요 菩薩爲異니 不約同彼衆生類故라하니라 此亦違論이니 解脫月爲同故니라 又有釋云호대 菩薩雜類가 俱爲同이니 法界無二故요 俱爲異니 法界差別故라하니 此約實義라 豈得爲釋同異之殊아 明知하라 上來는 並非正解라 故云餘釋云云은 不符論意라하니라

나머지는 해석하여 운운한 것이라 한 것은, 어떤 사람이 해석하여 말하기를 성문은 동생이 되고 보살은 이생이 되나니,
말하자면 소승은 번뇌(惑)를 끊는 것이 같은 까닭이다 하였으며,
어떤 사람이 말하기를 출가한 보살과 성문은 동생이 되고 나머지는 아울러 이생이 된다 하였으니
이것은 형상이 같음을 잡은 까닭이다.
이상의 두 가지 해석은 함께 논의 뜻이 아니니
경의 팔회八會에 성문이 없는[99] 까닭이며,
논에 『십지경』을 해석하였지만 경에도 또한 성문이 없는 까닭이며,
처음 정각을 성취함에 출가 자체가 없는 까닭이다.
혹은 말하기를 십지에 오르는 것이 동생이 되나니 모두 다 진여를

99 팔회八會에 성문이 없다고 한 것은, 즉 팔회에는 성문이 없지만 구회에는 있다는 것이다.

증득하는 까닭이요,
나머지는 다 이생異生이니 이런 까닭으로 지전地前을 이름하여 이생성異生性[100]이라 한 까닭이다 하였으며,
어떤 사람이 말하기를 팔지八地 이상이 동생이 되나니 다 무루無漏를 얻은 까닭이다 하였으니,
이상의 두 가지 해석도 또한 논문論文을 어기는 것이다.
논주論主가 다만 말하기를 해탈월은 이 동생 대중이라고 하였을 뿐 본래부터 일찍이 지위地位를 잡아서 말한 것이 아닌 까닭이며,
또 논에서 대중의 청함을 밝혀 말하기를 동생 대중의 청이 있다고 한 것은 지전地前에 있는 까닭이다.
지전에 있는 줄 아는 까닭은, 금강장보살이 말하기를 행行이 있은 지 오래지 않아 해解를 아직 얻지 못함으로 인유하여 식識을 따라 행하고 지혜를 따르지 않기에, 이를 듣고 의심을 내어 악도에 떨어지나니 내가 이런 등의 대중을 어여삐 여기는 까닭으로 설하지 않는다 하니, 대중이 이 말을 받들어 문득 청하였다
따라서 대중 가운데 행이 있은 지 오래지 않다고 밝힌 것은 곧 지전地前 보살인 까닭이다.
다시 어떤 사람이 해석하여 말하기를 잡류雜流는 동생同生이 되나니 저들이 동류同類의 몸을 받은 까닭이요,
보살은 이생異生이 되나니 저 중생의 유형과 같음을 잡은 것이 아닌 까닭이다 하였다.

---

100 이생성異生性이란, 凡夫로 하여금 異生이 되게 하는 것을 말한다.

이것도 또한 논의 뜻을 어기나니 해탈월은 동생이 되는 까닭이다.
또 어떤 사람이 해석하여 말하기를 보살과 잡류가 함께 동생이 되나니 법계가 둘이 없는 까닭이요,
둘이 함께 이생도 되나니 법계가 차별한 까닭이다 하였으니
이것은 진실(實)의 뜻을 잡은 것이다.
어찌 동생과 이생이 다르다고 해석함을 얻겠는가.
분명히 알아라.
상래의 해석은 모두 다 올바른 해석이 아니다.
그런 까닭으로 말하기를 나머지 해석하여 운운한 것은 논의 뜻에 부합하지 않는다 하였다.

云何名爲下는 上出同異生體요 今釋同異生義라 然其二釋이 前約事相이요 後約表法이라 又有將此四十衆하야 以配地位하고 同生衆中에 開之爲二하니 謂十普菩薩은 卽是圓因이니 對前菩薩에 以爲所信이요 從海月光下로 及執金剛은 爲十住라 復將一一位中十名하야 如次配於十度호대 海月光等十菩薩은 配初發心住니 此住本이 卽是檀이라 其十菩薩을 復配檀中에 具十하야 則令十住로 自有百波羅蜜케하고 歷於五位하야 有五百波羅蜜케하니라 以等覺位도 亦有十位故니라 主稼神下十衆은 配十行하고 修羅已下는 配十向하고 三十三天下는 配十地하고 前十普菩薩은 是等覺地라하니 此配는 則似生情이라 然文勢多端일새 配亦無失이나 但不俟如此不次니라 謂四十衆으로 以配三賢十聖하고 下師子座衆으로 以配等覺하고 眉間出衆으로 以配妙覺인댄 則四十二衆을 配四十二位니 於理甚直하니라

어떤 것을 이름하여 동생 대중, 이생 대중이라 하는가라고 한 아래는, 이 위에는 동생과 이생의 자체를 설출한 것이고, 지금에는 동생과 이생의 뜻을 해석한 것이다.

그러나 그 두 가지 해석이 앞에는 사상事相을 잡았고, 뒤에는 표법表法을 잡은 것이다.

또 어떤 사람은 이 사십 대중을 가져 지위에 배속하고 동생 대중 가운데 열어서 둘로 하였으니,

말하자면 십보十普의 보살은 곧 원인圓因이니

십지 이전의 보살을 상대함에[101] 소신所信[102]이 되고,

해월광海月光 이하로 좇아 집금강신[103]에 미치기까지는 십주가 되는 것이다.

다시 낱낱 지위 가운데 열 가지 이름을 가져 차례와 같이 십바라밀에 배속하되 해월광 등 열 보살은 초발심주에 배속하였으니,

이 주住의 근본이 곧 단바라밀檀波羅密이기 때문이다.

---

101 십지 이전의 보살을 상대한다고 한 등은, 그 뜻에 말하기를 이것은 이 등각이기에 그 등각 이전의 보살을 상대해서는 곧 소신所信이 되는 까닭으로 십주 이전에 있는 것이니, 믿음(十信)이 반드시 처음에 거주하는 까닭이다. 대개 여기에 이전이라고 말한 것은 지위를 잡아 말한 것이고, 열거한 바를 잡아 이전이라고 말한 것은 아니라고 『잡화기』는 말하고 있다. 『유망기』는 십지 이하로 이전을 삼고 경문의 이전을 삼은 것이 아니다 하였다. 두 사기의 말은, 말은 다르지만 뜻은 같다 하겠다.

102 소신所信은 十信이다.

103 집금강이라고 한 아래에 『잡화기』는 마땅히 하下 자가 있어야 하나니, 아래 주약신에 이르러야 바야흐로 십주를 이루는 까닭이다 하였다.

그 열 보살을 다시 단바라밀 가운데 열 가지를 구족함에 배속하여 곧 십주로 하여금 스스로 일백 바라밀이 있게 하고, 오위五位를 지나서 오백 바라밀이 있게 하였다.

등각위等覺位에도 또한[104] 십바라밀이 있는 까닭이다.

주가신主稼神 이하 열 대중은 십행에 배속하고, 아수라 이하는 십회향에 배속하고, 삼십삼천 이하는 십지에 배속하고, 앞의 십보十普의 보살은 이 등각의 지위에 배속한다 하였으니,

이러한 배속은 곧 사사로운 뜻에서 나온 것 같다.

그러나 경의 문세가 다단多端하기에 배속하는 것은 또한 허물이 없겠지만, 다만 이와 같이 차례답지 못한 배속은 기다리지도 말아야 할 것이다.

말하자면 사십 대중으로[105] 삼현과 십성十聖에 배속하고, 사자의 자리에서 내려온 대중으로 등각에 배속하고, 미간에서 나온 대중으로 묘각에 배속한다면 곧 사십이四十二 대중을 사십이위四十二位에 배속한 것이니

이치가 매우 정직하다 할 것이다.

---

104 등각위等覺位에도 또한 운운한 것은, 말하자면 그 등각이 지위를 잡은즉 하나이지만, 다만 십바라밀을 구족하고 있는 것은 같거니와, 사람을 잡음에 십바라밀이 있은즉 십바라밀이 각각 십바라밀을 구족하는 까닭으로 또한 일백 바라밀을 이루는 것이다. 역시 『잡화기』의 말이다.

105 말하자면 사십 대중이라고 한 이하는 청량스님의 바른 소견을 말한 것이다.

經

有十佛世界에 微塵數菩薩摩訶薩하야 所共圍遶하니

열 부처님 세계에 작은 티끌 수만치 많은 보살마하살이 있어 함께 에워쌌으니

疏

其四十衆文이 皆有三하니 一은 標數辯類요 二는 列名結數이요 三은 攝德周圓이라 今初同生衆中에 第一에 標數辯類中에 先辯數요 佛世界者下는 辯世界라 略有三類하니 一은 世界요 二는 種이요 三은 海라 今云世界는 則非種非海요 權實이 共許 一三千界가 一佛化境故니라 或名佛刹佛土는 皆準此也니라 微塵者는 七極微量也니 謂抹三千界하야 並爲微塵하야 一塵으로 爲一菩薩인댄 則數已難量矣어든 況擧十數하야 表無盡耶아

그 사십 대중에 문장이 다 세 가지가 있나니
첫 번째는 수數를 표하고 유형을 말한 것이요,
두 번째는 이름을 열거하고 수數를 맺는 것이요,
세 번째는 공덕이 두루 원만함을 섭취攝取한 것이다.[106]

106 세 번째는 공덕이 두루 원만함을 섭취한다고 한 것은 영인본 화엄 2책, p.576, 말행에 있다.

지금은 처음으로 동생 대중 가운데 첫 번째에 수를 표하고 유형을 말하는 가운데 처음에 수數를 표한 것이요,
부처님 세계라고 한 아래는 세계를 말한 것이다.
간략하게 세 가지 유형이 있나니
첫 번째는 세계요,
두 번째는 세계 종種이요,
세 번째는 세계 바다(海)이다.
지금에 세계라고 말한 것은 세계종도 아니고 세계해도 아니고, 방편과 진실이[107] 함께 한 삼천세계가 한 부처님의 화현한 경계임을 허락하는 까닭이다.
혹 부처님의 세계, 부처님의 국토라고 이름한 것은 다 이것을 기준하면 가히 알 수가 있을 것이다.

작은 티끌이라고 한 것은 극미진極微塵의 일곱 갑절[108]의 양이니, 말하자면 삼천세계를 가루로 만들어 그 모두를 작은 티끌(微塵)로 삼아 한 티끌(一塵)로 한 보살로 삼는다면 곧 그 수數도 이미 헤아리기 어렵거든, 하물며 열 부처님 세계의 숫자(十數)를 들어 다함이 없음(無盡)을 표하는 것이겠는가.

107 방편과 진실 운운한 것은, 경문에 세계가 이 삼천세계임을 밝힌 것이라고 『잡화기』는 말하고 있다.

108 극미진極微塵의 일곱 갑절이라고 한 것은, 일미진은 극미진의 일곱 갑절이 되는 숫자이다. 신역에는 극미진이라 하고 구역에는 인허진隣虛塵이라 하였다. 『잡화기』는 한 인허진을 쪼개어 칠극미七極微를 이루는 까닭이라 하였다.

疏

菩薩摩訶薩者는 辯類也니 卽揀非餘衆이라 具云하면 菩提薩埵摩訶薩埵니 今從略耳니라 然有三釋하니 一은 菩提는 是所求佛果요 薩埵는 是所化衆生이라 卽悲智所緣之境이니 從境立名일새 故名菩薩이니라 二는 菩提는 是所求之果요 薩埵는 是能求之人이니 能所合目일새 故名菩薩이니라 三은 薩埵는 此云勇猛이니 謂於大菩提에 勇猛求故니라 摩訶는 云大니 大有四義라 一者는 願大니 求大菩提故요 二는 行大니 二利成就故요 三은 時大니 經三無數劫故요 四는 德大니 具足一乘의 諸功德故라 前二는 通地前이요 後二는 或唯地上이라 更有諸大이나 亦不出此니라 此等은 並是舍那佛自眷屬이라 動止常隨일새 故云所共圍繞라하니라

보살마하살이라고 한 것은 유형을 말한 것이니,
곧 나머지 대중[109]이 아님을 가린 것이다.
갖추어 말하면 보리살타菩提薩埵 마하살타摩訶薩埵이니,
지금에는 간략함을 좇아 말하였을 뿐이다.
그러나 세 가지 해석이 있나니[110]
첫 번째는 보리는 구할 바 불과佛果요, 살타는 교화할 바 중생이다.

109 나머지 대중이라고 한 것은 잡류중雜類衆을 말하는 것이니 여기서는 잡류중이 아니고 보살중이라는 뜻이다.

110 그러나 세 가지 해석이 있다고 한 것은, 지금인즉 마음을 잡아 해석한 한 가지 해석이 빠졌다고 『잡화기』는 말하고 있다.

곧 자비와 지혜의 반연할 바 경계이니,
경계를 따라 이름을 세우기에 그런 까닭으로 이름을 보살이라 하였다.
두 번째는 보리는 구할 바 불과요, 살타는 능히 구하는 사람이니,
능과 소를 합하여 명목하기에 그런 까닭으로 이름을 보살이라 하였다.
세 번째는 살타는 여기에서 말하면 용맹이니,
말하자면 큰 보리에 용맹스레 구하는 까닭이다.
마하는 여기에서 말하면 대大이니,
대大에 네 가지 뜻이 있다.
첫 번째는 서원이 큰(大) 것이니 큰 보리를 구하는 까닭이요,
두 번째는 행이 큰 것이니 자리自利와 이타利他를 성취하는 까닭이요,
세 번째는 시간이 큰 것이니 삼무수겁[111]을 지나는 까닭이요,
네 번째는 공덕이 큰 것이니 일승의 모든 공덕을 구족하는 까닭이다.
앞의 두 가지는 지전地前에 통하고, 뒤의 두 가지는 혹 오직 지상에만 통하는 것이다.
다시 여러 가지 대大에[112] 대한 뜻이 있으나 또한 여기에 네 가지 뜻을 벗어나지 않는다.
이런 등의 대중은 모두 노사나 부처님의[113] 자기 권속[114]이다.

---

111 삼무수겁三無數劫은 삼아승지겁三阿僧祇劫이다.

112 다시 여러 가지 대大라고 한 것은 대신심·대분심·대법을 일으키는 등과 같다고 『잡화기』는 말하고 있다.

113 노사나 부처님은 타수용신이다.

114 자기 권속은 지상地上 보살이다.

부처님이 움직이거나 그침에 항상 따르기에 그런 까닭으로 말하기를 에워싼다 하였다.

經

其名曰 普賢菩薩摩訶薩과

그들의 이름을 말하면 보현보살마하살과

疏

二에 其名下는 列名結數니 先列其名이요 後結略顯廣이라 今初니 夫聖人無名이나 爲物立稱이니 雖得名千差나 而多依行德이요 行德皆具나 而隨宜別標니라

두 번째 그들의 이름을 말하면이라고 한 아래는 이름을 열거하고 수를 맺는 것이니,
먼저는 그 이름을 열거한 것이요,
뒤에는 간략함을 맺고 넓은 것을 나타낸 것이다.
지금은 처음으로 대저 성인은 이름이 없지만 중생을 위하여 이름을 세운 것이니,
비록 이름을 얻는 것이 천차千差이지만 다분히 수행과 공덕을 의지한 것이요,
수행과 공덕을 다 갖추었지만 편의함을 따라 다르게 표한 것이다.

鈔

直彰大意中에 初는 總標無名이라 故莊子云호대 至人無己하고 神人無功하고 聖人無名이라하니 今約利生일새 無名而强立耳니라 雖得名千差下는 總辯立名이니 此는 辯立名別因이라 言多依行德者는 亦有因姓하며 因父母等故니라 行德皆具下는 通妨이니 謂有難云호대 旣依行德인댄 而諸菩薩德行을 皆具어니 何以成別고할새 故云隨宜別標라하니 隨便宜故니라 謂有偈云호대 弟子堅固菩提心하야 從師以受灌頂位하고 妙修定慧恒觀察하야 深入業用善巧門은 卽普賢菩薩이요 又云호대 導諸有情勝菩提하야 以四攝法而攝取는 卽金剛王菩薩이요 無厭大悲未曾捨는 卽金剛愛菩薩이요 見行小善便稱美는 卽金剛善哉菩薩이요 無閡檀施等虛空은 卽金剛寶菩薩이며 亦虛空藏菩薩別名이요 能以慧光破愚冥은 卽金剛日菩薩이며 亦云金剛光이요 有所樂求恒不逆은 卽金剛幢菩薩이요 發言先笑令心喜는 卽金剛笑菩薩이요 能於妙法無染中은 卽金剛法菩薩이요 善用般若斷諸使는 卽金剛利菩薩이며 亦卽文殊師利가 是요 無上法輪恒不退는 卽金剛因菩薩이며 亦云金剛轉法輪菩薩이요 四辯演說無所畏는 卽金剛語言菩薩이요 諸佛衆生事業中은 卽金剛業菩薩이요 恒被堅誓慈悲甲은 卽金剛護菩薩이며 亦云金剛甲冑菩薩이요 摧破魔羅勝軍衆은 卽金剛藥叉菩薩이며 亦云金剛牙菩薩이요 堅持諸佛所祕門은 卽金剛拳菩薩이요 又如乘聲濟物은 卽曰觀音이요 手中雨華는 便名華手菩薩等이라하니 皆隨德隨宜也니라

바로 대의大意를 밝히는 가운데 처음에는 이름이 없음을 한꺼번에 밝힌 것이다.[115]

그런 까닭으로 『장자』에 말하기를 지극한 사람은 몸이 없고, 신인神人은 공功이 없고, 성인은 이름이 없다 하였으니,

지금에는 중생을 이익케 함을 잡았기에 이름이 없지만 억지로 이름을 세웠을 뿐이라는 것이다.

비록 이름을 얻는 것이 천차라고 한 아래는 이름을 세운 것을 한꺼번에 말한 것이니,

이것은 이름을 세움에 원인이 다름을 말한 것이다.

다분히 수행과 공덕을 의지한다고 말한 것은 또한 성姓을 원인하기도 하며 부모를 원인하기도 하는 등[116]이 있는 까닭이다.

수행과 공덕을 다 갖추었다고 한 아래는 방해함을 통석한 것이니,

말하자면 어떤 사람이 비난하여 말하기를 이미 수행과 공덕을 의지하였다면 모든 보살은 수행과 공덕을 다 갖춘 것이거니 어찌 달리 표한다고 함이 성립되겠는가 하기에, 그런 까닭으로 말하기를 편의함을 따라 다르게 표한다 하였으니

편의함을 따른 까닭이다.

---

115 이름이 없음을 한꺼번에 밝힌다(總標無名)고 한 것은, 구체적으로는 이름이 없지만 이름을 세운 것을 밝힌다고 해야 옳다.

116 인성因姓은 姓을 따서 이름한 것이니 가섭 등이요, 인부모因父母는 父母의 이름을 따서 이름한 것이니 부루나미다라니자, 마등가이다.

말하자면 또 게송에[117] 이르기를
제자가 보리심이 견고하여
스승으로 좇아 관정의 지위를 받고
선정과 지혜를 묘하게 닦아 항상 관찰하여
깊이 업용業用의 선교문善巧門에 들어갔다고 한 것은 곧 보현보살이요,
또 말하기를[118] 모든 유정들을 수승한 보리로 인도하여
사섭법으로써 섭취攝取한다고 한 것은 곧 금강왕 보살이요,
싫어함이 없는 대비로 일찍이 버리지 않았다고 한 것은 곧 금강애 보살이요,
작은 선을 행함을 보고도 문득 칭찬하여 훌륭하다고 한 것은 곧 금강선재金剛善哉 보살이요,
거리낌[119]없이 보시를 허공과 같이 한다고 한 것은 곧 금강보 보살이며, 또한 허공장 보살의 다른 이름이요,
능히 지혜의 광명으로써 어리석음의 어둠을 깨뜨린다고 한 것은 금강일 보살이며, 또한 말하기를 금강광 보살이요,
좋아하여 구하는 바가 있으면[120] 항상 거역하지 않는다고 한 것은

117 또 게송에 운운은, 『금강정경 유가수습 비로자나 삼마지법』 일권에 있는 게송이다.

118 또 말하기를 운운은 역시 『금강정경 유가수습 비로자나 삼마지법』 일권에 있는 게송이다.

119 원문에 閡은 거리낄 핵 자이다. 다른 본에 주住 자로 되어 있기도 하다.

120 좋아하여 구하는 바가 있으면 운운한 것은, 사람이 구하는 바가 있음에

곧 금강당 보살이요,
말을 함에 먼저 웃고 마음으로 하여금 기쁘게 한다고 한 것은 곧 금강소笑 보살이요,
능히 묘법의 오염됨이 없는 가운데라고 한 것은 곧 금강법 보살이요,
잘 반야를 사용하여 모든 번뇌(諸使)[121]를 끊는다고 한 것은 금강이利 보살이며, 또한 곧 문수사리가 이것이요,
위없는 법륜에 항상 물러나지 않는다고 한 것은 곧 금강인因 보살이며, 또한 말하기를 금강전법륜 보살이요,
사변四辯으로 무소외無所畏를 연설한다고 한 것은 곧 금강어언語言 보살이요,
모든 부처님과 중생의 사업 가운데라고 한 것은 곧 금강업業 보살이요,
항상 견고한 서원과 자비의 갑옷을 입는다고 한 것은 곧 금강호護 보살이며, 또한 말하기를 금강갑주甲冑 보살이요,
마라魔羅[122]의 수승한 군중軍衆을 꺾어 무너뜨린다고 한 것은 곧 금강야차 보살이며, 또한 말하기를 금강아牙 보살이요,

---

거역하지 않고 더불어 함께하는 것이 멀리 다른 유형을 벗어난 까닭으로 당기(幢)라 하고, 혹은 가히 당기에 꺾여 없애는 것과 귀순하는 두 가지 뜻이 있다고 보면 곧 여기는 귀순에 해당한다고 『잡화기』는 말하고 있다. 당기란 금강당이라 한 당기(幢)를 말한다.

121 모든 번뇌(諸使)란 십사十使이니, 오결五結과 십사十使이다.

122 마라魔羅는 말라末羅라고도 하나니 魔의 뜻이다. 보통 魔와 軍을 합쳐 마군魔軍이라 한다. 그러나 魔羅라고만 말하여도 마군을 말하는 것이다.

모든 부처님의 비밀한 문을 굳게 가진다고 한 것은 곧 금강권拳
보살이요,
또 소리를 타서 중생을 제도하는[123] 것과 같다고 한 것은 곧 말하기를
관음보살이요,
손 가운데 꽃을 비 내린다고 한 것은 문득 이름하여 화수華手 보살이라
한 등이니
모두 다 공덕을 따르고 편의함을 따라 이름한 것이다.

疏

先十을 同名普者는 顯具法界總相德故요 後十이 異名者는 顯具法界別相德故니 總別相融하야 同一法界니라 今初十名之普는 是別之總이요 普下十異는 顯卽普能別이니 普義方成이니라

앞의 열 보살을 다 이름하여[124] 보普라고 한 것은 법계 총상總相의
공덕을 갖춘 것을 나타내는 까닭이요,
뒤에 열 보살이 이름이 다른 것은[125] 법계 별상別相의 공덕을 갖춘
것을 나타내는 까닭이니,
총상과 별상이 서로 원융하여 동일한 법계이다.

---

123 소리를 타서 중생을 제도한다고 한 것은 그 음성을 들으면 곧 해탈을 얻는다는 것이다.

124 앞의 열 보살 동명同名은 영인본 화엄 2책, p.571, 10행 이하이다.

125 뒤의 열 보살 이명異名은 영인본 화엄 2책, p.573, 10행 이하이다.

지금은 처음으로 열 보살의 이름을 보普라고 한 것은 이 별상의 총상이요,
십보十普 보살[126] 아래에 열 보살이 이름이 다른 것은 십보 보살[127]에 즉하여 능히 다른 이름을 나타낸 것이니
십보의 뜻이 바야흐로 이루어진 것이다.

鈔

今初十名下는 應有難云호대 前云十普가 旣顯法界總相之德거늘 何得更有普德과 普光等殊할새 故爲此通하니라

지금은 처음으로 열 보살의 이름을 보라고 한 것이라 한 아래는, 응당 어떤 사람이 비난하여 말하기를 앞에서 십보十普 보살이 이미 법계총상의 공덕을 나타낸다고 말하였거늘, 어찌 다시 보덕普德과 보광寶光 등 다른 이름이 있는가 하기에 그런 까닭으로 여기에 통석하였다.

疏

此是古今諸佛이 同行普賢之行이나 隨於諸位하야 差別不同이니 縱成正覺이라도 亦普行攝일새 故先明之니라

126 십보 보살에 각각 다른 이름은 별상이다.

127 십보 보살은 총상이다.

이것은 고금의 모든 부처님이 보현의 행[128]을 똑같이 행하였지만 모든 지위를 따라 차별하여 같지 않나니,
비록 정각을 성취하였다 할지라도 또한 보현의 행에 포섭되기에 그런 까닭으로 먼저 그 보현보살을 밝힌[129] 것이다.

鈔

此是古今下는 明先列所以니 可知니라 然其釋名은 皆取下文에 所得法門하야 以成會釋이니 由得解脫하야 各隨所得하야 以立其名이니라 所以前云호대 依德行立이라하니 此若不了인댄 但尋下經이면 自當分明하리라

이것은 고금의 모든 부처님이라고 한 아래는 보현을 먼저 열거한 까닭을 밝힌 것이니[130]
가히 알 수가 있을 것이다.
그러나 그 이름을 해석한 것은 다 아래의 문장[131]에 얻은 바 법문[132]을

128 보현행은 보현의 육도만행이다.

129 먼저 그 보현보살을 밝혔다고 한 것은, 십보十普 보살 가운데 제일 먼저 보현보살을 밝혔다는 것이다.

130 보현을 먼저 열거한 까닭을 밝혔다고 한 것은, 『잡화기』에 곧 십보十普 보살을 먼저 열거한 까닭이니, 소가가 비록 다만 보현만 열거하였으나 이 한 보살이 총이 되는 까닭으로 또한 나머지 아홉 보살도 섭수하는 것이다 하였다.

131 아래의 문장은 곧 영인본 화엄 2책, p.709, 8행이다.

취하여 회석會釋함을 이룬 것이니,
모인 대중이 해탈문을 얻음을 인유하여 각각 얻은 바를 따라서 그 이름을 세운 것이다.
그런 까닭으로 앞[133]에서 말하기를 공덕과 수행을 의지하여 이름을 세운 것이다 하였으니,
여기에서 만약 알지 못하였다면 다만 아래의 경전[134]만 보면 스스로 마땅히 분명해질[135] 것이다.

疏

言普賢者는 體性周遍曰普요 隨緣成德曰賢이니 此約自體라 又曲濟無遺曰普요 隣極亞聖曰賢이니 此約諸位普賢이라 又德周法界曰普요 至順調善曰賢이니 此約當位普賢이라 又果無不窮曰普요 不捨因門曰賢이니 此約佛後普賢이라 位中普賢은 悲智雙運하고 佛後普賢은 智海已滿이나 而運卽智之悲와 寂而常用하야 窮未來際니라 又一卽一切曰普요 一切卽一曰賢이니 此約融

132 법문은 해탈문이다.

133 앞이라고 한 것은, 영인본 화엄 2책, p.567, 4행에 성인은 이름이 없지만 중생을 위하여 이름을 세운 것이니 비록 이름을 얻는 것이 천차이지만 다분히 수행과 공덕을 의지한 것이다 한 것을 말한다.

134 아래의 경전이란, 아래 찬덕중讚德中이니 영인본 화엄 2책, p.709, 8행이다.

135 스스로 마땅히 분명해진다고 한 것은, 보살의 이름을 얻은 까닭이 분명해진다는 것이다.

攝이라 所以先列者는 爲上首故며 法門主故며 法界體故며 一切菩薩을 無不乘故며 無一如來도 非此成故며 令諸聞者로 見自身中에 如來藏性하야 行普行故니라 上雖多義로 離釋거니와 今從別稱으로 合釋에 無處不賢名曰普賢이니 卽體普也니라 此一은 爲總이요 餘九는 爲別이라

보현이라고[136] 말한 것은 자체 성품이 두루한 것을 보普라 말하고, 인연 따라 공덕을 이루는 것을 현賢이라 말하나니
이것은 자체의 보현을 잡은 것이다.
또 곡직하게 제도하여 남김이 없는 것을 보라 말하고, 극위極位를 이웃하여 성인과 버금가는 것[137]을 현이라 말하나니[138]
이것은 제위諸位의 보현[139]을 잡은 것이다.
또 공덕이 법계에 두루하는 것을 보라 말하고, 지극히 순하고 두루

136 보현이라고 한 등은, 이 가운데 수많은 해석은 『회현기』 8권, 13장을 볼 것이라고 『잡화기』는 말하고 있다.

137 성인과 버금간다고 한 것은, 역으로 미루어보면 누구이든 성인과 버금가는 이는 다 보현이라 할 수 있다는 것이다.

138 누구든지 성인과 버금가는 이는 보현이다.

139 제위諸位의 보현이라 한 제위는 십지 이전이고, 당위는 등각이니 바로 위에 극위를 이웃하여 성인과 버금간다(極聖)고 한 것은 십지를 가리키는 것이다. 보현이 이미 모든 지위에 통하기에 곧 이 가운데 십지를 잡아 해석하지 아니한 것은 등각에 섭수되어 있는 까닭이며, 또 십지보살이 자비와 지혜를 똑같이 증득한즉 삼현을 벗어나지 아니한 까닭으로 모든 지위 가운데 섭수되어 있는 것이다. 이상은 『잡화기』의 말이다.

선한 것을 현이라 말하나니

이것은 당위當位의 보현[140]을 잡은 것이다.

또 과해果海를 궁진하지 아니함이 없는 것을 보라 말하고, 인문因門을 버리지 않는 것을 현이라 말하나니

이것은 성불 이후의 보현을 잡은 것이다.

제위 가운데 보현은 자비와 지혜를 함께 운용하고 성불 이후의 보현은 지혜의 바다가 이미 만족하였지만, 지혜에 즉한 자비와 고요하지만 항상한 작용을 운용하여 미래의 세상이 다하도록 하는 것이다.

또 하나가 곧 일체임을[141] 보라 말하고, 일체가 곧 하나임을 현이라 말하나니

이것은 원융으로 섭취함을 잡은 것이다.

먼저 보현보살을 열거한 까닭은 상수上首인 까닭이며,

법문의 주인인 까닭이며,

법계의 자체인 까닭이며,

일체 보살을 싣지 아니함이 없는 까닭이며,

한 분의 여래도 이 보현행을 이루지 아니함이 없는 까닭이며,

모든 듣는 사람으로 하여금 자신 가운데 여래장의 성품을 보아서

---

140 당위當位의 보현이란, 우리가 잘 아는 현재의 보현이다.

141 하나가 곧 일체라고 한 등은 사사무애의 보현이다. 또 이사무애의 보현이 있나니 『회현기』 8권, 13장을 볼 것이다. 『잡화기』에는 하나가 곧 일체라 운운한 것은 이 위에는 동교同教에도 통하고, 여기는 오직 별교別教에만 속하는 것이다 하였다.

보현의 행을 행하게 하는 까닭이다.

이상은 비록 수많은 뜻으로 보와 현(普·賢)을 분리하여[142] 해석하였거니와, 지금에는 따로 호칭함을 좇아 보와 현을 합하여[143] 해석함에 곳곳마다 어질지 아니함이 없는 것을 보현이라 말하나니,

곧 자체(體)의 보현[144]이다.

여기 한 보현은 총總이 되고,

나머지 아홉 보살은[145] 별別이 되는 것이다.

---

142 이석離釋이란, 보普와 현賢을 분리하여 해석한다는 뜻이다.

143 합석合釋이란, 보普와 현賢을 합하여 해석한다는 뜻이다.

144 자체의 보현이란, 작용의 보현과 대비한 말이다.

145 나머지 아홉 보살이란, 보현 외에 구보九普 보살이다.

經

普德最勝燈光照菩薩摩訶薩과

보덕최승등광조普德最勝燈光照 보살마하살과

疏

二는 德普니 謂稱性之德이 充於法界가 以爲最勝이요 委照無遺가 如燈之光이라

두 번째는 공덕이 넓은 것이니,
말하자면 자성에 칭합한 공덕이
법계에 충만한[146] 것이
가장 수승(最勝)함이 되는 것이요,
자세히 비추어 남김이 없는 것이
등의 광명(燈光)과 같은 것이다.

146 법계에 충만하다고 한 것은 곧 보普의 뜻이다.

經

普光師子幢菩薩摩訶薩과

보광사자당普光師子幢 보살마하살과

疏

三은 慧普니 遍照嚴刹하야 決定高出故니라

세 번째는 혜慧가 넓은 것이니,
장엄된 국토를 두루 비추어
결정코 높이 뛰어난[147] 까닭이다.

147 높이 뛰어났다고 한 것은 당기(幢)의 뜻이다.

經

普寶焰妙光菩薩摩訶薩과

보보염묘광普寶焰妙光 보살마하살과

疏

四는 行普니 內行圓淨하야 智焰外燭일새 故稱爲妙니라

네 번째는 행이 넓은 것이니,
안으로 행이 원만하고 청정하여
지혜의 불꽃이 밖으로 비치기에
그런 까닭으로 묘광이라 이름하는 것이다.

經

普音功德海幢菩薩摩訶薩과

보음공덕해당普音功德海幢 보살마하살과

疏

五는 音普니 具一切音하야 演佛淨土의 深廣高出之行故니라

다섯 번째는 음성이 넓은 것이니,
일체 음성을 구족하여
부처님 정토의 깊고도 넓으며
높이 뛰어난 행을 연설하는 까닭이다.

經

普智光照如來境菩薩摩訶薩과

보지광조여래경普智光照如來境 보살마하살과

疏

六은 智普니 照佛法界의 無盡境故니라

여섯 번째는 지혜[148]가 넓은 것이니,
부처님 법계의
끝없는 경계를 비추는 까닭이다.

148 여섯 번째 지혜란, 앞의 제 세 번째 혜慧를 상대하여 생각할 것이다.

經

普寶髻華幢菩薩摩訶薩과

보보계화당普寶髻華幢 보살마하살과

疏

七은 心普니 智寶로 嚴於心頂에 通行等華가 高出物表故니라

일곱 번째는 마음이 넓은 것이니,
지혜의 보배로 마음의 정수리를 장엄함에
신통과 행 등의 꽃이
사물 밖을 높이 뛰어난 까닭이다.

經

普覺悅意聲菩薩摩訶薩과

보각열의성普覺悅意聲 보살마하살과

疏

八은 覺普니 遍覺性相하야 聲皆悅機일새 故無不歸者니라

여덟 번째는 깨달음이 넓은 것이니,
자성과 모습(性相)을 두루 깨달아
음성이 다 중생의 마음을 기쁘게 하기에
그런 까닭으로 귀의하지 않는 사람이 없는 것이다.

經

普清淨無盡福光菩薩摩訶薩과

보청정무진복광普請淨無盡福光 보살마하살과

疏

九는 福普니 障無不淨하야 稱眞無盡故니라

아홉 번째는 복이 넓은 것이니,
장애가 청정하지 아니함이 없어서
진여에 칭합하여 끝이 없는 까닭이다.

經

普光明相菩薩摩訶薩과

보광명상普光明相 보살마하살과

疏

十은 相普니 無光相之光相으로 遍益衆生故니라 六相圓融으로 思之니라

열 번째는 모습(相)이 넓은 것이니,
광명의 모습이 없는 광명의 모습으로
중생을 두루 이익케 하는 까닭이다.
육상원융六相圓融[149]으로 생각할 것이다.

---

149 육상원융六相圓融이라고 한 것은, 『잡화기』에 말하기를 보현은 총總이 되고 나머지 아홉 보살은 별別이 되고, 별 가운데 다 보普라고 말한 것은 곧 동同이 되고, 덕(보덕 등)이라 말하고 광(普光 등)이라 말한 등은 이異가 되고, 그 모두 다는 곧 성成이 되고, 각각 자기 지위에 머무는 것은 곧 괴壞가 되나니, 여자권麗字卷 54장을 보라고 말하고 있다.
또 십보十普의 同名보살은 총總·동同·성成이 되고, 십이명十異名 보살은 별別·이異·괴壞가 된다. 혹 六相 가운데 총상과 별상으로써 위에 처음 보현을 총이라 하고 나머지 아홉 보살을 별이라 한다 하나 잘못이다. 위에 보현의 한 보살이 나머지 아홉 보살에 통하는 까닭으로 총이고, 나머지 아홉 보살이 낱낱이 보현행을 행하는 까닭으로 별이다. 지금에는 下經의 十句 법문에 다분히 육상을 갖추고 있나니, 지금에 十名은 말할 것도 없다 하겠다.

經

海月光大明菩薩摩訶薩과

해월광대명海月光大明 보살마하살과

疏

二에 海月下는 十異名菩薩이라 一에 海月光大明者는 十德十山이 皆依大海하고 十地十度가 皆依佛智하나니 海中看月에 淨而且深하며 依智嚴剎에 深而且淨하야 如海卽大하며 如月卽明일새 故以名也니라

두 번째 해월광대명 보살이라고 한 아래는 열 분의 이름이 다른 보살이다.

첫 번째 해월광대명이라고 한 것은 십덕과 십산十山이 다 큰 바다를 의지하고 십지와 십바라밀이 다 부처님의 지혜를 의지하나니, 바다 가운데 달을 봄에 청정하지만 또한 깊으며, 지혜를 의지하여 국토를 장엄함에 깊지만 또한 청정하여 바다와 같이 곧 크며 달과 같이 곧 밝기에 그런 까닭으로 해월이라 이름하는 것이다.

經

雲音海光無垢藏菩薩摩訶薩과

운음해광무구장雲音海光無垢藏 보살마하살과

疏

二는 講如雷震일새 故曰雲音이요 辯才汎灩은 猶如海光이라 又海上有光에 天涯無際하고 佛智起用에 一念普周하나니 淨惑無窮일새 名無垢藏이니라

두 번째는 강설하는 음성이 우뢰가 진동하는 것과 같기에 그런 까닭으로 운음雲音이라 말하고,
변재가 범람하여 출렁거리는[150] 것은 비유하자면 바다의 빛과 같다.
또 바다 위에 빛이 있음에 하늘의 끝이 그 끝이 없고 부처님의 지혜가 작용을 일으킴에 한 생각에 널리 두루하나니,
미혹을 청정케 하되 끝이 없이 하기에 무구장無垢藏이라 이름하는 것이다.

150 灩은 출렁거릴 염이다.

經

功德寶髻智生菩薩摩訶薩과

공덕보계지생功德寶髻智生 보살마하살과

疏

三은 修治二嚴이 猶如淨寶하고 秘密高顯일새 故有髻言이니라

세 번째는 이엄二嚴[151]을 닦아 다스리는 것이
비유하자면 청정한 보배와 같고
비밀스레 높이 나타났기에
그런 까닭으로 계髻라는 말이 있는 것이다.

151 이엄二嚴이란, 역시 신지身智 이엄이다.

經

功德自在王大光菩薩摩訶薩과

공덕자재왕대광功德自在王大光 보살마하살과

疏

四는 法王出現하야 作用自在하고 二嚴圓滿이 爲功德光이니라

네 번째는 법왕이 출현하여
작용을 짓는 것이 자재하고
이엄二嚴을 원만하게 하는 것이
공덕의 광명이 되는 것이다.

經

善勇猛蓮華髻菩薩摩訶薩과

선용맹연화계善勇猛蓮華髻 보살마하살과

疏

五는 勇猛化生이나 不染化相하고 雨法玄妙가 如解髻珠니라

다섯 번째는 용맹스레 중생을 교화하지만
교화한다는 모습에 물들지 않고
법의 현묘함을 비 내리는 것이
마치 상투 속에 구슬[152]을 푸는 것과 같이 하는 것이다.

152 상투 속에 구슬이란, 『법화경』 계주유髻珠喩를 말한다. 자세히 거론하면 『법화경』 제오권에 전륜성왕이 전공이 있는 사람에게 논밭과 집, 옷, 보배 등을 줄 때 가장 큰 전공이 있는 사람에게 자기 상투 속 보배 구슬을 준다고 하였다. 여기서 전륜성왕은 여래에 비유하고, 상투는 이승 방편에 비유하고, 구슬은 일승 진실에 비유한다 하겠다.

經

普智雲日幢菩薩摩訶薩과

보지운일당普智雲日幢 보살마하살과

疏

六은 慈雲智日이 互相資映하고 長劫普應하야 高出如幢이니라

여섯 번째는 자비의 구름과 지혜의 태양이
서로서로 도와 비추고
긴 세월토록 널리 응하여
높이 뛰어난 것이 마치 당기와 같은 것이다.

經

大精進金剛臍菩薩摩訶薩과

대정진금강제大精進金剛臍 보살마하살과

疏

七은 堅利智慧와 與精進俱일새 故得稱大요 智爲行本이 若齊爲壽因이니라

일곱 번째는 견고하고 예리한 지혜와 정진으로 더불어 함께하기에 그런 까닭으로 대大라고 이름함을 얻고,
지혜가 행의 근본이 되는 것이
마치 단전[153]이 수명의 원인[154]이 되는 것과 같은 것이다.

153 원문에 제齊는 臍와 臍로 더불어 다 같다.
154 원인이란, 여기서는 근본의 뜻이라 하겠다.

經

香焰光幢菩薩摩訶薩과

향염광당香焰光幢 보살마하살과

疏

八은 戒等行發이 是爲香焰이요 種智高直일새 故曰光幢이니라

여덟 번째는 계戒 등[155]의 행을 일으키는 것이
이 향염香焰이 되고,
일체종지가 높이 곧게 솟았기에
그런 까닭으로 광당光幢이라 말하는 것이다.

155 계戒 등이라 한 등은, 오분향五分香 가운데 뒤에 사분향四分香을 등취한 것이다.

經

大明德深美音菩薩摩訶薩과

대명덕심미음大明德深美音 보살마하살과

疏

九는 智光遍照가 是大明德이요 稱眞適物이 名深美音이라

아홉 번째는 지혜의 광명이 두루 비치는 것이
이 대명덕大明德이고,
진여에 칭합하여 중생을 따라가는 것이
이름이 심미음深美音이다.

經

大福光智生菩薩摩訶薩이라

대복광지생大福光智生 보살마하살입니다.

疏

十은 大智發光하야 遍照佛境하야 令福非福相일새 所以稱大니라

열 번째는 큰 지혜가 빛을 일으켜
부처님의 경계를 두루 비추어
하여금 복되게 하지만 복상福相이 없기에[156]
그런 까닭으로 대大라고 이름하는 것이다.

156 복되게 하지만 복상이 없다고 한 것은, 보살이 중생을 복되게 하지만 복상에 머물지 않고 복상福相을 떠났다는 것이다. 따라서 대복大福이라는 이름이 가능하다는 것이다.

經

如是等이 而爲上首하야 有十佛世界微塵數하니라

이와 같은 등의 보살들이 상수上首가 되어
열 부처님 세계의 작은 티끌 수와 같이 많은 대중이 있었습니다.

疏

二에 如是等下는 結略顯廣이라

두 번째 이와 같은 등이라고 한 아래는
간략함을 맺고 넓은 것을 나타낸 것이다.

經

此諸菩薩은 往昔에 皆與毘盧遮那如來로 共集善根하야 修菩薩行일새 皆從如來善根海生이니라

이 모든 보살들은 지나간 옛날에 다 비로자나 여래로 더불어 함께 선근을 모아 보살행을 닦았기에 다 여래의 선근의 바다로 좇아 태어난 것입니다.

疏

第三에 此諸菩薩下는 攝德圓滿이라 於中二니 初는 別歎勝德이요 後는 總結多門이라 初中亦二니 初二句는 就緣歎이요 餘就行歎이라 今初初句는 往因同行이니 顯主伴有由이요 後句는 從德海生이니 明長爲輔翼이라 言毘盧遮那者는 毘卽遍也요 盧遮那는 光明照義라 迴就方言인댄 應云光明遍照리라 然有二義하니 一은 身光이 遍照盡空과 乃至塵道요 二는 智光이 遍照眞俗과 重重法界니 身智能所가 合爲一身하야 圓明獨耀하야 具德無邊일새 故立斯號니라 又毘者는 種種義요 盧遮는 障義요 那者는 盡義며 入義니 卽種種障盡하고 種種德圓이라 故普賢觀經云호대 釋迦牟尼는 名毘盧遮那니 遍一切處라하니 卽身亦遍이라 非唯光遍이니라 又云호대 其佛住處는 名常寂光이라하니 卽土亦光矣니라 又云호대 常波羅蜜로 所攝成處며 我波羅蜜로 所安立處라하니 卽德圓義니라

又云호대 淨波羅蜜로 滅有相處라하니 卽障盡義니라 又云호대 樂波羅蜜로 不住身心相處며 不見有無諸法相處라하니 卽證入義니라 又云호대 如寂解脫과 乃至般若波羅蜜이 是色常住法故라하니 明皆卽應卽眞하야 爲本師矣니라 此經文證은 本品當辯하니라

제 세 번째 이 모든 보살들이라고 한 아래는 공덕의 원융함을 섭취한 것이다.
그 가운데 두 가지가 있나니
처음에는 따로 수승한 공덕을 찬탄한 것이요,
뒤에는 한꺼번에 많은 문을 맺는 것이다.

처음 가운데 역시 두 가지가 있나니
처음에 두 구절은 인연에 나아가 찬탄한 것이요,
나머지는 수행에 나아가 찬탄한 것이다.

지금은 처음으로, 처음 구절은 지나간 옛날 인행시因行時에 함께 수행한 것이니
주主와 반伴이 인유가 있음을 나타낸 것이요,
뒤의 구절은 공덕의 바다를 좇아 태어난 것이니
길이 보필하여 도우는 이가 됨을 밝힌 것이다.

비로자나라고 말한 것은 비毘는 곧 두루하다(徧)는 것이요,
로자나盧遮那는 광명이 비친다(光明照)다는 뜻이다.

돌이켜 방언方言에 나아간다면 응당히 광명이 두루 비친다고(光明徧照) 말해야 할 것이다.

그러나 두 가지 뜻이 있나니

첫 번째는 신광身光이 모든 허공법계와 내지 진도塵道[157]에까지 두루 비추는 것이요,

두 번째는 지광智光이 진제·속제와 중중법계에까지 두루 비추는 것이니,

신지이광身智二光의 능能·소所가[158] 합하여 한 몸이 되어 원만하게 밝아 홀로 비추어 공덕을 갖춘 것이 끝이 없기에 그런 까닭으로 이 비로자나라는 이름을 세운 것이다.

또 비毘라는 것은[159] 가지가지라는 뜻이요,

---

157 진도塵道는 육진의 세계이다.

158 신지이광身智二光의 능·소라고 한 것은, 당시에 강사가 말하기를 지광智光은 능지能知가 되고 신광身光은 소지所知가 된다 하였으나, 어리석은 나는 곧 신·지 이광은 다 능조能照가 되고 세계와 법계는 다 소조所照가 된다 하리니, 삼종세간이 원융한 것이 비로자나가 되는 까닭이다. 이상은 『잡화기』의 말이다. 그러나 혹은 신지身智 이광二光은 능조가 되고 모든 허공법계와 그리고 진속법계는 소조가 된다 하며, 어떤 사람은 다만 신·지로써 능조·소조를 삼으며, 혹은 말하기를 신은 능조가 되고 지는 소조가 된다 하고, 혹은 말하기를 지는 능조가 되고 신은 소조가 된다 하나 모두 다 옳지 않다. 그 뜻은 신지身智 이광二光의 능소가 비로자나의 자체가 아님이 없고, 변법계의 사실과 진리가 비로자나의 자체가 아님이 없기 때문이다.

159 또 비毘라고 한 등은, 지금 이 뒤의 해석에 또한 두 가지 뜻이 있나니, 뒤에 뜻은 곧 오직 비毘·나那라는 두 글자만 취한 것이라고 『잡화기』는

로자盧遮라는 것은 장애라는 뜻이요,

나那라는 것은 다한다는 뜻이며

들어간다는 뜻이니,

곧 가지가지 장애가 다하고 가지가지 공덕이 원만하다는 의미이다.

그런 까닭으로 『보현관경』[160]에 말하기를 석가모니는 이름이 비로자나이니 일체 처소에 두루한다 하였으니,

곧 몸도 또한 두루한 것이다. 오직 광명만 두루한 것이 아니다.

또 말하기를 그 부처님이 머무시는 곳은 이름이 상적광常寂光이라 하였으니,

곧 국토도 또한 광명이다.

또 말하기를 상常의 바라밀[161]로 섭취하여 이룬 바 처소이며 아我의 바라밀로 안립安立한 바 처소라 하였으니,

곧 공덕이 원만하다는 뜻이다.

또 말하기를 정淨의 바라밀로 유상有相을 소멸한 처소라 하였으니,

곧 장애가 다했다는 뜻이다.

또 말하기를 낙樂의 바라밀로 신심身心의 모습을 머물러 두지 않는 처소이며 유有·무無 제법諸法의 모습을 보지 않는 처소라 하였으니,

---

말한다.

160 『보현관경』은 『불설관보현보살행법경佛說觀普賢菩薩行法經』이니 송宋나라 담무밀다曇無密多 번역이다. 일권一卷으로 되어 있고 화엄부에 속해 있다.

161 상常의 바라밀이라고 한 것은 상常·낙樂·아我·정淨의 사바라밀四波羅密의 하나이니, 상常은 상주常住의 뜻으로 열반의 공덕과 보살의 수행은 상주하는 열반에 이르는 길이라는 것이다.

곧 증득하여 들어간다는 뜻이다.
또 말하기를 여적如寂[162]과 해탈과 내지 반야바라밀이 이 색신이 상주常住하는 법신인 까닭이라 하였으니,
모두 다 응신應身에 즉하고 진신眞身에 즉하여 본사가 된 것이 분명하다 하겠다.
이 경문의 증거는 본품本品[163]에서 마땅히 밝히겠다.

鈔

又毘者는 種種下는 釋毘盧名이니 以梵語多含일새 故有此釋하니라 普賢觀經下는 後에 引經具釋이라 然彼經에 由普賢이 令行者로 懺悔케한대 行人問云호대 我於何所懺悔고할새 故有此敎하니라 今以疏間經거니와 當總引經云인댄 釋迦牟尼는 名毘盧遮那이니 遍一切處요 其佛住處는 名常寂光이니 常波羅蜜로 所攝成處며 我波羅蜜로 所安立處며 淨波羅蜜로 滅有相處며 樂波羅蜜로 不得身心相處며 不見有無諸法相處며 如寂解脫과 乃至般若波羅蜜이 是色常住法故라하니 但觀經文하면 自分經疏하리라

또 비라는 것은 가지가지라는 뜻이라고 한 아래는 비로자나의 이름을 해석한 것[164]이니

---

162 여적如寂이란, 법신이니 삼덕三德이 구족되었다. 바로 아래 해탈과 반야가 있기에 말이다.

163 본품本品은 비로자나품이다.

범어가 많은 뜻을 포함하고 있기에 그런 까닭으로 이러한 해석이 있게 되는 것[165]이다.

『보현관경』이라고 한 아래는 뒤에 『보현관경』을 인용하여 갖추어 해석한 것이다.

그러나 저 경에 보현보살이 행자로 하여금 참회케 한데, 행인行人이 물어 말하기를 저가 어느 곳에서 참회할까요 함을 인유하였기에 그런 까닭으로 이러한 가르침이 있는 것이다.

지금에는 소문(疏)에 경[166]을 사이에 넣었거니와 마땅히 한꺼번에 경을 인용하여 말한다면 석가모니는 이름이 비로자나이니

일체 처소에 두루하는 것이요,

그 부처님께서 머무시는 곳은 이름이 상적광常寂光이니

상常의 바라밀로 섭취하여 이룬 바 처소이며,

---

164 비로자나의 이름을 해석한 것(釋毘盧名)이라고 한 것은, 구체적으로 말하면 장애가 다하고 공덕이 원만함을 잡아서 비로자나의 이름을 해석한 것이라 하겠다.

『잡화기』에는, 비로자나의 이름을 해석한 것이라고 한 것은, 진실인즉 비로자나라고 말한 것은이라고 한 것으로 좇아 이하(영인본 화엄 2책, p.577, 3행)가 다 비로자나라는 이름을 해석한 것이어늘, 지금 유독 여기 비라는 말 등을 거론하여 비로자나의 이름을 해석한 것이라고 한 것은 여기에 거듭 해석함을 밝히고자 한 까닭이다 하였다.

165 이러한 해석이 있는 것이라 한 것은, 타본에는 그 아래 그 가운데 두 가지가 있나니 먼저는 한꺼번에 밝힌 것이라는 말이 있다.

166 원문에 이소간경以疏間經이란, 영인본 화엄 2책, p.599, 6행에 이소간이석以疏間而釋이라 한 것과 영인본 화엄 2책, p.601, 4행에 소문중간석론疏文中間釋論이라 한 것과 비견해 보면 해석이 용이할 것이다.

아我의 바라밀로 안립한 바 처소이며,
정淨의 바라밀로 유상有相을 소멸한 처소이며,
낙樂의 바라밀로 신심의 모습을 얻을 수 없는 처소이며,
유·무 제법의 모습을 볼 수 없는 처소이며,
여적과 해탈과 내지 반야바라밀이 이 색신으로 상주하는 법신인 까닭이라 하였으니,
다만 이 경문만 보면 스스로 경經과 소疏를 분간할 수 있을 것이다.

疏

言共集善根者는 卽備道資糧이요 言修菩薩行者는 卽作所應作이라 云何共集고 互爲主伴故니라 主伴有三하니 一은 迴向主伴이요 二는 同行主伴이요 三은 如相主伴이니 皆稱共集이라

함께 선근을 모았다고 말한 것은 곧 도道를 갖추는 자량資糧[167]이요,
보살행을 닦았다고 말한 것은 곧 응당 수행해야 할 바를 한 것이다.
어떤 것이 함께 선근을 모은 것인가.
서로 주主와 반伴이 된 까닭이다.

주와 반이 세 가지가 있나니
첫 번째는 회향의 주와 반이요,
두 번째는 동행同行의 주와 반이요,

167 자량資糧이란, 자재資財와 식량食糧이다.

세 번째는 여상如相[168]의 주와 반이니,
다 함께 모은다고 이름하는 것이다.

鈔

主伴有三者에 一은 迴向主伴은 所修善根을 互相迴向일새 故今成佛에 遞爲主伴이라 二에 同行者는 同修禪戒等行이요 三은 二俱稱性하야 居然相收니라

주와 반이 세 가지가 있다고 한 것에, 첫 번째는 회향의 주와 반이라고 한 것은 닦은 바 선근을 서로서로 회향하기에 그런 까닭으로 지금 성불함에 번갈아 주와 반이 되는 것이다.
두 번째 동행이라고 한 것은 선정과 지계 등의 행을 같이 닦은 것이요,[169]
세 번째는 둘이 함께 법성에 칭합하여[170] 거연居然히 서로 거두는[171]

---

168 여상如相이라고 한 것은, 여如는 진여의 법성이고 상相은 주와 반이 서로 거두는 것이다. 그러나 『잡화기』는 여상은 진여상이라 하였다.

169 같이 닦은 것이라고 한 등은, 이 가운데 주·반이 있다고 한 까닭은 이미 선정과 지계 등을 같이 닦았다면 곧 저것이 주가 됨을 잡음에 이것이 반이 되고, 이것이 주가 됨을 잡음에 저것이 반이 되는 까닭이라고 『잡화기』는 말한다.

170 둘이 함께 법성에 칭합한다고 한 것은, 둘이란 주와 반이니 진여가 서로 주와 반이 되는 까닭으로 법성에 칭합한다 한 것이다. 또 둘이라고 한 것은, 『잡화기』에 회향과 그리고 동행同行이 둘이라 하고, 혹은 주와 반이 둘이라 한다 하였다.

것이다.

疏

後句에 言善根海生者는 謂佛德無邊하야 積妙法寶하며 智定盈洽일새 故稱爲海니라 從生有四하니 一은 從自佛善根海生이니 謂已圓十身故라 二는 從本師海生이니 佛爲勝緣하야 曾已攝受하야 授法令行으로 得成滿故라 三은 與遮那로 同於餘佛海生이니 以上云호대 共集故라 四는 從法性佛海生이니 以上德海는 諸佛共同으로 平等一味라 但稱性修가 卽是從生이니 不揀自他故니라 梵本云호대 與佛同一善根海生이라하니라

뒤의 구절에 선근의 바다로 좇아 태어났다고 말한 것은, 말하자면 부처님의 공덕은 끝이 없어서 묘한 법의 보배를 쌓으며 지혜와 선정이 넘쳐나 흡족하기에 그런 까닭으로 이름하여 바다라 하는 것이다.
바다로 좇아 태어나는 것이 네 가지가 있나니,
첫 번째는 자불自佛의 선근의 바다로 좇아 태어나는 것이니
말하자면 이미 십신十身을 원만히 한 까닭이다.
두 번째는 본사本師의 바다로 좇아 태어나는 것이니
부처님이 수승한 인연이 되어 일찍이 이미 섭수하여 법을 주어

171 거연居然히 서로 거둔다고 한 것은 또 서로 번갈아 한다는 뜻이니, 초문의 말을 기준한다면 자성을 말하는 것이 아니고 자기의 과보불을 말하는 것이다.

행으로 하여금 성만成滿함을 얻게 하는 까닭이다.
세 번째는 비로자나로 더불어 똑같이 나머지 부처님의 바다로 좇아 태어나는 것이니
위에서 말하기를 함께 선근을 모은다 한 까닭이다.
네 번째는 법성불의 바다로 좇아 태어나는 것이니
위에 공덕의 바다[172]는 모든 부처님이 똑같이 평등하여 한맛이다. 다만 법성에 칭합하여 닦는 것만이 곧 이것이 법성불의 바다로 좇아 태어나는 것이니 자自·타他[173]를 가리지 않는 까닭이다.
범본에 말하기를[174] 부처님으로 더불어 동일한 선근의 바다로 좇아 태어나는 것이다 하였다.

鈔

謂佛德者는 釋爲海義니 卽金光明偈라 彼經偈云호대 佛德無邊如大海하니 無限妙寶積其中하고 智慧德水鎭恒盈하고 百千勝定咸充滿이라하니 卽同海故니라 從自佛善根海生者는 由普賢等이 自圓十身하야 十身之中에 有如來身하나니 依於佛身하야 起菩薩用일새 云從彼生이라하니라

172 위에 공덕의 바다라 한 위에란, 곧 위(영인본 화엄 2책, p.579, 말행)에 법성불을 가리킨다고 『잡화기』는 말한다.

173 자自·타他는 곧 주와 반이다.

174 범본에 운운은, 개종여래선근해생皆從如來善根海生을 범본에는 여불동일선근해생與佛同一善根海生이라 하였다는 것이다.

말하자면 부처님의 공덕이라고 한 것은 바다의 뜻을 해석한 것이니, 곧 『금강명경』의 게송[175]이다.

저 경의 게송에 말하기를

부처님의 공덕이 끝이 없는 것이 마치 큰 바다와 같나니
한없는 묘한 보배가 그 가운데 싸여 있고
지혜 공덕의 물이 고요히[176] 항상 넘쳐나고
백천의 수승한 선정이 다 충만하다 하였으니,

곧 바다와 같은 까닭이다.

자불의 선근의 바다로 좇아 태어난다고 한 것은 보현보살 등이 스스로 십신十身을 원만히 함을 인유하여 십신 가운데 여래의 몸이 있나니,

여래의 몸(佛身)을 의지하여 보살의 작용을 일으키기에 저 자불의 선근으로 좇아 태어난다고 말한 것이다.

---

175 게偈 자는, 다른 본에는 다 의意 자이고 『금강경』만 게偈 자이다.

176 진鎭은 고요하다, 영원하다의 뜻이다.

經

諸波羅蜜이 **悉已圓滿**하고

모든 바라밀이 다 이미 원만하고

疏

第二에 諸波羅蜜下는 就行德以歎이라 夫大士는 必崇德廣業하며 虛心外身하나니 崇德故로 進齊佛果요 廣業故로 行彌法界요 虛心故로 智周萬法이나 而不爲요 外身故로 功流來際하야 而非已니 故德難名矣니라

제 두 번째 모든 바라밀이라고 한 아래는 수행과 공덕에 나아가 찬탄한 것이다.
대저 대사大士[177]는 반드시 공덕을 숭상하고 업을 넓히며
마음을 비우고 몸을 도외시하나니,
덕을 숭상하는 까닭으로 정진이 불과佛果를 장엄하는[178] 것이요,
업을 넓히는 까닭으로 행이 법계에 가득하는 것이요,
마음을 비우는 까닭으로 지혜가 만법에 두루하지만 두루한다는 생각이 없는 것이요,

177 대사大士는 여기서는 보살을 말한다.
178 제齊는 장엄하다, 가지런히 하다의 뜻이다.

몸을 도외시하는[179] 까닭으로 공덕이 미래 세상까지 유통되어 그치지 않는 것이니,
그런 까닭으로 공덕은 무어라 이름하기 어려운 것이다.

鈔

夫大士下는 先彰歎意니 先兩句標라 崇德廣業者는 周易上繫云호대 子曰易은 其至矣乎인저 夫易은 聖人이 所以崇德하고 而廣業也라하니 注云호대 窮理入神은 其德崇也요 兼濟萬物은 其業廣也라하니라 次復云호대 智崇禮卑니 崇效天이요 卑法地라하니 注云호대 智는 以崇爲貴요 禮는 以卑爲用이라하니라 又云호대 盛德大業은 至矣哉인저 富有之謂大業이요 日新之謂盛德이라하니라 虛心外身者는 卽老子意니 彼云호대 虛其心實其腹하며 弱其志强其骨이라하며 又云호대 後其身而身先하며 外其身而身存이라하니 今借其言이니라 謂菩薩은 虛曠其心하야 智絶能所하고 亡身爲物하야 一向利他하나니 故下經云호대 菩薩所修功德行이 不爲自己及他人이라 但以最上智慧心으로 利益衆生故迴向이라하니 卽斯意也니라

대저 대사라고 한 아래는 먼저 찬탄하는 뜻을 밝힌 것이니,
먼저 두 구절은[180] 한꺼번에 표標한 것이다.

---

179 외外는 『회남자淮南子』는 망각忘却이라 번역하여 망忘 자의 뜻으로 보았다.

180 먼저 두 구절이란, 공덕을 숭상하고 업을 넓힌다고 한 것과 마음을 비우고 몸을 도외시한다고 한 것이다.

공덕을 숭상하고 업을 넓힌다고 한 것은, 『주역』 상계전上繫傳에 말하기를[181] 공자가 이르되 역易은 그 지극함인저.

대저 역은 성인이 공덕을 숭상하고 업을 넓히는 까닭이다 하니,

주注에 말하기를 이치를 궁구하여 신성에 들어가는 것은 그 공덕을 숭상하는 것이요,

겸하여 만물을 건지는 것은 그 업을 넓히는 것이다 하였다.

그 다음에 다시 말하기를 지혜[182]는 숭상하고 예의는 낮추는 것이니,

숭상하는 것은 하늘을 본받고 낮추는 것은 땅을 법 받는다 하니,

주注에 말하기를 지혜는 숭상함으로써 귀함을 삼고 예의는 낮춤으로써 작용을 삼는다 하였다.

또 말하기를 큰 공덕과 큰 업은 지극함인저.

부자가 그것이 있으면 큰 업(大業)이라 말하고, 날마다 그것이 새로워지면 큰 공덕(盛德)이라 말한다 하였다.

마음을 비우고 몸을 도외시한다고 한 것은 곧 노자의 뜻이니,

저 『노자』에 말하기를[183] 그 마음을 비우고 그 배를 채우며 그 뜻을 약하게 하고 그 뼈를 강하게 한다 하였으며,

또 말하기를 그 몸을 뒤로 하여야[184] 몸이 앞으로 나아갈 수 있으며

181 『주역』 상계전 운운은 『주역』 계사상전이니 홍신문화사, 『주역』, 노태준 역, p.221, 상단에 있다.

182 원문에 지智는 지성智性이니 원본에는 지智 자이다.

183 『노자』 제삼장이니 홍신문화사, 『노자』, 노태준 역, p.17에 있다.

184 그 몸을 뒤로 한다고 한 등은 『노자』 제칠장이니 홍신문화사, 『노자』, 노태준

그 몸을 도외시하여야 그 몸을 보존할 수 있다 하였으니,
지금에는 그 말만을 빌려왔을 뿐이다.
말하자면 보살은 그 마음을 비워 지혜로 능能·소所를 끊고 몸을 잃고 중생을 위하여 한결같이 이타利他를 행하나니,
그런 까닭으로 아래의 경에[185] 말하기를
보살의 닦은 바 공덕과 행이
자기와 그리고 타인을 위한 것이 아니라[186]
다만 최상의 지혜의 마음으로써
중생만을 이익케 하기 위한 까닭으로 회향한다 하였으니
곧 이 뜻이다.

疏

略分爲三하리니 一은 明自分因行德이요 二는 勝進果行德이요 三은 二行無礙德이라 初中亦三이니 一은 自利行圓이요 二는 利他行滿이요 三은 證理位極이라 今初에 有三句하니 一은 諸度行滿이니

역, p.27에 있다. 사지死地에 빠진 이후에 살아나고 망지亡地에 돌아간 이후에 보존할 수 있다 한 『손자병법』의 말이 있으니, 여기 『노자』의 말과 비견하여 의미를 살펴볼 것이다.

185 아래의 경에 운운은, 『화엄경』 31권 십회향품 금강당보살의 게송이다.

186 자기와 그리고 타인을 위한 것이 아니라고 한 것은, 당시에 강사가 말하기를 자기와 타인을 함께 위한 것이 아니라 오로지 오직 타인만 위한 것이라고 『잡화기』는 말한다. 그리고 바로 아래 단이但以라 한 단但 자는 하경下經에는 항恒 자이다.

謂六度十度와 八萬四千을 多劫積集하야 究盡事理일새 故云圓滿이라하니라

간략하게 분류하여 세 가지로 하리니
첫 번째는 자분自分의 인행덕因行德을 밝힌 것이요,
두 번째는 승진勝進의 과행덕果行德을 밝힌 것이요,
세 번째는 두 행이 걸림이 없는 덕을 밝힌 것이다.
처음 가운데 역시 세 가지가 있나니
첫 번째는 자리행이 원만한 것이요,
두 번째는 이타행이 원만한 것이요,
세 번째는 진리의 창고에 증입하여 지위가 다한 것이다.[187]

지금은 처음으로 세 구절이 있나니
첫 번째는 모든 바라밀의 행이 원만한 것이니,
말하자면 육바라밀과 십바라밀과 팔만사천 바라밀을 수많은 세월(多劫)에 쌓아 모아 사실(事)과 진리(理)[188]를 궁구하여 다하기에 그런 까닭으로 말하기를 원만하다 하였다.

---

187 세 번째 진리의 창고에 증입하여 지위가 다한 것이라고 한 것은 이 아래 영인본 화엄 2책, p.587, 1행에 있다.

188 사실(事)과 진리(理)라고 한 것은, 『잡화기』에 사수事修·이수理修라 하였다.

經

慧眼明徹하야 等觀三世하며

지혜의 눈이 밝게 사무쳐 삼세를 평등하게 관찰하며[189]

疏

二에 慧眼下는 十眼明徹이라 分別名慧요 照矚稱眼이며 障翳斯盡하야 智無不矚일새 故云明徹이라하니라 五眼之中에 慧眼은 觀理이니 理無異味일새 故云等觀이라하고 十眼之中에 慧眼은 觀事니 事無不見일새 故名等觀이라하니 是則委見其事가 爲明이요 深達其性이 爲徹이라 欲以一眼으로 含諸하야 具通事理일새 但擧其慧니라

두 번째 지혜의 눈이라고 한 아래는 십안十眼이 밝게 사무치는 것이다.
분별하는 것을 지혜(慧)라 이름하고,
비추어 보는 것을 눈(眼)이라 이름하며,
장애의 가림이 이에 다하여 지혜의 눈으로 보지 아니함이 없기에 그런 까닭으로 말하기를 밝게 사무친다 한 것이다.

189 등관等觀이라고 한 것은, 『잡화기』에 말하기를 진리를 관찰한즉 등等은 이 평등을 말하는 것이고, 사실을 관찰한즉 등은 이 제등齊等을 말하는 것이다 하였다.

오안五眼 가운데 혜안慧眼은 진리(理)를 관찰하나니,
진리에는 다른 맛이 없기에 그런 까닭으로 말하기를 평등하게 관찰한다 하고,
십안十眼 가운데 혜안은 사실(事)을 관찰하나니,
사실마다 보지 아니함이 없기에 그런 까닭으로 이름을 평등하게 관찰한다 하였으니,
이것은 곧 그 사실(事)을 자세히 보는 것이 밝음(明)이 되고,
그 자성을 깊이 통달하는 것이 사무침(徹)이 되는 것이다.
한 눈으로 모든 눈을 모아 갖추어 사실(事)과 진리(理)를 통석하고자 하기에 다만 그 혜안만 거론하였을 뿐이다.

鈔

五眼之中은 一은 肉眼이요 二는 天眼이요 三은 慧眼이요 四는 法眼이요 五는 佛眼이니 釋相은 如離世間品거니와 今唯取慧眼이라 十眼者는 前五眼外에 更加五眼호대 而業用多異이니 文云호대 所謂肉眼은 見一切色故요 天眼은 見一切衆生心故요 慧眼은 見一切衆生의 諸根境界故요 法眼은 見一切法의 如實相故요 佛眼은 見如來十力故요 智眼은 知見諸法故요 光明眼은 見佛光明故요 出生死眼은 見涅槃故요 無礙眼은 所見無障故요 一切智眼은 見普門法界故라하니라 釋曰 見諸根境界는 卽是見事니 卽五眼中에 法眼見同이라 則明徹之言은 明은 配十眼中智요 徹은 配五眼中慧니라

오안 가운데라고 한 것은 첫 번째는 육안이요,
두 번째는 천안이요,
세 번째는 혜안이요,
네 번째는 법안이요,
다섯 번째는 불안이니
그 모습을 해석한 것은 이 세간품과 같거니와, 지금에는 오직 혜안만을 취하였을 뿐이다.

십안이라고 한 것은 앞의 오안 밖에 다시 오안을 더하되 업용이 많이 다르나니,
이세간품 경문에 말하기를 말하자면 육안은 일체 색을 보는 까닭이요,
천안은 일체중생의 마음을 보는 까닭이요,
혜안은 일체중생의 육근과 육경과 십팔계를 보는 까닭이요,
법안은 일체법의 여실한 모습을 보는 까닭이요,
불안은 여래의 십력十力을 보는 까닭이요,
지안智眼은 모든 법을 알아보는 까닭이요,
광명안은 부처님의 광명을 보는 까닭이요,
출생사안出生死眼은 열반을 보는 까닭이요,
무애안은 보는 바가 걸림이 없는 까닭이요,
일체지안一切智眼은 보문普門의 법계를 보는 까닭이다 하였다.
해석하여 말하면 육근과 육경과 십팔계를 본다는 것은 곧 사실(事)을 보는 것이니,

곧 오안五眼 가운데 법안이 보는 것과 같은 것이다.

곧 밝게 사무쳤다고 한 말은 밝음(明)은 십안 가운데 지안[190]에 배속하고,

사무침(徹)은 오안 가운데 혜안에 배속하였다.

190 지안이라고 한 것은, 초문에는 제 여섯 번째 지안智眼이라 하였으니 오안에 혜안과 구분한 것이라 하겠다. 그러나 소문에는 오안 가운데도 혜안이라 하고 십안 가운데도 혜안이라 하였다. 단 오안의 혜안은 진리를 관찰하고, 십안의 혜안(智眼)은 사실을 관찰한다고 하였다.

經

於諸三昧가 具足淸淨하며

모든 삼매가 구족하고 청정하며

疏

三에 於諸下는 深定已滿이라 三昧者는 此云等持니 遠離沈掉하고 平等持心하야 趣一境故니라 而云諸者는 其餘諸緣도 亦一境故니 眞如三昧로 爲其定體하야 隨境入別에 塵數多端일새 故云諸也라하니라 橫則無定不窮이요 竪則深入無際일새 故云具足이라하며 定障永亡일새 故云淸淨이라하니라

세 번째 모든 삼매라고 한 아래는 깊은 삼매가 이미 원만한 것이다.
삼매라고 한 것은 여기에서 말하면 평등하게 가진다(等持)는 뜻이니, 혼침과 도거를 멀리 떠나보내고 평등하게 마음을 가져 한 경계에 나아가는 까닭이다.
그러나 모든 것이라고 말한 것은 그 나머지 모든 반연도[191] 역시

191 그 나머지 모든 반연이라 운운한 것은, 위에 한 경계라 말한 것은 곧 그 뜻이 진여를 가리키는 까닭으로 여기는 물과 불 등 모든 반연으로써 나머지를 삼나니, 나머지 반연은 대개 그 취향하는 바 경계가 많이(다단) 있는 까닭으로 능히 취향하는 삼매도 수많은 종류가 있는 것이다. 여기는 곧 간략하게

한 경계인 까닭이니,
진여삼매로 그 삼매의 자체를 삼아 경계를 따라 차별에 들어감에 티끌 수만치 다단多端하기에 그런 까닭으로 모든(諸) 것이라고 말하였다.
횡橫으로는 곧 결정코 다하지 아니함이 없고, 수豎로는 곧 깊이 끝없는 데까지 들어가기에 그런 까닭으로 말하기를 구족이라 하였으며, 삼매에는 장애가 영원히 사라졌기에 그런 까닭으로 말하기를 청정이라 하였다.

鈔

豎則深入無際者는 法華云호대 禪定智慧와 解脫三昧가 深入無際라 하니라

수로는 곧 깊이 끝없는 데까지 들어갔다고 한 것은, 『법화경』에 말하기를[192] 선정과 지혜와 해탈과 삼매가 깊이 끝없는 데까지 들어간다 하였다.

그 이류를 거론하였고, 진여삼매라고 한 아래는 그 뜻을 갖추어 해석한 것이다. 이상은 역시 『잡화기』의 말이다.

192 『법화경』 운운은 『법화경』 방편품에 있는 말이다.

經

辯才如海하야 廣大無盡하며

변재가 바다와 같아서[193] 광대하여 끝이 없으며

疏

第二에 辯才下는 利他行滿이라 有三句하니 卽三輪化益이라 一은 語含四辯이 卽正敎輪이니 辯은 謂巧顯深理요 才는 謂巧應機宜라 萬法咸演호대 則廣大無涯케하고 千難殊對호대 則無竭盡케할새 故如海也라하니라 又海遇風緣하면 則洪浪이 雲涌하고 智逢機請하면 則口辯이 波騰하나니 請者가 旣許無邊일새 辯도 亦廣大無盡하니라

제 두 번째 변재가 바다와 같다고 한 아래는 이타행이 원만한 것이다.
세 구절이 있나니
곧 삼륜三輪[194]으로 교화하여 이익케 하는 것이다.
첫 번째는 말에[195] 네 가지 변재(四辯)를 포함하는 것이 곧 정교륜正敎

193 바다와 같다고 한 것은, 3줄 뒤에 또 바다가 바람의 인연을 만난다고 한 위에는 경문에 광대라 한 등에 속하고, 또 바다가 바람의 인연을 만난다고 한 아래는 변재에 속하는 것이니 생각할 것이라고 『잡화기』는 말한다.

194 삼륜三輪은 정교륜正敎輪(교계륜)과 신통륜神通輪과 기심륜記心輪이다.

195 첫 번째 말이란, 어업語業이다.

輪이니,
변辯이라는 것은 교묘하게 깊은 이치를 나타내는 것을 말하는 것이요,
재才라는 것은 교묘하게 근기의 마땅함에 응함을 말하는 것이다.
만법을 다 연설하되 곧 광대하여 끝이 없이 하고,
천 가지 질문을 달리 대답하되 곧 다함도 끝도 없이 하기에 그런 까닭으로 바다와 같다 하였다.
또 바다가 바람의 인연을 만나면 곧 큰 물결이 구름처럼 솟아오르고
지혜가 중생의 청함을 만나면 구변口辯이 파도처럼 솟아오르나니
청하는 사람이 이미 허설許說하여 주기를 끝없이 하였기에 변재[196]도 또한 광대하여 끝이 없이 하는 것이다.

196 변재란, 곧 답설答說이다.

經

具佛功德하고 尊嚴可敬하며

부처님의 공덕을 구족하고 존엄하여 가히 공경할 만하며

疏

二에 具佛下는 身業의 神通輪이니 謂三業無失하며 智深叵撓가 爲具佛功德이라 故得外儀儼若하야 肅然可敬이니라

두 번째 부처님의 공덕을 구족한다고 한 아래는 신업身業의 신통륜神通輪이니,
말하자면 삼업三業이 허물이 없으며[197] 지혜가 깊어 동요하지 않는[198] 것이 부처님의 공덕을 구족함이 되는 것이다.
그런 까닭으로 밖으로 위의가 근엄함을 얻어 엄숙히 가히 공경할 만한 것이다.

---

197 삼업三業이 허물이 없다고 한 것은, 의업과 구업도 또한 신업에 속하는 까닭으로 신업 가운데 삼업을 갖추고 있는 것이니, 말하자면 몸이 경동하지 않는 것과 입이 망발하지 않는 것과 뜻이 잡연雜緣하지 않는 것이 이것이 삼업이 허물이 없는 것이다.

198 叵는 불가不可할 파 자이다.

經

知衆生根하야 如應化伏하며

중생의 근성을 알아 여법하게 응하여 교화하고 조복하며

疏

三에 知衆生下는 意業의 記心輪이니 根義는 總明거니와 文含性欲이라 言如應者는 根有生熟일새 化不失時하며 器有大小일새 授法無謬라 化謂教化니 卽應攝受者는 而攝受之요 伏謂調伏이니 卽應折伏者는 而折伏之라 由此具行하야 入正法故니라

세 번째 중생의 근성을 안다고 한 아래는 의업意業의 기심륜記心輪이니,
근성(根)[199]이라는 뜻은 한꺼번에 밝힌(總明) 것이거니와 문장에는 근성과 욕락을 포함하고 있다.

여법하게 응한다고 말한 것은 근성이 생生과 숙熟이 있기에 교화함에 때를 잃지 아니하며,
그릇이 크고 작음이 있기에 법을 줌에 어긋남이 없는 것이다.

199 근根이란, 중생의 근성이 세 가지가 있으나 여기서는 다만 중생의 근성이라 하여 총합적으로 말하였다는 것이다. 그리고 근성이라 말하였으나 그 근성이라는 말 속에는 욕락이라는 뜻을 포함하고 있다는 것이다.

화化라고 한 것은 교화를 말하는 것이니
곧 응당 섭수할 사람은 섭수함을 말하는 것이요,
복伏이라고 한 것은 조복을 말하는 것이니
곧 응당 꺾어 조복할 사람은 꺾어 조복함을 말하는 것이다.
이것을 갖추어 행함을 인유하여 정법에 들어가는 까닭이다.

鈔

卽應攝受者下는 卽勝鬘經文이라 由此具行하야 入正法故者는 卽取意結之니 彼云호대 折伏攝受하야 令正法久住라하니 多分折伏剛强하고 攝受柔弱이니라

곧 응당 섭수할 사람이라고 한 아래는 곧 『승만경』의 문장이다. 이것을 갖추어 행함을 인유하여 정법에 들어가는 까닭이라고 한 것은 곧 뜻을 취하여 맺는 것이니,
저 『승만경』에 말하기를 꺾어 조복하고 섭수하여 정법으로 하여금 오래도록 머물게 한다 하였으니,
강강剛强한 사람은 꺾어 조복하고 유약柔弱한 사람을 섭수함이 다분한 것[200]이다.

---

200 다분하다고 한 것은, 꺾어 조복하고 섭수하는 것이 강한 사람과 약한 사람에게 통하는 까닭으로 그 다분함을 좇아 따로 말한 것이다.

經

入法界藏하야 智無差別하며

법계장法界藏에 증입하여[201] 지혜가 차별이 없으며

疏

第三에 入法界藏下는 證理位極이라 亦三句니 一은 證理法이니 謂以大智로 證入平等眞法界藏이라 依佛性論說인댄 有五藏하니 一은 如來藏이니 謂在纏含果法故라 二는 自性淸淨藏이니 謂在纏不染이라 三은 法身藏이니 謂果位가 爲功德所依라 四는 出世間上上藏이니 謂出纏超過二乘菩薩이라 五는 法界藏이니 謂通因果니 外持一切染淨有爲일새 故名法界요 內含一切恒沙性德일새 故復名藏이라 此義寬通일새 故今證入이라하니라

제 세 번째 법계장에 증입한다고 한 아래는 진리의 창고에 증입하여 지위가 다한 것이다.
또한 세 구절이 있으니,

201 경문에 법계장法界藏에 증입한다고 한 등은, 현수스님은 곧 이법계理法界에 증입하는 것으로 과목하여 해석하되 법계장은 이 진리이고 지혜는 이 적지寂智이며, 또 법계장은 이 사실에 즉한 진리이고 지혜는 이 조照에 즉한 적寂이라 하였다. 청량스님은 스스로 네 가지 뜻을 두었으니, 소문에 있으니 가히 볼 것이다. 이상은 『잡화기』의 말이다.

첫 번째는 이법계理法界에 증입한 것이니[202]

말하자면 큰 지혜로써 평등한 진법계장眞法界藏에 증입한 것이다.

『불성론』을 의지하여 설한다면 오장五藏이 있나니,

첫 번째는 여래장이니

말하자면 번뇌(纏)[203] 속에 있으면서 과법果法[204]을 함유하고 있는 까닭이다.

두 번째는 자성청정장이니

말하자면 번뇌 속에 있으면서 물들지 않는 것이다.

세 번째는 법신장이니

말하자면 과위果位가 공덕의 의지할 바가 되는 것이다.

네 번째는 출세간상상장出世間上上藏이니

말하자면 번뇌를 벗어나 이승二乘과 보살을 뛰어넘은 까닭이다.

다섯 번째는 법계장이니

---

202 첫 번째는 이법계理法界에 증입한다 운운한 것은, 지금에 소주도 또한 이법계에 증입하는 것으로 과목한 것은, 이것은 곧 아래 과법果法을 상대하여 말한 까닭으로 이 이사무애법으로써 통칭하여 이법계라 이름한 것이다. 또 이 사실에 즉한 진리라면 곧 역시 이사무애의 뜻을 잃지 않나니. 응당 차례와 같이 아래에 쌍융雙融 가운데 두 가지 뜻을 지금에 편 것이다. 이상은 『잡화기』의 말이다. 아래 쌍융은 영인본 화엄 2책, p.601, 8행 초문에 현수(고덕)스님이 여기에 "입법계장"을 과목한 것을 들어 말하기를 一은 증이법證理法이요, 二는 소증리所證理라 하였다.

203 전纏이란, 혹惑처럼 통칭 번뇌라 하지만 삼전三纏·팔전八纏·십전十纏 등이 있다.

204 과법果法이란, 여기서는 여래이다.

말하자면 인과에 통하는 것으로서 밖으로 일체 염·정의 유위법을 가지기에 그런 까닭으로 법계라 이름하고,
안으로 일체 항하사 자성의 공덕을 함유하고 있기에 그런 까닭으로 다시 장藏이라 이름하는 것이다.
이 뜻[205]이 널리 통하기에[206] 그런 까닭으로 지금에 증입한다[207] 하였다.

鈔

依佛性論者는 卽第二卷의 辯相分第四에 自體相品 第一中에 有十義하니 第一은 自體相이라 牒釋云호대 相者는 有二種하니 一者는 別相이요 二者는 通相이라 別相에 有三種하니 何者爲三고 一者는 如意功德이요 二者는 無異性이요 三者는 潤滑性이라 言如意功德者는 謂如來藏이 有其五種하니 何等爲五고 一은 如來藏이니 自性이 是其藏義라 一切諸法이 不出如來自性이니 無我爲相故라 故說一切諸法이 爲如來藏이라 二者는 正法藏이니 因이 是其藏義라 以一切聖人의 四念處等正法이 皆取此性作境하야 未生得生하며 已生得滿일새 是故로 說名爲正法藏이라 三者는 法身藏이니 至得이 是其藏義라 此一切聖人이 信樂正性하며 信樂願聞이니 由此信心故로 令諸聖人으로 得於四德과 及過恒沙數等一切如來功德일새 故說此性하야 名法身

205 이 뜻이란, 법계장이라는 뜻이다.

206 널리 통한다고 한 것은, 처음에 이장二藏은 재전법계在纏法界이고, 다음에 이장은 출전법계出纏法界이고, 여기 제오장은 이 두 가지에 통하는 까닭이다. 이상은 『잡화기』의 말이다. 바로 위에 이 뜻이란 다섯 번째 법계장을 말한다.

207 증입한다 한 것은 법계장에 증입한다는 뜻이다.

藏이라 四者는 出世藏이니 眞實이 是其藏義라 世有三失하니 一者는 對治可滅盡일새 故名爲世어니와 此法은 則無對治일새 故名出世니라 二는 不淨住故로 名爲世니 由虛妄心하야 果報念念에 滅不住故어니와 此法不爾일새 故名出世니라 三은 由有倒見故로 心在世間에 則恒倒見이 如人在三界에 心中決不得苦法忍等인달하야 以其虛妄일새 故名爲世어니와 此法은 能出世間일새 故名眞實이 爲出世藏이니라 五者는 自性淸淨藏이니 以祕密이 是其藏義라 若一切法이 隨順此性인댄 則名爲內라 是正非邪니 則爲淸淨거니와 若諸法이 違逆此理인댄 則名爲外라 是邪非正이니 名爲染濁일새 故言自性淸淨藏이라 하니라

『불성론』을 의지한다고 한 것은, 곧 제이권의 변상분제사辯相分第四에 자체상품제일自體相品第一 가운데 열 가지 뜻이 있나니,
제일은 자체상이다.
첩석牒釋하여 말하기를, 상相이라고 한 것은 두 가지가 있나니
첫 번째는 별상別相이요,
두 번째는 통상通相[208]이다.
별상에 세 가지가 있나니
어떤 것이 세 가지가 되는가.
첫 번째는 여의공덕如意功德이요,

208 통상通相이라고 한 것은 『불성론』에서 말하는 자성청정이 이 통상이다. 이 뜻은 『유망기』와 『잡화기』가 똑같이 말하고 있다.

두 번째는 다름이 없는 성품이요,[209]

세 번째는 윤활潤滑[210]이 되는 성품이다.[211]

여의공덕이라고 말한 것은, 말하자면 여래장이 그 다섯 가지가 있나니

---

209 『잡화기』는 두 번째 다름이 없는 성품이라고 한 것은, 『불성론』 제이권에 말하기를 범부와 성인과 그리고 모든 부처님이 분별심성心性이 없어서 과실(過失, 범부)과 공덕(이승)과 구경에 청정한 처소(부처님)가 평등하여 변만한 것이 비유컨대 허공과 같다 하였다. 『유망기』는 『불성론』에 말하기를 "범부와 성인과 그리고 모든 부처님이 차별성이 없다고 한다." 하였다.

210 윤활潤滑은 사전에 습하고 부드러운 것이라 하였다. 윤을 윤택, 활을 미끄러움, 또 윤을 부드러움, 또 둘 다 기름처럼 부드럽고 미끄럽다는 뜻이라고 할 수 있다. 즉 자비심이 그렇다는 것이다.

211 세 번째 윤활潤滑이 되는 성품이라고 한 것은, 『불성론』 제이권에 말하기를 여래의 성품은 저 중생 가운데 인과의 뜻을 나타냄을 말하는 것이니, 대비심은 저 중생을 교화함에 윤활유로 자성을 삼음을 인유한 까닭이다. 윤활이라고 말한 것은, 윤潤은 능히 섭수하는 뜻을 나타낸 것이고 활滑은 과실을 등지고 공덕에 나아가는 뜻을 나타내는 것이다. 저 수계水界에 비유할지라도 또한 두 가지 공능이 있나니, 첫 번째는 산물散物을 섭수하는 것이니 활(滑, 미끄러움)을 인유하여 삽(澁, 껄끄럽다)하지 않는 까닭이다. 윤을 인유한 까닭으로 능히 섭수하고, 활을 인유한 까닭으로 삽하지 않나니, 윤 자로써 원인을 삼고 활 자로써 과보를 삼는 까닭으로 말하기를 인과의 뜻을 나타낸다 하였다. 이상은 『잡화기』의 말이다. 또 윤활이라고 한 것은 『불성론』에 "대비심이 중생에게 윤활유가 된다" 하였으며, 또 사전에는 윤활은 습하고 부드러운 것이라 하였다. 윤潤은 윤택, 활滑은 미끄러움, 또 윤은 부드러움, 또 둘 다 기름처럼 부드럽고 미끄럽다는 뜻이니, 즉 자비심이 그렇다는 것이다. 윤활의 주석은 바로 앞에서 말한 바 있으나 『불성론』과 비견하여 다시 거론한 것이다.

어떤 등이 다섯 가지[212]가 되는가.

첫 번째는 여래장이니,

자성이 그 여래장藏의 뜻이다.

일체 모든 법이 여래의 자성을 벗어나지 아니하나니 무아로 모습(相)을 삼는 까닭이다.

그런 까닭으로 일체 모든 법이 여래장이 된다고 말하는 것이다.

두 번째는 정법장이니,

원인(因)이 그 정법장藏의 뜻이다.

일체 성인의 사념처四念處 등 정법이 다 이 자성을 취하여 경계를 지어 아직 나지 아니한 것을 나게 하며, 이미 난 것을 만족케 하기에 이런 까닭으로 이름을 정법장이 된다고 말하는 것이다.

세 번째는 법신장法身藏이니,

지극하면 얻는 것이[213] 그 법신장의 뜻이다.

이것은 일체 성인이 정성正性[214]을 믿고 좋아하며 믿고 좋아하여 듣기를 서원하는 것이니,

이 믿는 마음을 인유한 까닭으로 모든 성인으로 하여금 사덕四德과 그리고 항하의 모래 수를 지나는 등 일체 여래의 공덕을 얻게 하기에

---

212 다섯 가지란, 『잡화기』에 제 두 번째만 의사석이고 나머지 넷은 다 지업석이라 했다.

213 원문에 지득至得은 지덕至德이니, 즉 지극한 덕이 그 법신장의 뜻이다. 덕자德者는 득야得也니, 즉 덕은 사람이 얻을 바이니 하늘이다. 영인본 화엄 11책, p.159에 있다.

214 정성正性은 정인불성正因佛性이다.

그런 까닭으로 이 정성正性을 설하여 법신장이라 이름하는 것이다.

네 번째는 출세장出世藏이니,

진실이 이 출세장의 뜻이다.

세간(世)에 세 가지 허물이 있나니,

첫 번째는 상대하여 다스리면 가히 소멸하여 다 하기에 그런 까닭으로 이름을 세간이라 하거니와, 이 출세간의 법은 곧 상대하여 다스릴 것이 없기에 그런 까닭으로 이름을 출세간이라 하는 것이다.

두 번째는 청정에 머물지 않는 까닭으로 이름을 세간이라 하나니 허망한 마음을 인유하여 과보가 생각 생각에 사라져 머물지 않는 까닭이거니와, 이 법은 그렇지 않기에 그런 까닭으로 이름을 출세간이라 하는 것이다.

세 번째는 전도된 소견이 있음을 인유한 까닭으로 마음이 세간에 있음에 곧 항상 전도된 소견이 사람이 삼계에 있음에 마음 가운데 결정코 고법인苦法忍[215] 등을 얻지 못하는 것과 같아서 그것이 허망하기에 그런 까닭으로 이름을 세간이라 하거니와, 이 법은 능히 세간을 벗어났기에 그런 까닭으로 진실이 출세장이 된다고 이름하는 것이다.

다섯 번째는 자성청정장이니,

비밀이 그 자성청정장의 뜻이다.

만약 일체법이 이 자성을 수순한다면 곧 이름이 내內가 되는 것이다. 이는 정正이요 사邪가 아니니 곧 청정이 되거니와, 만약 모든 법이

---

215 고법인苦法忍은 팔인八忍의 하나이다. 운허 『불교사전』, p.904를 참고하라.

이 이치를 어긴다면 곧 이름이 외外가 되는 것이다.
이는 사邪요 정正이 아니니 이름이 염탁染濁이 되기에 그런 까닭으로 말하기를 자성청정장이라 하였다.

故勝鬘經云호대 世尊이시여 佛性者는 是如來藏이며 是正法藏이며 是法身藏이며 是出世藏이며 是自性清淨藏이라하니 由說此五藏義故로 如意功德이 而得顯現이요 爲顯此義故로 說如意寶니라 譬如有人이 以宿業故로 感得如意寶珠니 得此珠已에 能隨其意하야 有所樂事에 自然得成인달하야 佛性亦爾하야 由事善知識하야 修諸福慧하야 感得此性하나니 便隨修行者意하야 各各自得三乘之果일새 故隨意功德이 是其別相이라하니라 釋曰然疏에 引五藏은 卽賢首疏니라 其第五藏은 卽論의 第二正法藏이 是니 名則小異나 大旨則同하니라 取其最後는 順經法界藏義일새 故當第五하야 復名法界藏耳니라 然論正法藏에 云호대 因是其義라하야거니와 今疏云호대 通因果者는 謂能與因果諸位功德으로 爲因일새 故論云호대 一切聖人의 四念處等이 而爲因故라하니라

그런 까닭으로 『승만경』[216]에 말하기를 세존이시여, 불성이라는 것은 이 여래장이며 이 정법장이며 이 법신장이며 이 출세장이며 이 자성청정장이라 하였으니,
이 오장五藏의 뜻을 설함을 인유한[217] 까닭으로 여의공덕如意功德이

216 『승만경』은 자성청정장 제십삼이다.

현현顯現함을 얻고, 이 뜻을 현현하기 위한 까닭으로 여의보배를 설하는 것이다.

비유하자면 어떤 사람이 숙세의 업 때문에 여의보주를 감득하나니, 이 보배를 감득한 이후에 능히 그 뜻을 따라서 좋아하는 바 일이 있음에 자연히 성취함을 얻는 것과 같아서, 불성도 또한 그러하여 선지식을 섬겨 모든 복덕과 지혜를 닦음을 인유하여 이 불성을 감득하나니,

문득 수행자의 뜻을 따라서 각각 스스로 삼승三乘의 과위를 얻기에 그런 까닭으로 수의공덕隨意功德[218]이 그 별상別相이라 하였다.

해석하여 말하면 그러나 소문에서 오장五藏을 인용한 것은 곧 현수스님의 소疏이다.

그 제 다섯 번째 법계장은 『불성론』의 제 두 번째 정법장이 이것이니, 이름은 곧 조금 다르지만 큰 뜻은 곧 같다 하겠다.

그 최후의 법계장을 취한 것은[219] 이 경에 법계장의 뜻을 수순하기에

---

217 이 오장의 뜻을 설함을 인유한다고 한 아래는 『불성론』의 말이다.

218 수의공덕隨意功德은 곧 여의공덕이니 통과 별의 이상二相 가운데 별상의 세 가지 가운데 첫 번째이다. 영인본 화엄 2책, p.587, 9행이다.

219 그 최후의 법계장을 취한다고 한 등은, 당시에 강사가 말하기를 현수스님이 『불성론』의 제 두 번째 정법장을 취하여 최후에 둔 것은 이 『화엄경』의 입법계품이 최후에 있다는 뜻을 따른 것이다. 그런 까닭으로 최후인 제 다섯 번째 법계장에 해당하는 것이다 하였으며, 또 지금 경문에 법계장이라는 말을 따르기에 저 정법장이라는 말을 다시 고쳐 법계장이라 이름한 것이다. 최후는 吐이다 하였다. 그러나 어리석은 나는(私記主) 곧 최후며 吐라 하나니, 말하자면 현수스님이 그 정법장이 최후가 된다고 한 것을 취하여 제 다섯

그런 까닭으로 제 다섯 번째 배당시켜 다시 법계장이라고 이름하였을 뿐이다.

그러나 『불성론』의 정법장에 말하기를 원인(因)이 그 법계장藏의 뜻이라 하였거니와, 지금의 소疏에 말하기를[220] 인과에 통한다고 한 것은 말하자면 능히 인과제위因果諸位의 공덕으로 더불어 원인(因)이 되기에, 그런 까닭으로 『불성론』에 말하기를[221] 일체 성인의 사념처四念處 등이 원인이 되는 까닭이라 하였다.

疏

言智無差別者는 所證之藏이 平等이니 要無分別하야사 方契니라 此則智自無差니라

번째에 해당한다고 한 것은 경문 가운데 법계장이라는 뜻을 따르기 위하기에 다시 정법장을 법계장이라 이름한 것이다. 그 뜻에 그 정법장을 취하여 최후라 한 것은 최후에 두어 앞의 네 가지 장藏에 관통함을 나타내기 위한 까닭이다. 역시 『잡화기』의 말이다.

220 지금의 소疏에 말하였다고 한 등은, 그러나 소문에 인과에 통한다고 말한즉 인자因字가 또한 일체 범부를 갖추는 것이요, 『불성론』에 성인이라고 말한즉 성자聖字가 다만 정법의 인과만 가지런히 일으키는 것이니, 그 진실인즉 넓고 좁음의 다름이 없지 않는 것이다. 『불성론』에 정법이라 말한즉 좋은 작용을 치우쳐 든 까닭으로 오직 정법에 깨끗하게 머무는 장藏에만 국한한 것이니, 이것은 또 자체와 작용이 다른 것이다. 이것은 곧 바로 위에 큰 뜻은 같다(영인본 화엄 2책, p.590, 6행)고 말한 것으로 다만 대동大同할 뿐이다. 역시 『잡화기』의 말이다.

221 『불성론』 운운은 영인본 화엄 2책, p.588, 4행을 볼 것이다.

지혜가 차별이 없다고 말한 것은 증입할 바 법계장이 평등한 것이니, 요는 분별이 없어야 바야흐로 계합하는 것이다.
이것이 곧 지혜가 스스로 차별이 없는 것이다.

鈔

所證之藏下는 釋智無差別이라 於中分二리니 先은 正釋이라 然有三釋하야 連成一義라 第一은 智自無差니 如以圓蓋가 稱於圓函니라 今但論蓋圓耳니 謂所證이 平等故로 須無差別智라야 方證於理요 若差別智인댄 卽不能證이니라

증입할 바 법계장이라고 한 아래는 지혜가 차별이 없음을 해석한 것이다.
그 가운데 두 가지[222]로 분류하리니
먼저는 바로 해석한 것이다.
그러나 이 가운데 세 가지 해석이 있어서 연이어 한 가지 뜻을 이루는 것이다.[223]
첫 번째는 지혜가 스스로 차별이 없는 것이니
마치 둥근 덮개(뚜껑)가 둥근 함에 칭합(맞다)하는 것과 같다.

222 두 가지란, 먼저는 바로 해석(正釋)한 것이고, 뒤에는 방해함을 해석한 것이다. 뒤에 방해함을 해석한 것은 바로 다음 초문에 제이의第二意라 한 것이다.

223 연이어 한 가지 뜻을 이룬다고 한 것은, 『잡화기』에 이르기를 말하자면 지혜는 스스로 차별이 없는 까닭으로 능증지와 소증지가 다르지 않고, 능증지와 소증지가 다르지 않는 까닭으로 바야흐로 한맛이 되는 까닭이다 하였다.

지금에는 다만 덮개가 원만함을 거론하였을 뿐이니,
말하자면 증입할 바가 평등한 까닭으로 반드시 차별이 없는 지혜라야 바야흐로 진리에 증입하고
만약 차별이 있는 지혜라면 곧 능히 증입할 수 없는 것이다.

疏

卽由上義에 能所不殊니라 又此能證智가 與所證藏으로 冥合一味니 無有境智之異일새 故云無差차하니라 此復有二하니 一은 同無相故니 下經云호대 無有少法爲智所入이요 亦無少智而入於法이라하니라 二는 同法界故니 則能所가 各互攝盡일새 故下云호대 無有智外如爲智所入이라하니 智攝如盡故니라 亦無如外智能證於如라하니 如全攝智故니라

곧 위의 뜻을 인유함에 능·소가 다르지 않는 것이다.
또 이 능증能證의 지혜가 소증所證의 법계장으로 더불어 명합하여 한맛이니
경계와 지혜가 다름이 없기에 그런 까닭으로 말하기를 차별이 없다 하였다.
여기에 다시 두 가지가 있나니
첫 번째는 다 무상無相인 까닭이니,
아래의 경에 말하기를[224] 적은 법도 지혜가 증입할 바가 될 수 없고,

224 아래의 경 운운은 십회향품 제25의 삼三에 있다.

또한 적은 지혜도 저 법에 증입할 수 없다 하였다.
두 번째는 다 법계인 까닭이니,
곧 능·소가 각각 서로 거두어 다하기에 그런 까닭으로 아래의 경에 말하기를 지혜 밖에 진여가 지혜의 증입할 바가 될 수 없다 하였으니 지혜가 진여를 거두어 다하는 까닭이다.
또한 진여 밖에 지혜가 능히 진여에 증입할 수 없다 하였으니 진여가 지혜를 온전히 거두는 까닭이다.

鈔

卽由上義下는 第二義니 能所不殊를 云智無差라하니 如魚符相合이니라 又此能證下는 明一味無差니 如水和乳니라 此復有二者는 前卽眞空一味요 後卽妙有一味라 前卽無相이요 後卽法性이라

곧 위의 뜻을 인유한다 한 아래는 제 두 번째 뜻이니,
능·소가 다르지 않는 것을 지혜가 차별이 없다 말하는 것이니 마치 어부魚符[225]가 서로 부합하는 것과 같다.

또 이 능증의 지혜라고 한 아래는 한맛으로 차별이 없음을 밝힌 것이니,

---

225 어부魚符는 당나라 때 발병發兵할 때나 주부州部 장관의 교체 시에 신표로 사용하던 부신符信이다. 그 신표가 물고기 모양으로 벼슬에 따라 옥이나 금이나 동으로 만들어 어대魚袋에 넣어 다녔다.

마치 물이 우유와 섞이는 것과 같다.
여기에 다시 두 가지가 있다고 한 것은 앞은 곧 진공眞空의 한맛이요,
뒤는 곧 묘유妙有의 한맛이다.
앞은 곧 첫 번째 무상無相이요,
뒤는 곧 두 번째 법성法性이다.

疏

若皆一味인댄 豈令智로 同於境而無智耶아 古德釋云호대 智相盡故로 不有요 能令智相으로 盡故로 不無니라 不爾인댄 豈令諸相으로 皆盡하고 而智獨存가하니라

만약 다 한맛이라고 한다면[226] 어찌 지혜로 하여금 경계에 같게

226 만약 다 한맛이라고 한다면 운운한 것은, 위에 한맛으로 차별이 없다는 것을 첩석하여 물음을 일으킨 것이니, 그 뜻에 말하기를 경계와 지혜가 이미 이 한맛이라고 한다면 어찌 가히 지혜로 하여금 경계에 같게 하여 경계가 없게 하는가. 그러나 경계는 곧 지혜가 없고 지혜는 곧 지혜가 있거니, 지금에 어찌 한맛으로 차별이 없다 하는가. 답하는 가운데 고덕의 뜻인즉 지혜의 모습이 다한 까닭으로 앞에 한맛이라 한 뜻이 성립함을 얻는 것이요, 지혜가 공능이 있는 까닭으로 비록 진여의 경계와 같아서 한맛을 합하여 이루지만 저 나무와 돌이 지혜가 없는 것과는 같지 않나니, 곧 고요한 가운데 비춤이 있는 것이다. 마땅히 알아라. 지혜가 비록 없지 않지만 도리어 한맛을 이룸에는 방해롭지 않는 것이다. 그러한즉 여기 고덕의 뜻에 말하기를 경문 가운데 소증을 잡는다면 곧 원래 이 진리이지만 이 사실에 즉한 진리이고, 능증을 잡는다면 원래 이 고요한 것이지만 이

하여 지혜가 없게 하겠는가.

고덕古德이 해석하여 말하기를 지혜의 모습이 다한 까닭으로 있지 않는 것이요,

능히 지혜의 모습으로 하여금 다하게 하는 까닭으로 없지 않는 것이다.

그렇지 않다면[227] 어찌 모든 모습으로 하여금 다 다하게 하고 지혜만 홀로 존재하게 하겠는가 하였다.

비춤에 즉한 고요함이다. 사실에 즉하고 비춤에 즉한 까닭으로 지혜가 공능이 있어서 진리에 나아가고, 고요함에 나아가는 까닭으로 한맛을 이루는 것이다. 이것은 곧 아래 맺어서 성립하는 가운데(영인본 화엄 2책, p.593, 4행 초문) 처음(먼저)에는 비록 하나도 아니고 다르지도 아니함을 모두 말한 것이지만 그 뜻은 곧 다만 다르지 않은 것만 취한 것이고, 뒤에는 비록 공과 유가 둘이 없는 것과 고요하고 비춤이 함께 융합함을 함께 말한 것이지만 그 뜻은 곧 다만 유가 공에 즉하고 비추는 것이 고요함에 즉하는 것만 취한 것이니, 말하자면 진제가 속제에 걸리지 않고 비춤을 폐지하지 않는다고 한 것은 이 지혜가 공능이 있음을 맺어 성립한 것이고, 항상 진제와 항상 고요한 것과 공에 즉한 것과 고요함에 즉한 것이라고 한 것은 지혜가 하여금 한맛을 이루게 함을 맺어 성립하는 것이다. 이 가운데 뜻이 점점 어려워져 사람들이 다분히 그 뜻을 상실하기에 지금 여기에서 바로 해석한 것이다. 여설이 분분한 것은 족히 취하지 않는다. 역시 『잡화기』의 말이다.

227 그렇지 않다면이라고 한 등은, 만약 지혜의 모습이 다하지 아니한 까닭으로 있지 않다고 한다면 어찌 가히 모든 모습이 모두 다 함께 지혜가 홀로 존재하는가 하여 위에 있지 않다는 뜻을 반대로 성립한 것이니, 있지 않다는 것은 곧 한맛이라는 뜻이다. 역시 『잡화기』의 말이다.

鈔

智相盡故로 不有는 則同如一味요 能令智相盡故로 不無는 則智有功能이라 反照智空하야 不取於智가 斯爲眞智일새 故不無智니라 不爾下는 反釋이니 反成不有一味之義니라

지혜의 모습이 다한 까닭으로 있지 않다고 한 것은 곧 진여와 같아서 한맛이요,
능히 지혜의 모습으로 하여금 다하게 한 까닭으로 없지 않다고 한 것은 곧 지혜에 공능功能이 있는 것이다.
반대로 지혜조차 공한 줄을 비추어 지혜도 취하지 않는 것이 이것이 참다운 지혜가 되기에 그런 까닭으로 지혜가 없지 않다는 것이다.

그렇지 않다면이라고 한 아래는 반대로 해석한 것이니,
한맛조차 있지 않다는 뜻을 반대로 성립한 것이다.

疏

是故於境은 則不礙眞而恒俗이요 於智는 則不礙寂而恒照이니 卽境智非一이며 境은 則不礙俗而恒眞이요 智는 則不廢照而恒寂이니 卽境智非異라 境은 則空有無二요 智는 則寂照雙融이니 故云無差別也라하니라

이런 까닭으로 경계는 곧 진제에 걸리지 않고 항상 속제이고,
지혜는 고요(寂)에 걸리지 않고 항상 비추(照)나니
곧 경계와 지혜가 하나가 아니며,
경계는 속제에 걸리지 않고 항상 진제이고,
지혜는 비춤을 그치지 않고 항상 고요하나니
곧 경계와 지혜가 다르지 않는 것이다.
경계는 곧 공空과 유有가 둘이 없고,
지혜는 고요와 비춤(寂·照)이 함께 융합하나니
그런 까닭으로 말하기를 차별이 없다 하였다.

鈔

是故下는 結成이라 於中에 先은 以寂照로 對眞俗二境하야 辯非一異라 後에 境則空有下는 結成無差니라

이런 까닭으로라고 한 아래는 맺어서 성립한 것이다.
그 가운데 먼저는 고요(寂)와 비춤(照)으로써 진제와 속제의 두 경계를 상대하여 하나도 아니고 다르지도 아니함을 말한 것이다.
뒤에 경계는 곧 공과 유라고 한 아래는 차별이 없음을 맺어 성립한 것이다.

疏

上來所釋은 約眞理寂寥하야 與止寂相順하고 俗諦流動하야 與觀照相順이니 起信等中에 且爲此釋하니라

상래에 해석한 바는 진리가 적요寂寥하여 지적止寂으로 더불어 서로 따르고, 속제가 유동流動하여 관조觀照로 더불어 서로 따름을 잡은 것이니,
『기신론』 등 가운데도 또한 이와 같은 해석을 하였다.

鈔

上來所釋下는 二에 申今意니 於中有三이라 初成昔解니 明有文據가 出於起信이라 爲出論意는 則令昔解로 未盡其源이니 謂前結成之中에 於境은 不礙眞而恒俗이요 智는 則不礙寂而恒照라호미 雖明不礙나 若別對者인댄 意以心寂으로 對於境眞하고 心照로 對於境俗하나니 以照對俗인댄 則心境非一이요 以寂對眞인댄 則心境非異니라 明是唯照對俗하고 唯寂對眞이니라 次雖雙融空有二境과 寂照二心이나 終不得言境則不礙眞而恒俗이요 心則不礙照而恒寂인댄 則心境非異니 明知本意는 相對別也니라 故今疏取其意하야 示論意云호대 眞理寂寥하야 與止寂相順하고 俗諦流動하야 與觀照相順이라하니라

상래에 해석한 바라고 한 아래는 두 번째 지금의 뜻을 해석한 것이니, 이 가운데 세 가지가 있다.

처음에는 옛날의 해석을 성립한 것이니
그 문장의 증거가 『기신론』에 나와 있음을 밝힌 것이다.
『기신론』의 뜻을 설출한 것은 곧 옛날의 해석[228]으로 하여금 그 근원을 다하지 못하게 하는 것이니,
말하자면 앞의 맺어서 성립하는 가운데 경계는 곧 진제에 걸리지 않고 항상 속제이고, 지혜는 곧 고요(寂)에 걸리지 않고 항상 비춘(照)다 한 것이 비록 걸리지 아니함을 밝힌 것이나, 만약 따로 상대한다면 그 뜻이 마음의 고요함으로써 경계의 진제에 상대하고 마음의 비춤으로써 경계의 속제에 상대하나니,
비춤(照)으로써 속제를 상대한다면 곧 마음과 경계가 하나가 아니요,
고요함(寂)으로써 진제를 상대한다면 곧 마음과 경계가 다르지 않는 것이다.
이것은 오직 비춤으로 속제만 상대하고 오직 고요함으로 진제만 상대한 것을 밝힌 것이다.
다음에 비록 공과 유의 두 경계와 고요(寂)하고 비춤(照)의 두 마음을 함께 융합하지만 끝내[229] 경계는 곧 진제에 걸리지 않고 항상 속제이

---

228 옛날의 해석은 영인본 화엄 2책, p.592, 4행의 고덕이 해석하여 말하기를 운운한 것이다.

229 끝내 운운(終不得言境云云)한 것은, 그 뜻에 말하기를 다시 반드시 이와 같이 (끝내 운운) 설한 연후에야 바야흐로 가히 또한 사지事止를 성립할 것이어늘, 지금에는 이미 말하지 아니한 까닭으로 다만 이지理止만 성립한 것이다. 그러나 응당 말하지 아니한 이관理觀을 잡아 다시 한 가지 상대를 밝혀야

고, 마음은 곧 비춤에 걸리지 않고 항상 고요하다면 곧 마음과 경계가 다르지 않다고 말함을 얻을 수 없나니,
그 본의本意는 상대하여 다른 줄 분명히 알아야 할 것이다.
그런 까닭으로 지금 소문疏文에서 그 뜻을 취하여 『기신론』의 뜻을 시현하여 말하기를 진리는 적요하여 지적으로 더불어 서로 따르고, 속제가 유동하여 관조로 더불어 서로 따른다 하였다.

言起信等者는 出其所據也니 等取瑜伽과 及別經論이니라 言起信中者는 卽彼修行信心分中云호대 云何修行止觀門고 所言止者는 謂止息一切境界相이니 隨順奢摩他觀義故니라 所言觀者는 謂分別因緣生滅相이니 隨順毘鉢舍那觀義故니라 云何隨順고 以此二義로 漸漸修習하야 不相捨離하야 雙現前故니라 若修止者인댄 住於靜處하며 端坐正意하야 不依氣息하며 不依形色하며 不依於空하며 不依地水火風하며 乃至不依見聞覺知하고 一切諸想을 隨念皆除하며 亦遣除想이니 以一切法이 本來無想하야 念念不生하며 念念不滅하며 亦不得隨心하야 外念境界後에 以心除心하리라 心若馳散인댄 卽當攝來하야 住於正念이니 是正念者는 當知唯心이요 無外境界니라 卽復此心은 亦無自相하야 念念不可得이니라 若從座起하야 去來進止에 有所施作하는 於一切時에 常念方便하야 隨順觀察하고 久習淳熟하면 其心得住리니 以心住故로 漸漸猛利하야 隨順得入眞如三昧라하

할 것이어늘, 지금에 초문이 생략되어 없으니 비례하여 가히 말해야 할 것이다. 또 비춤으로써 진제를 상대함에 이미 이관理觀이 이루어지나니 반드시 다시 비례할 것은 없다. 이상은 역시 『잡화기』의 말이다.

니라 釋曰上皆論文이니 止中에 則知無相과 不生不滅하고 觀中에 常念方便하며 及分別因緣生滅이라하니 明是止順於理하고 觀順於事니라

『기신론』 등이라고 말한 것은 그 증거할 바를 설출한 것이니, 『유가론』[230]과 그리고 다른 경론을 등취한 것이다.
『기신론』 가운데라고 말한 것은, 곧 저 수행신심분修行信心分 가운데 말하기를 어떤 것이 지관문止觀門을 수행하는 것인가.
지止라고 말한 바는 말하자면 일체 경계의 모습을 그치는 것이니, 사마타관의 뜻을 수순하는 까닭이다.
관觀이라고 말한 바는 말하자면 인연생멸因緣生滅의 모습을 분별하는 것이니,
비발사나관毘鉢舍那觀의 뜻을 수순하는 까닭이다.
어떤 것이 수순인가.
이 두 가지 관의 뜻으로써 점점 수습하여 서로 버려 떠나지 않아서 함께 앞에 나타나는 까닭이다.
만약 지止를 수행하는 사람이라면 고요한 곳에 머무르며
단정하게 앉아 뜻을 바르게 하여 기식氣息[231]을 의지하지 아니하며
형색[232]을 의지하지 아니하며
허공을 의지하지 아니하며

---

230 『유가론』은 칠십칠권이다.

231 기식氣息은 수식관이다.

232 형색은 백골관이다.

지·수·화·풍[233]을 의지하지 아니하며
내지 견見·문聞·각覺·지知[234]를 의지하지 아니하고 일체 모든 생각을 그 생각을 따라 다 제멸하며
또한 제멸한다는 생각조차 버려야 하나니,
일체법이 본래 상想[235]이 없어서 생각 생각에 일어나지도 아니하며 생각 생각에 사라지지도 아니하며
또한 마음을 따라서 밖으로 경계를 생각하지 아니한 연후에 마음으로써 마음을 제멸할 것이다.
마음이 만약 밖으로 달려 흩어지면 곧 마땅히 거두어 와서 정념正念에 머무르게 할 것이니,
이 정념이라는 것은 오직 마음뿐 바깥의 경계가 없는 줄 마땅히 알아야 할 것이다.
곧 다시 이 마음은 또한 자상自相이 없어서 생각 생각에 가히 얻을 수 없는 것이다.
만약 자리를 좇아 일어나서[236] 가고 오고 나아가고 그침에 시작施作하는 바가 있는 일체 시중時中에 항상 방편을 생각하여 따라 수순하여 관찰하고 오랫동안 익혀 순숙純熟하면 그 마음이 머무름을 얻을 것이니,

---

233 지·수·화·풍은 사대관이다.

234 견見·문聞·각覺·지知는 칠대관이니, 사대에 견과 문과 각지를 하나로 보아 더하면 칠대관이다. 견·문·각·지를 네 가지로 보면 팔대관이다.

235 상想은 『기신론』에는 相이다.

236 만약 자리를 좇아 일어난다고 한 아래는 관觀이다.

마음이 머무르는 까닭으로 점점 용맹스럽고 예리하여 진여의 삼매에 수순하여 들어감을 얻는다 하였다.

해석하여 말하면 이상은 다 『기신론』의 문장이니,

지止 가운데 곧 무상無相[237]과 불생불멸不生不滅을 알고, 관觀 가운데[238] 항상 방편을 생각하며 그리고 인연생멸을 분별한다 하였으니, 이 지止는 진리(理)에 수순(順)하고 관觀은 사실(事)에 수순함을 밝힌 것이다.

又論下文云호대 復次若人이 唯修於止인댄 則心沈沒하고 或起懈怠하야 不樂衆善하며 遠離大悲하나니 是故修觀이니라 修習觀者는 當觀一切世間의 有爲之法이 無得久停하야 須臾變壞하며 一切心行이 念念生滅하나니 以是故苦等이라하니라 釋曰上亦多就事하야 明觀이라 又下論云호대 唯除坐時에 專念於止하고 若餘一切에 悉當觀察應作不應作인댄 止觀俱行이니 所謂雖念諸法의 自性不生이나 而復卽念因緣和合한 善惡之業과 苦樂等報가 不失不壞하며 雖念因緣한 善惡業報나 而亦卽念性不可得이라하니라 釋曰 此之雙行도 亦明念自性不生은 是止요 念因緣和合은 是觀이라 故疏出論意云호대 眞理寂寥하야 與止寂相順하고 俗諦流動하야 與觀照相順이라하니라 而上云等

237 무상無相 운운은, 위의 『기신론』 문장에는 본래무상本來無想하야 염념불생念念不生하며 염념불멸念念不滅이라 하였다.

238 관觀 가운데 운운한 것은, 만약 자리로 좇아 일어났다(영인본 화엄 2책, p.595, 9행) 한 이하가 또한 다 이 지止를 밝힌 것이어늘, 지금에 관觀이라고 명목한 것은 이 지止 가운데 있는 바 관觀인 까닭이라고 『잡화기』는 말하고 있다.

取瑜伽는 瑜伽七十七中에 亦說호대 禪定有於三品하니 一은 奢摩他品이요 二는 毘鉢舍那品이요 三은 雙運品이라하니 大旨는 與起信多同일새 故致等言이니라

또 『기신론』의 이 문장 아래 문장에 말하기를 다시 다음에 만약 어떤 사람이 오직 지止만을 수행한다면 곧 마음이 침몰하고 혹 해태심을 일으켜 수많은 선행을 좋아하지 아니하며 대비를 멀리 여의나니,
이런 까닭으로 관觀을 닦아야 한다.
관을 닦아 익히는 사람은 마땅히 일체 세간의 유위의 법이 오래 머무름을 얻을 수 없어서 잠깐 사이에 변하여 붕괴되며 일체 마음과 행이 생각 생각에 일어났다 사라지나니,
이런 까닭으로 고苦 등을[239] 관찰한다 하였다.
해석하여 말하면 이상은 또한 다분히 사실(事)에 나아가서 관觀을 밝힌 것이다.
또 아래의 『기신론』에[240] 말하기를 오직 단정하게 앉았을 때에 오로지 지止만을 생각하는 것은 제외하고, 만약 나머지 일체[241]에 다 마땅히 응당 해야 할 것과 응당 하지 말아야 할 것을 관찰하려 한다면 지止와 관觀을 함께 행하여야 할 것이니,
말하자면 비록 모든 법의 자성이 일어나지 아니한 줄을 생각하지만

239 고苦 등이란, 공과 무상과 무아를 등취한 것이다.
240 또 아래에 『기신론』이라고 한 것은 여기에 인용한 바로 아랫부분이다.
241 나머지 일체란, 행行과 주住와 와臥이다.

그러나 다시 곧 인연으로 화합한 선과 악의 업과 고苦와 낙樂 등의 과보가 망실하지도 않고 무너지지도 아니한 줄을 생각하며,
비록 인연으로 된 선과 악의 업보를 생각하지만 그러나 또한 곧 자성은 가히 얻을 수 없음을 생각한다 하였다.
해석하여 말하면 이 지와 관을 함께 행하는[242] 것도 역시 자성이 일어나지 아니한 줄 생각하는 것은 이 지止이고, 인연으로 화합한 줄 생각하는 것은 이 관觀임을 밝힌 것이다.
그런 까닭으로 소문에서 논의 뜻을 설출하여 말하기를 진리는 적요하여 지적止寂으로 더불어 서로 따르고 속제가 유동하여 관조觀照로 더불어 서로 따른다 하였다.
그러나 위에서 말하기를 『유가론』을 등취等取한다고 한 것은,[243] 『유가론』 칠십칠권 가운데 또한 말하기를 선정禪定이 삼품이 있나니,
첫 번째는 사마타품奢摩他品이요,
두 번째는 비발사나품毘鉢舍那品이요,
세 번째는 쌍운품雙運品이라 하였으니,
큰 뜻(大旨)은 『기신론』으로 더불어 다분히 같기에 그런 까닭으로 등等이라는 말을 이루는 것이다.

---

242 지와 관을 함께 행한다고 한 것은 지관구행止觀俱行이니, 정혜쌍수定慧雙修와 성적등지性寂等持와 대비되는 말이다.

243 위에서 말하기를 『유가론』을 등취한다고 한 것은 초문에 『기신론』 등이라는 말을 해석한 것이다. 위에서라고 한 것은 영인본 화엄 2책, p.594, 8행이다.

疏

未盡其源하니 以令照眞으로 不得名照하고 照俗之時에도 不得卽寂故니라

아직 그 근원을 다하지 못하였나니
진제를 비춤으로 하여금 조照라고 이름함을 얻을 수 없고,
속제를 비출 때에도 적寂에 즉함을 얻을 수 없는 까닭이다.

鈔

未盡其源下는 次辯順違라 文雖順論이나 不知諸論이 且約一相하고 便將寂照하야 敵對眞俗일새 故是有乖니라 以令照眞下는 出其有乖所以니 由以寂對眞故로 單照眞時엔 無照요 以照對俗故로 單觀俗時엔 無寂이라 故統收經論中意인댄 或以理觀으로 對於事止니 謂契理止妄이 是也라 或以事觀으로 對於理寂이니 謂無念知境이 是也니라 或事觀으로 對於事寂이니 謂觀於一境에 心不動搖가 是也니라 或理觀으로 對於理寂이니 忘心照極이 是也니라 略擧其四어니와 廣如賢首品하니라 此는 猶約單觀이니 若約雙融事理인댄 如下疏文하니라 若依古釋인댄 則全無事止하고 亦無理觀이니 云何更得三觀一心과 三止齊運이리요 若云約眞인댄 則境智無二요 約俗인댄 則境智非一인댄 斯則有理나 而其結云호대 境則空有無二요 智則寂照雙融이라하니 明知還融前照事之觀과 契理之寂耳니라 請細詳之니라

아직 그 근원을 다하지 못하였다고 한 아래는 다음에 따르고 어김을 분별한 것이다.

문장이 비록 『기신론』을 따르지만 저 『기신론』이 또한 일상一相을 잡은 줄 알지 못하고, 문득 고요와 비춤만을 가져 진제와 속제를 대적하여 상대하기에 그런 까닭으로 어김이 있는 것이다.

진제를 비춤으로 하여금이라고 한 아래는 그 어김이 있는 까닭을 설출한 것이니,

고요함으로써 진제를 상대함을 인유한 까닭으로[244] 진제만을 단적(單)으로 비출 때는 비추는 것이 없고, 비춤으로써 속제를 상대한 까닭으로 속제만을 단적으로 관찰할 때는 고요함이 없는 것이다. 그런 까닭으로 경·론 가운데 뜻을 모두 거둔다면[245] 혹 이관理觀[246]으

---

244 고요함으로써 진제를 상대함을 인유한 까닭이라 한 등은, 말하자면 만약 저 고덕의 해석과 같아서는 반드시 진제와 속제를 함께 상대한 연후에야 바야흐로 가히 고요함과 비춤을 갖추는 것이다. 만약 단적으로 이(理, 진제)만 비출 때는 반드시 비춤이 없고, 단적으로 사(事, 속제)만 비출 때는 반드시 고요함이 없나니, 저 고덕은 비록 비춤에 즉한 고요함 등을 말하여 매양 사실의 비춤과 진리의 고요한 뜻은 잃지 않았으나 하나의 진리 분상에 스스로 고요함과 비춤을 구족하고, 하나의 사실 분상에 스스로 고요함과 비춤을 구족한 것은 말하지 아니하였다. 이상은 『잡화기』의 말이다. 고덕은 영인본 화엄 2책, p.592, 5행과 p.593, 9행과 p.598, 6행을 보라.

245 경·론 가운데 뜻을 모두 거둔다고 한 등은, 사구四句 가운데 이관으로 사지를 상대한 것은 『원각경』의 돈교와 같고, 사관으로 이지를 상대한 것은 곧 『기신론』의 종교와 같고, 사관으로 사지를 상대한 것은 소승교와 같나니 물과 불 등을 관찰하여 마음으로 하여금 움직이지 않게 하는 까닭이요,

로써 사지事止에 상대하나니,

말하자면 진리(理)에 계합하여 망염妄念을 그치는 것이 이것이다.

혹 사관事觀으로써 이적理寂에 상대하나니,

말하자면 무념無念으로 경계를 아는 것이 이것이다.

혹 사관으로써 사적事寂을 상대하나니,

말하자면 한 경계를 관찰함에 마음이 동요하지 않는 것이 이것이다.

혹 이관으로써 이적理寂을 상대하나니,

마음을 잊고 비추는 바가[247] 지극한 것이 이것이다.

간략하게 그 네 가지 뜻만 거론하였거니와 폭넓게 설한 것은 현수품과 같다.

이것은 오히려 단적(單)으로 관찰함(觀)을 잡은 것이니,

만약 사실과 진리를 함께 융합함(雙融)을 잡는다면 아래의 소문疏文[248]에서 설한 것과 같다.

만약 옛날의 해석[249]을 의지한다면 곧 온전히 사지事止도 없고 또한 이관理觀도 없나니,

어떻게 다시 삼관일심三觀一心과 삼지三止가 가지런히 운행됨을 얻

이관으로 이지를 상대한 것은 지금 경에 선정으로 마음을 가져 항상 한결같이 반연한다 한 게송(현수품)과 같다. 역시 『잡화기』의 말이다.

246 이관理觀은 사마타이고, 아래 사관事觀은 비발사나이다.

247 원문에 망심조극妄心照極은 곧 망심소조지극妄心所照之極이다.

248 아래의 소문疏文이란 영인본 화엄 2책, p.601, 6행이고 초문은 8행이다.

249 원문에 고석古釋은 영인본 화엄 2책, p.592, 5행과 p.593, 1행 이하를 볼 것이다.

겠는가.

만약 진제를 잡는다면 곧 경계와 지혜가 둘이 없고, 속제를 잡는다면 경계와 지혜가 하나가 아니라고 말한다면 이것은 곧 일리는 있지만, 그러나 그 결론에 말하기를[250] 경계는 곧 공空과 유有가 둘이 없고, 지혜는 곧 고요하고 비춤(寂·照)이 함께 융합한다 하였으니, 도리어 앞의 사실을 비추는 관觀과 진리에 계합한 적寂이 융합함을 분명히 알아야 할 것이다.

청컨대 자세하고 상세하게 고찰하여 볼 것이다.

疏

今正釋者인댄 謂言用則同而異니 由境不能照라 智有照故요 言寂則異而同이니 境智無異味故라 同故無心於彼此니 忘心契合故요 異故不失於照功이니 智異木石故라 故名眞智證理니 境則唯寂이요 智則寂而常照니라

지금에 바로 해석한다면[251] 말하자면 작용[252]을 말함에 곧 같지만

---

250 결론 운운은 영인본 화엄 2책, p.593, 3행이다.

251 지금에 바로 해석한다면 운운한 것은, 고덕은 곧 다만 진제를 잡은즉 경계와 지혜가 둘이 없고, 속제를 잡은즉 경계와 지혜가 하나가 아니다 하였거니와, 청량스님은 하나의 진제와 하나의 속제 가운데 경계와 지혜가 둘이 없는 것과 하나가 아니라는 것을 갖추고 있나니, 지금 소문 가운데 작용변으로는 다르다 한 것(같지만 다르다 했다)은 경계와 지혜가 하나가 아니라는 것이요, 자체변(寂을 말함에라 했다)으로는 같다고 한 것(다르지만 같다 했다)은 둘이

다르나니,

경계를 인유하여 능히 비추는 것이 아니라 지혜가 비춤이 있는 까닭이요,

고요함(寂)을 말함에 곧 다르지만 같나니

경계와 지혜가[253] 다른 맛이 없는 까닭이다.

같은 까닭으로 마음에 피彼·차此가 없나니

마음을 잃고 계합하는 까닭이요,

다른 까닭으로 비춤照의 공용功用을 잃지 않나니

지혜는 목석과 다른 까닭이다.

그런 까닭으로 이름이 참 지혜로 진리에 증입(眞智證理)하는 것이니 경계는 곧 오직 고요뿐이요, 지혜는 곧 고요하지만 그러나 항상 비추는(照) 것이다.

鈔

今正釋者下는 第三에 申今正義니 有四라 初는 約證理하야 以釋境智

없다는 것이다. 아래 속제를 요달하는 가운데도 또한 이와 같다. 또 이 소문 가운데 지혜는 곧 고요함이지만이라고 한 것은 위에 다르지만 같다고 한 것에 해당하나니 이지理止이고, 그러나 항상 비춘다고 한 것은 위에 같지만 다르다고 함에 해당하나니 이관理觀이다. 그러한즉 이 근본지 가운데 이지와 이관이 있고, 아래 후득지(영인본 화엄 2책, p.601, 5행, 속제를 요달하는 가운데) 가운데 사지事止와 사관事觀을 갖추고 있다. 역시 『잡화기』의 말이다.

252 작용(用)은 조용照用이다. 아래 고요함이라고 한 것은 적체寂體이다.

253 경계는 증득할 바 법이고, 지혜는 능히 증득하는 마음이다.

의 非一異義니 卽肇公般若無知論中之意로대 而便以疏에 間而釋之니라 彼論에 先有難云호대 聖智之無와 惑智之無가 俱無生滅거니 何以異之耶아 答曰호대 聖智之無者는 無知요 惑智之無者는 知無니 其無雖同이나 所以無者는 異也라 何者오 夫聖心은 虛寂하야 無知可無일새 可曰無知언정 非謂知無요 惑智는 有知故로 有知可無일새 可謂知無언정 非曰無知也니라 無知는 卽般若之無也요 知無는 則眞諦之無也니 是以로 般若之與眞諦가 言用則同而異하고 言寂則異而同이라 同故無心於彼此하고 異故不失於照功이라 是以로 辯同者는 同於異하고 辯異者는 異於同하니 斯則不可得而異며 不可得而同也니라 何者오 內有獨鑒之明하고 外有萬法之實하니 萬法雖實이나 然非照不得이라 內外相與하야사 以成其照功이니 此則聖所不能同의 用也니라 內雖照而無知하고 外雖實而無相이라 內外寂然하야 相與俱無니 此則聖所不能異의 寂也니라 是以經云호대 諸法不異者는 豈曰續鳧截鶴하며 夷岳盈壑한 然後에 無異哉아 誠以不異於異일새 故雖異而不異耳니라 故經云호대 甚奇라 世尊이시여 於無異法中에 而說諸法異라하고 又云호대 般若與諸法이 亦不一相이며 亦不異相이라하니 信矣라하니라 釋曰但觀上來所引論文이라도 則疏之中에 自分主客이요 但觀疏文中에 間釋論이라도 則論旨趣를 居然可知니라

지금에 바로 해석한다고 한 아래는 세 번째 지금에 정의正義를 편 것이니,
네 가지[254]가 있다.
처음에는 진리에 증입함을[255] 잡아서 경계와 지혜가 하나도 아니고

다르지도 아니한 뜻을 해석한 것이니,
곧 승조법사의 『반야무지론般若無知論』 가운데 뜻이지만 그러나 편의상 소문에서 그 논문을 사이에 넣어 해석하였다.
저 논에 먼저 어떤 사람이 비난하여 말하기를 성지聖智의 무無와 혹지惑智의 무無가 함께 생멸生滅이 없거니 어떻게 다르겠는가.
답하여 말하기를 성지聖智의 무無라는 것은 무지無知요[256]
혹지惑智의 무無라는 것은 지무知無니,

---

254 네 가지라고 한 것은 一은 여기 말한 것과 같고, 二는 속제를 비춤을 잡아 밝힌 것이니 영인본 화엄 2책, p.601, 5행이고, 三은 사실과 진리를 함께 융합하여 해석한 것이니 앞의 책, p.601, 6행이고 초문은 8행이다. 四는 삼관의 원융을 잡아 해석한 것이니 앞의 책, p.602, 7행이다. 과목의 말은 다르지만 뜻은 같다. 특히 二는 과목을 표기한 초문이 없다.

255 진리에 증입한다고 한 것은, 이理는 곧 진리이다. 이것은 곧 진제를 증득하여 들어갈 때에 하나도 아니고 다르지도 않다는 뜻을 갖추고, 속제를 요달하여 들어갈 때도 또한 그러하나니, 앞에서 진제를 증득할 때 오직 다르지 않고 속제를 요달할 때 오직 하나가 아니라는 것과는 같지 않은 것이다. 그러한즉 앞의 초문에 가리켜 말하기를 이것은 일리는 있지만이라고 한 것(영인본 화엄 2책, p.598, 8행, 斯則有理)은 우선 허락한 것뿐이다. 역시 『잡화기』의 말이다.

256 성지聖智의 무無라는 것은 무지無知 운운한 것은 성지의 자체를 말한즉 본래 스스로 무지이니, 이것은 곧 본래 없는 것이요, 지무라고 한 것은 그 혹지가 자체가 없는 줄 아는 것이니, 이것은 곧 하여금 없게 하는 것이다. 그러한즉 비록 없다는 말은 같지만 성지의 무라고 한 것은 곧 본래 없어 고요한 까닭으로 없는 것(無)이요, 혹지의 무라고 한 것은 곧 진제가 없는 줄 아는 까닭으로 없는 것(無)이니, 그러한 까닭으로 다른 것이다. 역시 『잡화기』의 말이다.

그 무無라는 것은 비록 같지만 무無라는 까닭은 다르다.
무엇 때문인가.
대저 성인의 마음은 비고 고요하여 지知를 가히 없앨 것이 없기에 가히 무지無知라 말할지언정 지무知無라 말하지 않는 것이요,
혹지惑智는 지知가 있는 까닭으로 지知를 가히 없앨 것이 있기에 가히 지무知無라 말할지언정 무지無知라 말하지 않는 것이다.
무지라는 것은 곧 반야의 무無요,
지무라는 것은 곧 진제의 무無니[257]
이런 까닭으로 반야와 더불어 진제가 작용을 말함에 곧 같지만 다르고, 고요(寂)의 자체를 말함에 곧 다르지만 같은 것이다.
같은 까닭으로 마음에 피차가 없고, 다른 까닭으로 비춤의 공용功用을 잃지 않는 것이다.
이런 까닭으로 같다고 말한 것은 다름(異)에 같은 것이고, 다르다고 말한 것은 같음(同)에 다른 것이니,
이것은 곧 가히 얻어서 다르게 할 수 없으며 가히 얻어서 같게 할 수 없는 것이다.
무엇 때문인가.
안으로 홀로 비추는 밝음이 있고,

---

257 진제의 무無라고 한 것은, 비난하는 사람이 말하기를 이미 혹지惑智의 자성이 공한 줄 알았다면 곧 혹지는 알아야 할 바 경계이지만, 아는 바를 인유하여 비로소 없는 것이니 사실(속제)에 즉한 진제인 까닭으로 진제의 무라 말하나니, 나머지는 저 『반야무지론』 본주本註를 볼 것이다. 역시 『잡화기』의 말이다.

밖으로 만법의 진실이 있나니
만법이 비록 진실하지만 그러나 비추지 아니하면 얻을 수 없는 것이다.
안과 밖이 서로 참여하여야 그 비춤의 공용을 이루나니,
이것은 곧 성인이 능히 같게 하지 못하는 바 작용(用)이다.
안으로 비록 비추지만 무지無知하고
밖으로 비록 진실하지만 무상無相한 것이다.
안과 밖이 고요하여 서로 더불어 함께 없나니,
이것은 곧 성인이 능히 다르게 하지 못하는 바 고요의 자체이다.
이런 까닭으로 경[258]에 말하기를 모든 법이 다르지 않다고 한 것은 어찌 오리 다리를 이으며 학의 다리를 자르며, 산을 뭉개며 구덩이를 채운 연후에 다름이 없는 것이겠는가.
진실로 다른 것을 억지로 다르게 하지 않기에[259] 그런 까닭으로 비록 다르지만 다르지 않다고 말할 뿐이다.
그런 까닭으로 경에 말하기를[260] 매우 신기하도다. 세존이시여, 다름이 없는 법[261] 가운데 모든 법이 다름을 설하십니다 하고,
또 말하기를[262] 반야와 더불어 모든 법이 또한 한 모습(一相)도 아니며

---

258 경이라고 한 것은 『반야경』이다.

259 억지로 다르게 하지 않는다고 한 것은 본평등本平等을 말한다.

260 경에 말하였다고 한 것은 『반야경』이다.

261 다름이 없는 법이라고 한 등은, 다름이 없는 법이란 평등법·일미법一味法이고, 모든 법이 다른 것이란 불평등·차별법이다.

262 또 말하였다고 한 등은 역시 『반야경』이다.

또한 다른 모습(異相)도 아니다 하니 신실信實한 말이다 하였다.
해석하여 말하면 다만 상래에 인용한 바 논문만 볼지라도 곧 소문 가운데 스스로 주主·객客을 분별할 것이요,
다만 소문疏文 가운데 논을 사이에 넣어 해석한 것만 볼지라도 곧 논의 뜻을 거연居然히 가히 알 수가 있을 것이다.

疏

若約照俗인댄 則以後得智로 照差別之境이니라

만약 속제를 비춤을 잡는다면[263] 곧 후득지後得智로써 차별의 경계를 비추는 것이다.

疏

若約融眞俗者인댄 境則眞俗不二요 智則權實雙行이라 亦爲一味하야 而不失止니 以雖雙行이나 而卽寂故니라

263 만약 속제를 비춤을 잡는다면 운운한 것은, 두 번째 속제를 비춤을 잡아 해석한 것이다. 이 위에는 곧 근본지로써 진리를 증득함에 스스로 고요함과 비춤을 갖추는 것이고, 지금에는 곧 후득지로써 사실을 비춤에 스스로 고요함과 비춤을 갖추나니, 이 가운데 문장을 살피고자 한 까닭으로 다만 후득지로써 사실을 비춘다고 표하여 가리켰을 뿐이다. 그 같고 다른 등의 뜻은 위에 진리를 증득하여 들어가는 가운데 설한 것(영인본 화엄 2책, p.599, 5행 초문, 初約證理하야 以釋境智의 非一異義)과 동일하다. 역시 『잡화기』의 말이다.

만약 진제와 속제가 융합함을 잡는다면[264] 경계는 곧 진제와 속제가 둘이 아니고,
지혜는 곧 방편과 진실을 함께 행하는 것이다.
또한 한맛이 되어 지止를 잃지 않나니,
비록 함께 행하지만 그러나 고요함(寂)에 즉하는 까닭이다.

若約融眞俗下는 三에 約雙融이니 所以辯此者는 自有二意하니 一者는 古德이 自科入法界藏云호대 一은 證理法이라하니 故於止義에 唯就理明거니와 今此는 別明事理無礙라 二者는 卽所證理라하니 是卽事之理가 不遮雙融거니와 但上雙融은 唯取權智하야 對於眞止일새 故爲非耳니라 故今不要以止對眞하고 而智自有權實雙融으로 對眞俗雙融일새 以與昔別거든 況云而不失止아 則二智之上에 自有二止하니 權智之上에 有隨緣止하고 實智之上에 有體眞止라 二止亦融일새 對上二智인댄 卽止觀雙融이요 若融智境인댄 方爲一味니라

264 만약 진제와 속제가 융합함을 잡는다면 운운한 것은, 앞에 두 가지 뜻(진·속)을 잡은즉 이미 비춤을 잡아서는 사실에 통하고 진리에 통하며, 고요함을 잡아서도 사실에 통하고 진리에 통하는 것이다. 고요하고 비추는 것이 곧 이미 함께 융합함을 이루었지만, 그러나 다만 증득하는 바에 있어서는 오히려 이 사실과 진리를 따로 설하는 까닭으로 지금 여기에 함께 융합하는 것이니 경계는 곧 진제와 속제가 둘이 없고, 비추는 것은 곧 방편과 진실을 함께 행하고, 고요한 것은 곧 또한 수연지隨緣止와 체진지體眞止가 걸림이 없는 것이다. 또한 『잡화기』의 말이다.

만약 진제와 속제가 융합함을 잡는다고 한 아래는 세 번째 함께 융합함을 잡은 것이니,

이것을 분별하는 까닭은 스스로 두 가지 뜻이 있나니[265]

첫 번째는 고덕古德이[266] 스스로 경문에 입법계장이라는 말을 과목하여 말하기를 첫 번째는 이법계理法界에 증입하는 것이다 하였으니 그런 까닭으로 지止의 뜻에 오직 진리(理)에만 나아가서 밝혔거니와, 지금 여기서는 따로 사실(事)과 진리(理)가 걸림이 없음에 나아가서

---

265 스스로 두 가지 뜻이 있다고 한 것은, 처음에 뜻은 곧 저 고덕이 이미 오직 이법계만으로써 증득할 바를 삼은 까닭으로 지금에 이사무애로써 증득할 바를 삼는다고 밝히고, 또 비추고 고요한 것이 각각 사리事理에 통함을 밝혔으니 이것은 곧 증득할 바와 더불어 능히 증득하는 것이 다 고덕의 해석과 같지 않는 것이요, 뒤에 뜻은 곧 증득할 바는 저 고덕도 또한 이미 이 사실에 즉한 진리라 말하였으니 곧 비록 사리무애를 삼은 것이나, 그러나 다만 그 능히 증득함에 반드시 오직 사관事觀으로써만 이지理止를 상대하여 무애를 밝히고, 이관理觀으로써 사지事止를 상대하는 것이 있는 것은 말하지 아니한 까닭으로 지금 관觀의 분상에 이관과 사관의 융합이 있는 것이다. 하물며 그 분상에 다시 이지와 사지가 있는 것이겠는가. 이것은 곧 증득할 바는 아래 고덕의 해석으로 더불어 같지만, 그러나 오직 능히 증득하는 것만은 고덕의 해석으로 더불어 같지 않는 것이다. 그러나 이미 처음에 저 고덕이 오직 이법계에 증입하는 것만 잡아 말하고 뒤에 도리어 저 고덕이 사실에 즉한 진리를 잡아 말한 것은 대개 저 고덕의 뜻이 경문 가운데 증득할 바가 원래 이 이법계이지만, 이것은 사실에 즉한 진리라 말하려 하기에 지금에 처음에는 그 원만(圓)의 뜻을 잡아 말하고, 뒤에는 그 융합(融)의 뜻을 잡아 말한 것이다. 이상은 역시 『잡화기』의 말이다.

266 고덕古德이 운운은 영인본 화엄 2책, p.587, 1행이다.

밝힌 것이다.

두 번째는 곧 증입할 바 진리(理)다 하였으니 이것은 사실(事)에 즉한 진리(理)가 함께 융합(雙融)함에 막히지 않거니와, 다만 위에서 함께 융합한다고[267] 한 것은 오직 방편지(權智)만을 취하여 진실지(眞止)만을 상대하기에 그런 까닭으로 옳지 못함이 되는 것이다.

그런 까닭으로 지금에는 지止로써 진제를 상대하는 것을 필요로 하지 않고 지혜가 스스로 방편과 진실이 함께 융합함(雙融)으로 진제와 속제가 함께 융합함(雙融)을 상대함이 있기에 옛날의 해석으로 더불어 다르거든, 하물며 지止를 잃지 않는다고 말하는[268] 것이겠는가.

곧 방편과 진실의 이지二智 위에 스스로 수연隨緣과 체진體眞의 이지二止가 있나니

방편지(權智) 위에 수연지隨緣止가 있고,

진실지(實智) 위에 체진지體眞止가 있는 것이다.

이지二止가 또한 융합하기에 위의 이지二智를 상대한다면 곧 지止와 관觀이 함께 융합할 것이요,

만약 지혜와 경계가 융합한다면 바야흐로 한맛(一味)이 될 것이다.

---

267 위에서 함께 융합한다고 한 것은 영인본 화엄 2책, p.598, 6행과 9행이다.

268 지止를 잃지 않는다고 한 것은 한맛으로 지止를 잃지 않는다는 것이니, 옛날의 해석과는 다르다는 것이다.

疏

若約三觀과 及融境智인댄 至下當辯하리라

만약 삼관三觀과 그리고 경계와 지혜가 융합함을 잡는 것이라면 아래에 이르러 마땅히 분별하겠다.[269]

鈔

若約三觀下는 四에 約三觀說이니 謂空觀假觀과 中道觀이라 在心에 則空假中이 一心이요 對境에 無諦有諦와 中道第一義諦가 三諦之境이라 三觀이 自有三止하니 空觀은 有體眞止하고 假觀은 有隨緣止하고 中道觀은 有離二邊分別止하니라 三止三觀의 六法 一時에 以契一諦와 三諦之境하야 境智一味인댄 則有九法이 皆成一味리라 更有異門等은 並如下說하니라

만약 삼관과 그리고 경계와 지혜가 융합함을 잡는 것이라고 한 아래는 네 번째 삼관을 잡아 설한 것이니,
말하자면 공관空觀과 가관假觀과 중도관中道觀이다.
마음에 있음에 곧 공관과 가관과 중도관이 한 마음(一心)이요,
경계를 상대함에 무제無諦와 유제有諦와 중도제일의제中道第一義諦가 삼제三諦의 경계이다.

---

269 아래에 이르러 마땅히 분별하겠다고 한 것은 곧 현수품을 말한다.

삼관이 스스로 삼지三止가 있나니
공관은 체진지가 있고, 가관은 수연지가 있고, 중도관은 이이변분별지離二邊分別止가 있다.
삼지 삼관의 육법六法이 일시에 일제一諦와 삼제三諦의 경계에 계합하여 경계와 지혜가 한맛이라면 곧 구법九法[270]이 다 한맛을 이룸이 있게 될 것이다.
다시 이문異門이 있는 등은 아울러 아래에 설한 것과 같다.[271]

270 구법九法이란, 삼지三止·삼관三觀·삼제三諦이다.

271 아래에 설한 것과 같다고 한 것은 곧 현수품이다.

經

證佛解脫의 甚深廣大하며

부처님의 해탈이 깊고도 광대함을 증득하며

疏

二에 證佛下는 明證果法이라 言解脫者는 謂作用自在니 如不思議法品說하니라 於一念中에 建立三世一切佛事等의 總有十種하니 廣如彼說하니라 卽用而眞故로 甚深이요 用無涯畔故로 廣大요 上窮彼際故로 云證也라하니라

두 번째 부처님의 해탈이 깊고도 광대함을 증득하였다고 한 아래는 과법果法을 증득함을 밝힌 것이다.
해탈이라고 말한 것은 말하자면 작용이 자재한 것이니
부사의법품[272]에서 설한 것과 같다.
한 생각 가운데 삼세의 일체 불사를 건립한다는 등 모두 열 가지가 있나니,
넓게는 저 부사의 품에서 설한 것과 같다.
작용에 즉한 진체眞體인 까닭으로 깊다(甚深)고 말한 것이요,
작용이 끝 간 데 없는 까닭으로 광대廣大하다고 말한 것이요,

272 부사의법품 운운은 초문에 있다.

위로 저 경계를 다하는 까닭으로 증득한다고(證) 말한 것이다.

鈔

總有十種者는 卽第四十七經末云호대 佛子야 諸佛世尊이 有十種無礙解脫하니 何等爲十고 所謂一切諸佛이 能於一塵에 現不可說不可說諸佛이 出興於世하며 一切諸佛이 能於一塵에 現不可說不可說諸佛이 轉淨法輪하며 一切諸佛이 能於一塵에 現不可說不可說衆生이 受化調伏하며 一切諸佛이 能於一塵에 現不可說不可說諸佛의 國土하며 一切諸佛이 能於一塵에 現不可說不可說菩薩의 受記하며 一切諸佛이 能於一塵에 現去來今의 一切諸佛하며 一切諸佛이 能於一塵에 現去來今의 一切世界種하며 一切諸佛이 能於一塵에現去來今의 一切神通하며 一切諸佛이 能於一塵에 現去來今의 一切衆生하며 一切諸佛이 能於一塵에 現去來今의 一切佛事하나니 是爲十이라하니라

모두 열 가지가 있다고 한 것은 곧 제사십칠권경의 말미에[273] 말하기를 불자야, 모든 부처님 세존께서 열 가지 걸림 없는 해탈이 있나니 어떤 등이 열 가지가 되는가.

말하자면 일체 모든 부처님이 능히 한 티끌에 가히 말할 수 없고 가히 말할 수 없는 모든 부처님이 세상에 출흥하심을 나타내며, 일체 모든 부처님이 능히 한 티끌에 가히 말할 수 없고 가히 말할

273 제사십칠권경의 말미란, 불부사의품이다.

수 없는 모든 부처님이 청정한 법률을 굴리심을 나타내며,
일체 모든 부처님이 능히 한 티끌에 가히 말할 수 없고 가히 말할 수 없는 중생이 교화를 받아 조복됨을 나타내며,
일체 모든 부처님이 능히 한 티끌에 가히 말할 수 없고 가히 말할 수 없는 모든 부처님의 국토를 나타내며,
일체 모든 부처님이 능히 한 티끌에 가히 말할 수 없고 가히 말할 수 없는 보살에게 수기함을 나타내며,
일체 모든 부처님이 능히 한 티끌에 과거·미래·현재의 일체 모든 부처님을 나타내며,
일체 모든 부처님이 능히 한 티끌에 과거·미래·현재의 일체 세계 종種을 나타내며,
일체 모든 부처님이 능히 한 티끌에 과거·미래·현재의 일체 신통을 나타내며,
일체 모든 부처님이 능히 한 티끌에 과거·미래·현재의 일체중생을 나타내며,
일체 모든 부처님이 능히 한 티끌에 과거·미래·현재의 일체 불사를 나타내나니,
이것이 열 가지가 된다 하였다.

經

能隨方便으로 入於一地하야 而以一切를 願海所持하야 恒與智俱하야 盡未來際하며

능히 방편으로 한 지위에 들어감을 따라 일체 지위를 서원의 바다로써 소지所持하여 항상 지혜로 더불어 함께하여 미래의 세계가 다하도록 하며[274]

疏

三에 能隨下는 明得位極이니 謂普賢身이 遍於六位라 隨在一位하야 以願海力으로 持於一切니 故舊經云호대 在於一地하야 普攝一切諸地功德이라하니라 今此文은 順西國이니 若順此方인댄 應云能以方便으로 隨入一地하야 以願海力으로 攝持一切地也리라 然이나 有引梵本하야 廣明이나 此中句數를 開合不同하니 不必應爾니라 何者오 夫譯梵爲唐이 誠乃不易하니 苟文小左右나 貴於旨不乖中이니라 若理不可通인댄 則正之以梵本하고 譯人意近인댄 則會之以舊經거니와 言異意同인댄 何必廣引이리요

274 미래제 '하며' 토吐는, 『잡화기』에 말하기를 앞을 바라보고 해석하면 '하며' 吐이고, 뒤를 바라보고 해석하면 '하사' 吐라 하였다. 나는 앞을 보고 '하며' 吐로 해석하였다. 이것이 상설이다.

세 번째 능히 수순하는 방편이라고 한 아래는 지위가 다함을 얻음을 밝힌 것이니,

말하자면 보현의 몸이 육위六位에 두루한 것이다.

한 지위에 있음을 따라 서원의 바다 힘으로써 일체 지위를 가지나니 그런 까닭으로 구경舊經[275]에 말하기를 한 지위에 있어서 널리 일체 모든 지위의 공덕을 섭수한다 하였다.

지금의 이 문장은 서역의 말을 따른 것이니,

만약 이 지방의 말을 따른다면 응당 말하기를 능히 방편으로써 한 지위에 들어감을 따라 서원의 바다 힘으로써 일체 지위를 섭수하여 가진다 해야 할 것이다.

그러나 어떤 사람은[276] 범본을 인용하여 폭넓게 밝혔지만 이 가운데 문구文句의 수數를 열고 합한 것이 같지 않나니,

반드시 응당 그렇게 할 것만은 아니다.

무엇 때문인가.

대저 범본을 번역하여 당나라 말로 하는 것이 진실로 이에 쉽지만은 않나니,

진실로 문장은 좌우가 없지만[277] 귀한 것은 뜻이 중간을 어기지

---

275 구경舊經은 육십본 화엄이다.

276 어떤 사람이라고 한 등은, 어떤 사람은 원공이다. 원공이 범본을 인용하여 이 가운데 문구文句의 수數를 폭넓게 밝혔지만 문구의 수가 같지 않다. 응당 그렇게 할 필요까지는 없다는 뜻이다.

277 문장은 좌우가 없다고 한 것은 좌우가 없다. 즉 좌우 없이, 앞뒤 없이 틀린다는 뜻이다. 이때 小(소) 자는 無(무) 자의 뜻이다. 만약 小(소) 자를 조금의

않는 것이다.

만약 이치가 가히 통하지 않으면 곧 범본으로써 바로 해석하고, 번역하는 사람의 뜻이 근접[278]하면 구경舊經으로써 회석할 것이어니와, 말은 다르지만 뜻이 같다면 하필 널리 인용하겠는가.

鈔

然이나 有引梵本下는 因釋此句하야 便彈古人이 有無益之文이니 意云호대 如不獲已인댄 須引梵文거니와 若無異轍인댄 何要繁引이리요 因示體式하니라 言譯梵爲唐이 誠乃不易者는 案道安法師云인댄 譯梵爲秦이 有五失本과 三種不易하니 卽叡公의 摩訶般若經序에 所明이라 言五失本者는 一은 梵語盡倒어늘 而使從秦하니 一失本也요 二는 梵經尙質거늘 此方好文하야 傳可衆心에 非文不合하니 二失本也요 三은 梵經委悉하야 至於歎詠하야 叮嚀反覆을 或三或四하야도 不嫌其繁거늘 而今裁斥하니 三失本也요 四는 梵有義說이 正似亂辭나 尋說向語인댄 文無以異가 或千或百거늘 刈而不存하니 四失本也요 五는 事已全成에 將更傍及하야 反騰前辭已하고 乃復今說을 而悉除之하니 此五失本也니라 又三種不易는 何者오 然이나 般若經은 三達之心으로 覆面所演이라 聖必因時나 時俗有險易일새 而刪古雅하야

뜻으로 본다면 문장(文句)은 조금 좌우로 되었다. 즉 좌우로 조금 틀리게 되어 있다는 뜻이다.

278 근접이란, 『잡화기』에 말하기를 그 뜻이 근사치 하지만, 그러나 아직 바른 뜻은 얻지 못한 것이다 하였다.

以適今時하니 一不易也요 愚智天隔이라 聖人叵階어늘 乃欲以千載之上微言으로 傳合百王之下末俗하니 二不易也요 阿難出經은 去佛未久나 尊者大迦葉이 令五百六通으로 迭察迭書거늘 今離千年이나 而以近意로 裁量이라 彼阿羅漢이나 乃兢兢若此어늘 此生死人으로 而平平若此하나니 豈將不知法者의 勇乎아 斯三不易也니라 涉茲五失하고 逮三不易하야 譯梵爲秦을 詎可不愼乎아하니 今用此意일새 故云誠乃不易라하니라

그러나 어떤 사람은 범본을 인용하여라고 한 아래는 이 구절을 해석함을 인하여 문득 고인古人이 유익有益하다, 무익無益하다고 한 문장을 탄핵彈劾하는 것이니
그 뜻에 말하기를 만약 그 내용을 얻어 마치지 못했다면 반드시 범본의 문장을 인용할 것이어니와, 만약 별다른 자취가 없다면 어찌 번거롭게 인용하기를 요하겠는가. 그로 인하여 번역하는 체재와 방식[279]을 시현한 것이다.

범본을 번역하여 당나라 말로 하는 것이 진실로 이에 쉽지만은 않다고 말한 것은, 도안법사道安法師가 말한 것을 안찰하여 보면 범본을 번역하여 진秦나라 말로 하는 것이 다섯 가지가 범본과 다른[280] 것과 세 가지가 쉽지 않은 것이 있나니,

---

279 원문에 인시체식因示體式이라고 한 것은, 『잡화기』에 말하기를 이 문장은 아래 문장에 묶어서 읽으라 하니 여의치 않다. 또 혹은 이 네 글자는 마땅히 다음 줄 자者 자와 안按 자 사이에 있어야 한다 하였다.

곧 승예僧叡가 『마하반야경』 서문序文에서 밝힌 바이다.

다섯 가지가 범본과 다르다고 말한 것은, 첫 번째는 범어가 다 전도 되었거늘 하여금 진秦나라 말로 좇게 하니, 첫 번째 범본과 다른 것이요,

두 번째는 범본경은 바탕을 숭상하거늘 이 지방은 문장을 좋아하여 가히 중생의 마음에 전하려 함에 문장이 아니면 부합하지 않나니, 두 번째 범본과 다른 것이요,

세 번째는 범본경은 자세하여 탄영歎詠에 이르러 정령叮寧하게 반복하기를 혹 세 번 혹 네 번 하여도 그 번거로움을 싫어하지 않거늘 그러나 지금에는 끊어서[281] 배척하나니, 세 번째 범본과 다른 것이요,

네 번째는 범본경에 있는 의설義說이[282] 바로 말이 요란한 것 같지만 의설을 찾아 말에 나아가 보면 문장이 다른 것이 없는 것이 혹 천 번 혹 백 번이거늘 지금에는 잘라서[283] 두지 않나니, 네 번째 범본과 다른 것이요,

다섯 번째는 일이 이미 온전히 이루어짐에 다시 곁에 말을 가져[284]

---

280 원문에 실失 자는 틀리다, 다르다의 뜻이다.

281 裁는 자를 재이다.

282 네 번째는 범본경에 있는 의설義說이라 한 등은, 말하자면 그 의설이 비록 말이 많은 것 같지만 그 의설을 찾아 저에 적합한 말에 나아가면 곧 그 문장이 다름없이 다 같다고 『잡화기』는 말한다.

283 刈는 벨 예이다.

284 다시 곁에 말을 가진다고 한 등은, 말하자면 다음에 말을 설하고자 할 때 다시 앞에 말을 첩석하여 또 일장一場을 설하는 것이라고 『잡화기』는 말한다.

반대로 앞의 말을 베껴[285] 마치고, 이에 다시 지금에 설할 것을 다 제외하나니, 이것이 다섯 번째 범본과 다른 것이다.

또 세 가지가 쉽지만은 않다고 한 것은 무엇 때문인가.

그러나 『반야경』은 삼세를 요달한 마음[286]으로 얼굴을 가리고[287] 연설한 바이다.[288] 성인은 반드시[289] 때를 인因하지만 그때에 세속이 험난하고 쉬움이 있기에[290] 옛날의 아름다움을 깎아 금시今時에 맞추려 하니, 첫 번째 쉽지 않는 것이요.

어리석음과 지혜로움이 하늘 차이다. 성인에 오르기 어렵거늘 이에 천년 이상에 미묘한 말로써 백왕百王 이하에 말세 속인에게 전하여 부합케 하고자 하나니, 두 번째 쉽지 않는 것이요,

아란존자가 경전을 설출한 것은 부처님께서 가신 지가 아직 오래되지 않았지만 존자이신 대가섭이 오백나한의 육통六通[291]으로 하여

---

285 膽은 베낌 등이다.

286 삼세를 요달한 마음이라고 한 것은, 삼세를 요달한 원만한 지혜로 삼세의 겁劫을 요달하는 것이니 영자권盈字卷 하권 12장 하면을 볼 것이다.

287 얼굴을 가린다고 한 것은, 부처님의 넓고 긴 혀의 모습이 부처님의 얼굴을 덮는(가리다) 까닭이니 중자권重字卷 상권 17장 상면을 볼 것이다.

288 얼굴을 가리고 연설한다고 한 것은, 즉 장광설법을 한다는 뜻이다. 즉 부처님의 얼굴을 덮을 만큼 깊고 넓은 혀로 무애설법을 한다는 것이다.

289 성인은 반드시라고 한 등은, 그 뜻에 말하기를 성인의 설법도 또한 때를 인하여 세속을 따르지만, 곧 그때 세속으로 하여금 이미 고금의 어렵고 쉬움이 있었기에 번역하는 사람이 또한 옛날의 아름다운 문체를 깎아 금시에 써서 맞춘 것이다. 역시 『잡화기』의 말이다.

290 세속이 험난하고 쉽다고 한 것은, 성인은 때를 인하여 설법하나니 부처님이 계실 때는 쉽고 지금 시대에는 험난한 것이다.

금 번갈아 살피고 번갈아 쓰게 하였거늘, 지금에는 천년이 지났으나 근접한 뜻[292]만으로써 짐작하여 헤아리는[293] 것이다.
저들은 아라한이지만 이에 전전긍긍하기를 이와 같이 하였거늘, 이 사람은 생사인生死人으로서 평평[294]하게 하기를 이와 같이 하나니 어찌 법을[295] 알지 못하는 사람의 용맹함을 장양將養하겠는가. 이것이 세 번째 쉽지 않는 것이다.
이 다섯 가지 다른 것을 건너고 세 가지 쉽지 아니한 것을 좇아 범본을 번역하여 진나라 말로 하는 것을 어찌 가히 삼가하지 않겠는가 하였으니,
지금에는 이 뜻을 인용하였기에 그런 까닭으로 진실로 이에 쉽지만은 않다고 한 것이다.

苟文小左右下는 示譯方軌라 先二句는 總令取意니 卽什公意라 叡公의 摩訶般若波羅蜜經序云호대 執筆之次에 三惟亡師의 五失과

---

291 오백나한의 육통六通이라고 한 것은, 육통을 증득한 까닭으로 오백나한의 육통이라 한 것이다.

292 근접한 뜻이란, 번역하는 사람의 뜻에 근접하다는 것이다.

293 원문에 재량裁量은 자기 마음대로 짐작하여 헤아리는 것이다.

294 평평平平: 특별함이 없는 것.

295 어찌 법을 운운한 것은, 기豈 자는 오히려 무無 자의 뜻이라 말할 것이다. 공자가 말하기를 군자는 의리를 보면 용맹해진다 하였으니, 지금에는 법을 알지 못하는 사람이 반대로 용맹한 것이니, 이 사람은 생사인生死人인 까닭으로 법을 알지 못하고 감히 경전을 번역한다 말하기에 그런 까닭으로 용맹하다 말하는 것이다.

三不易之誨하니 惕焉若厲하야 憂懼盈懷라 雖復履薄하고 臨深이라도 未足喩也니라 幸冀宗匠은 通鑑하소서 文雖左右나 而旨不違中일새 遂謹受案譯하야 敢當此任이라하니 故會意譯經은 秦朝羅什이 爲最요 若敵對翻譯인댄 大唐三藏이 稱能이니라 若理不可通下는 別示方軌라 如下萬字의 非字와 虛空의 無形을 引梵以正하니 斯引得矣니라 譯人意近인댄 則會之以晉經者는 如今經云호대 以是發心이 當得佛故라하야거니와 引晉經云호대 以是發心이 卽是佛故라하니라 譯人意는 謂卽佛을 恐濫果佛일새 故云當得이라하니 若爾인댄 上云初發心時에 便成正覺이라호미 何異卽佛가 況下復云호대 卽得如來의 一身無量身等이라하니 豈唯當成만 爲是아 是知卽佛은 約圓融門이요 當成은 但是行布之意니라 今以行布로 釋於圓融일새 故言意近이라하니 須引晉經하야 以成正理니라 又如出現品菩提章云호대 於一切義에 無所觀察이라하니 但得寂義라 故引晉經의 解一切義하면 則止觀具矣니라 如是等文이 其類多矣니 許可引斥거니와 今此文中에 廣引梵本은 言異意同일새 故成繁長이니라

진실로 문장은 좌우가 없지만이라고 한 아래는 번역하는 방법을 시현한 것이다.[296]

먼저 두 구절은 모두 하여금 뜻만을 취하게 한 것이니,

---

296 번역하는 방법을 시현한다고 한 등은, 당시에 강사가 말하기를 처음에 모두 하여금 뜻만을 취하게 한다고 한 것은 곧 번역하는 것을 시현한 것이고, 뒤에 따로 번역하는 방법을 시현한다(영인본 화엄 2책, p.608, 6행)고 한 것은 곧 방법을 시현한 것이다 하였다. 이상 『잡화기』의 말이다.

곧 구마라습의 뜻이다.

승예법사의 『마하반야바라밀경』의 서문에 말하기를 집필한[297] 다음에 세 번이나 돌아가신 스승[298]께서 다섯 가지 다른 것과 세 가지 쉽지만은 않다고 회시誨示한 것을 사유하니,

삼가하기[299]를 위태로운 것 같이 하여[300] 근심하고 두려운 것이 가슴까지 차나이다.

비록 다시 얇은 얼음을 밟는 것 같이 하고 깊은 물에 임하는 것 같이 할지라도 족히 비유가 되지 못합니다.

바라건대[301] 종장宗匠께서는 모두 비추어 보소서.

문장이 비록 좌우로 되었으나 그러나 뜻은 중간을 어기지 아니하기

---

297 집필이라 한 것으로부터 네 줄 뒤에 차임此任이라 한 것에 이르기까지는 다 승예스님이 『바라밀경』 서문 가운데 구마라습의 말을 첩석한즉, 돌아가신 스승과 종장(뒤에 p.608, 3행에 있다)은 다 도안스님을 가리키는 것이니, 구마라습이 도안스님을 스승으로 삼은 까닭이다. 역시 『잡화기』의 말이다.

298 돌아가신 스승(亡師)은 구마라습이다. 그러나 『잡화기』는 도안이라 하였다.

299 惕은 삼가할 척이다.

300 삼가하기를 위태로운 것 같이 한다고 한 것은, 『주역』에 말하기를 군자가 종일토록 부지런히 하고, 저녁에도 삼가할 것 같으면 위태로울지라도 허물이 없을 것이다 하고, 주註에 말하기를 삼가한다(惕)고 한 것은 조심하고 두려워하는(兢惕) 것이고, 약若은 발어사이고, 여厲는 굳세고 강한 모습이라 하였다. 강사가 말하기를 처음으로 좇아 위중(違中. 2책, p.608, 3행)이라는 말에 이르기까지는 구마라습의 말을 첩석한 것이고, 바로 아래 수근遂謹이라는 말로 그 바로 아래 차임此任이라는 말에 이르기까지는 구마라습의 일을 서술한 것이라 하니 감히 그 명령의 말을 듣지 않겠다.

301 幸은 바랄 행이다.

에 드디어 삼가 받아서 살펴 번역하여 감히 이 임무를 감당하려 하나이다 하였으니,
그런 까닭으로 뜻을 모아 경을 해석(會意釋經)한 것[302]은 요진姚秦의 구마라습이 최고요.
만약 대적對敵하여 번역한 것이라면 대당大唐의 삼장三藏이 능하다 말할 것이다.

만약 이치가 가히 통하지 않으면이라고 한 아래는 번역하는 방법을 따로 시현한 것이다.
마치 아래에 만자萬字는[303] 글자가 아닌 것과 허공은 형상이 없는 것을 범어를 인용하여 바로 해석한 것과 같나니, 이 인용은 옳다.

번역하는 사람의 뜻이 근접하면 곧 진경晋經[304]으로써 회석한다고 한 것은, 지금의 경에서는 말하기를 이 발심이 당래에 부처를 얻는

---

302 그런 까닭으로 뜻을 모아 경을 해석하였다고 한 것은 곧 초가의 말이다. 어떤 사람이 말하기를 이것은 승예스님의 말이라 한 것은 잘못이니. 승예스님이 구마라습 삼장의 제자라면 곧 말하는 예가 응당 이와 같을 수 없고, 하물며 대당의 삼장이 승예스님 이후에 있은 것이 먼 것이겠는가. 더욱 아니라는 것이다. 이상은 『잡화기』의 말이나, 더욱 아니라는 말은 나의 말이다.

303 마치 아래에 만자라고 한 등은, 한자권寒字卷 상권 52장과 그리고 54장을 가리킨다고 『잡화기』는 말한다.

304 진경晋經이라 한 것은 소문에는 구경舊經이라 하였다. 율자권律字卷 상권 초 6장과 7장을 볼 것이다. 화엄경문으로는 제17권이다.

까닭이라 하였거니와, 진경晋經에서는 말하기를 이 발심이 곧 이 부처인 까닭이라고 함을 인용한 것과 같다.

번역하는 사람의 뜻은, 말하자면 곧 부처님이라고 한 것을 과보불(果佛)과 혼동할까 염려하기에 그런 까닭으로 말하기를 당래에 부처를 얻는 까닭이라 하였으니,

만약 그렇다면 위에서 말하기를 처음 발심할 때에 문득 정각을 이룬다고 한 것이 어찌 곧 부처라고(卽佛) 함과 다르겠는가.

하물며 아래에 다시 말하기를 곧 여래의 한 몸과 한량없는 몸 등을 얻는다 하였으니

어찌 오직 당래에 이룬다고 한 것(當得佛)으로만 옳음을 삼겠는가.

이것은 곧 부처라고(卽佛) 한 것은 원융문圓融門[305]을 잡은 것이고, 당래에 이룬다고(當得佛) 한 것은 다만 이 행포문行布門[306]의 뜻인 줄 알아야 할 것이다.

지금에는 행포문으로써 원융문을 해석하기에 그런 까닭으로 번역한 사람의 뜻이 근접하다 말한 것이니,

반드시 진경晋經을 인용하여 바른 이치(正理)를 성립할 것이다.

또 여래출현품 보리장에 말하기를 일체의 뜻에 관찰하는 바가 없다고 하였으니,

다만 고요(寂)의 뜻만을 얻은 것이다.

그런 까닭으로 진경晋經에 일체의 뜻을 안다고 한 것을 인용하면

---

305 圓融門은 단번에 부처가 되는 것이다.

306 行布門은 三賢十地를 거쳐 부처가 되는 것이다.

곧 지止·관觀이 갖추어질 것이다.

이와 같은 등의 문장이 그 류가 많나니 가히 인용하여 배척함을 허락하거니와, 지금의 이 문장 가운데 널리 범본을 인용한 것은 말은 다르지만 뜻은 같기에 그런 까닭으로 번장繁長함을 이루는 것이다.

疏

言恒與智俱者는 明智窮來際라 文含二義하니 一은 望前이니 謂雖在因中一地나 而願力으로 持一切地功德하야 皆與智俱하야 盡未來際토록 不離一地하니라 如一地하야 餘地亦爾니라 是故因門이 盡於未來토록 但是一一諸位菩薩이 不見作佛時니라 二는 望後니 以盡未來之大智로 入如來之果海也니라 雖有二義나 順前義勝이니라

初에 自分因行德은 竟이라

항상 지혜로 더불어 함께한다고 말한 것은

지혜가 미래의 세계가 다하도록 함을 밝힌 것이다.

문장이 두 가지 뜻을 포함하고 있나니

첫 번째는 앞을 희망하는 것이니,

말하자면 비록 인지因地 가운데 한 지위에 있지만 원력으로 일체 지위의 공덕을 가져 다 지혜로 더불어 함께 하여 미래의 세계가 다하도록 한 지위를 떠나지 않는 것이다.

한 지위와 같아서 나머지 지위도 또한 그러한 것이다.

이런 까닭으로 인문因門이 미래의 세계가 다하도록 다만 날날 모든 지위의 보살이 부처가 되는 때를 보지 못하였을 뿐이다.

두 번째는 뒤를 희망하는 것이니,

미래를 다한 큰 지혜로 여래의 과해果海에 들어가는 것이다.

비록 두 가지 뜻이 있으나 앞에 뜻의 수승함을 따른다.

처음에 자분의 인행덕[307]은 마친다.

307 처음에 자분의 인행덕은 고본은 월자권月字卷 상권 20장 하, 7행이고, 영인본 화엄은 2책, p.582, 7행이다.

經

了達諸佛의 希有廣大한 祕密之境하며

모든 부처님의 희유하고 광대한 비밀의 경계를 요달하며

疏

第二에 了達下는 明勝進果行이라 分二리니 一은 得果法이요 二는 起果用이라 今初有四句하니 一은 入佛密境이라 此有二意하니 一은 佛卽密境이니 以三業과 業具를 非餘測故라 謂非色現色은 摩尼로도 不能喻其多요 非量現量은 應持도 不能窮其頂이요 不分而遍에 一多가 不足異其體요 全法爲身에 一毛에 不可窮其際니 此身秘密也니라 佛言聲也는 非近非遠이니 目連尋之라도 無際하고 身子對라도 而不聞하며 非自非他니 若天鼓之無從하고 猶谷響而緣發하며 無邊法海를 卷之在一言하고 無內圓音을 展之該萬類하니 是謂佛口密也니라 意는 則無私成事일새 等覺도 尚不能知니 密之至也니라 皆廣大無涯하고 超絶奇特일새 故云希有라하니라 二는 佛之密境이니 謂卽一乘인 如來知見과 禪定解脫이 深入無際帝網之境을 時乃說之일새 故云希有라하고 久默斯要일새 甚爲秘密이라하니라 又權實隱顯을 唯佛方知일새 故云秘密이라하고 今洞見其源일새 故云了達이라하니라

제 두 번째 요달한다고 한 아래는 승진의 과행덕(勝進果行)을 밝힌 것이다.

그 가운데 두 가지로 나누리니

첫 번째는 과법果法을 얻는 것이요,

두 번째는 과용果用을 일으키는 것이다.

지금은 처음으로 네 구절이 있나니

첫 번째는 부처님의 비밀한 경계에 들어가는 것이다.

여기에 두 가지 뜻이 있나니

첫 번째는 부처님이 곧 비밀한 경계이니

삼업과 업의 기구[308]를 나머지 사람들은 측량할 수 없는 까닭이다.

말하자면 색이 아닌데 색을 나타내는 것은 마니摩尼로도 능히 그 많음을 비유할 수 없고,

헤아릴 것이 아닌데 헤아림을 나타내는 것은 응지應持보살[309]도 능히 그 부처님의 정수리를 다 볼 수 없고,

몸을 나누지 않고 두루함에 일一·다多가 족히 그 몸과 다르지 않고,

308 삼업이라고 한 것은, 『잡화기』에 곧 몸을 움직이는 생각과 말을 일으키는 생각과 그리고 생각의 당체라 하였고, 업의 기구라고 한 것은 『잡화기』에 바로 신·구·의를 명목한 것이니, 이 세 가지가 다 이 업을 짓는 기구인 까닭이다 하였다.

309 응지應持보살이라 한 것은, 『잡화기』에 말하기를 이는 동방東方보살이니, 저 부처님의 신력을 받아 석가모니의 정수리를 다 보고자 하여 색구경천에 이르러도 오히려 능히 다 볼 수 없다 하였다. 이 말은 『금강밀적경』의 말이다. 어떤 사람은 말하기를 이 응지보살은 부처님의 유모乳母라 한다고 하였다. 응지는 제9지 보살이다.

전체 법이 몸이 됨에 한 털끝에 가히 그 끝을 다하지 못하나니 이것은 몸의 비밀이다.

부처님의 말과 소리는 가깝지도 않고 멀지도 않나니[310] 목련이[311] 찾을지라도 끝이 없고 신자身子가 대할지라도 들을 수

---

310 부처님의 말과 소리가 가깝지도 않고 멀지도 않다고 한 것은, 『지도론』에 말하기를 목련이 일불찰 밖에서 부처님의 음성을 들을지라도 마치 신변身邊에 있는 것 같으며, 내지 다시 신통을 더하여 십불찰 밖을 지나서 들을지라도 또한 신변에 있는 것 같다 하였으니 이것은 멀지 않다는 것이고, 신자身子의 일은 법계해품法界海品에 있다 하였으니 이것은 제방諸方과 가깝지 않다 한 것이 이것이다 하였거니와, 어리석은 나(私記主)는 말하자면 목련의 일은 가깝지 않는 것이니, 부처님의 음성이 멀리까지 미치는 까닭으로 가는 것이 마치 신변에 있는 것과 같고 신자의 일은 멀지 않는 것이니, 부처님의 음성이 지극히 작은 까닭으로 대면하여도 듣지 못하는 것이 마치 모깃소리와 같다 하였으니, 지극히 작은 까닭으로 범부는 듣지 못하고 보살은 바야흐로 듣는 것이다. 이상은 『유망기』의 말을 요약하여 인용한 것이다.

311 목련이라 한 등은, 『지도론』에 말하기를 목련이 부처님의 음성을 다 듣고자 하여 동방으로 일불찰미진수세계를 지나 들어도 여전히 좌우에 있는 것 같고, 부처님의 신력을 다 보고자 하여 십불찰미진수세계를 지나 한 세계에 이르러 때마침 저 부처님이 공양하실 때를 만나 대보살 바루 옆에 서면서 저 보살에게 말하기를 작은 인두충人頭虫이 사문의 모습을 나타냅니까. 저 부처님이 말씀하시기를 석가모니 부처님의 상족上足제자가 무슨 까닭으로 여기에 왔는가. 목련이 말하기를 부처님의 음성을 다 듣고자 왔습니다. 저 부처님이 말씀하시기를 가사 미래겁이 다하도록 한량없는 부처님 세계를 지나 들어도 또한 여전히 좌우에 있는 것 같다 하였으니, 가깝지도 않다고 한 것은 신자에게 있고, 멀지도 않다고 한 것은 목련에게 있는 것이다. 역시 『잡화기』의 말이다.

없으며,

자기도 아니고 다른 사람도 아니니[312]

하늘의 북소리[313]가 무엇을 좇아 일어난 적이 없는 것과 같고,

골짜기의 메아리가 인연으로 일어나는 것과 같으며,

끝없는 법해를 말아서 한 말씀 속에 두고,

안이 없는 원만한 소리를 펴서 만류萬類를 해라該羅하나니,

이것은 말하자면 부처님의 입의 비밀이다.

부처님의 뜻은 곧 사심 없이 일을 이루기에 등각보살도 오히려 능히 알지 못하나니[314]

비밀의 지극한 것이다.[315]

삼밀三密이 다 광대하여 끝이 없고 초절超絶[316]하여 기특하기에 그런 까닭으로 말하기를 희유하다 하였다.

두 번째는 부처님의 비밀한 경계이니,

---

312 자기도 아니고 다른 사람도 아니라고 한 것은 하늘 북과 골짜기 메아리에 통한다.

313 천고天鼓: 도리천忉利天 선법당善法堂에 있는 큰 북이니, 치지 않아도 저절로 울린다고 한다.

314 등각보살도 오히려 능히 알지 못한다고 한 것은 능히 사무쳐 알지 못한 것이니, 경문에 말하기를 요달하였다고 한 것은 다만 능히 부분적으로 안 것이라고 『잡화기』는 말하고 있다.

315 비밀의 지극한 것이라고 한 것은 의밀意密이 삼밀三密 가운데 가장 지극하다는 것이다.

316 초절超絶: 상대를 뛰어나고 상대를 끊었다. 즉 상대가 안 되는 것을 말한다.

말하자면 곧 일승一乘[317]인 여래의 지견과 선정과 해탈이 끝없는 제망帝網의 경계에 깊이 들어가는 것을 그때에 이에 설하기에 그런 까닭으로 말하기를 희유하다 하고,
이 긴요한 것[318]을 오랫동안 침묵하였기에 매우 비밀하다 한 것이다.
또 방편과 진실과 숨고 나타나는 것을[319] 오직 부처님이라야 바야흐로 알기에 그런 까닭으로 말하기를 비밀이라 하고,
지금에는 그 근원을 뚫어보기에 그런 까닭으로 말하기를 요달了達한다 하였다.

---

317 원문에 위즉일승謂卽一乘 운운은, 『잡화기』에 위즉일승이라, 여래지견이 선정해탈에 심입무제하고서(나) 제망지경을 此라 하니. 번역하면 말하자면 곧 일승이다. 여래의 지견이 선정과 해탈에 끝없는 데까지 깊이 들어가고서 제망의 경계를 그때에 이에 설한다 운운할 것이다. 그러나 나는 지금 여기에 번역해 놓은 일승인 운운으로 하였으니 비견하여 볼 것이다.

318 이 긴요한 것이란, 희유한 경계를 말한다.

319 또 방편과 진실, 숨고(隱) 나타나는(顯) 것이라 한 것은, 말하자면 설법 시에 그 듣는 것이 방편에 있는 사람에게는 방편을 나타내고 진실을 숨기며, 그 듣는 것이 진실에 있는 사람에게는 진실을 나타내고 방편을 숨기나니, 부처님은 곧 자유자재로 그것을 아는 것이라고 『잡화기』는 말한다.

經

善知一切佛平等法하며

일체 부처님의 평등한 법[320]을 잘 알며

疏

二에 善知下는 入平等이라 亦有二意하니 一은 佛佛平等이니 謂一切諸佛이 體性平等하야 法身無二故며 智慧平等하야 德無增減故며 內用平等하야 悲願普應故라 二者는 佛所證法平等이니 卽第一義라 此二無二거늘 稱此而了일새 故名善知라하니라

두 번째 잘 안다고 한 아래는 평등에 들어가는 것이다.
또한 두 가지 뜻이 있나니
처음에는 부처님과 부처님이 평등한 것이니,
말하자면 일체 모든 부처님이 자체 성품이 평등하여 법신이 둘이 없는 까닭이며,
지혜가 평등하여 공덕이 증·감이 없는 까닭이며,
받아들이고 내어 쓰는 것이 평등하여 대비와 서원이 널리 응하는 까닭이다.

---

320 부처님의 평등한 법이라고 해석한 것은 문장의 편의를 도모한 것이나, 아래 소문을 보면 평등을 두 가지로 해석하여 부처님과 부처님의 법으로 보았기에 일체 부처님과 평등한 법이라고 해석해도 무방하다 하겠다.

두 번째는 부처님의 증득한 바 법이 평등한 것이니,
곧 제일의제第一義諦이다.
이 둘이 둘이 없거늘[321] 여기에 칭합하여 요달하기에 그런 까닭으로 이름을 잘 안다(善知) 하였다.

321 이 둘이 둘이 없다고 한 것은, 말하자면 처음 뜻에 능히 증득하는 것과 뒤의 뜻에 증득하는 바가 둘이 없다는 것이라고 『잡화기』는 말한다.

經

已踐如來의 普光明地하며

이미 여래의 넓은 광명의 지위를 밟았으며

疏

三에 已踐下는 明得佛位니 謂佛有十地하니 如大乘同性經說이라 一은 甚深難知廣明智德地요 乃至第十은 名毘盧遮那藏海智地라하니 此十이 同是佛地로대 約德用成別이니라 今普光明은 當其第一이니 普卽廣義요 光明卽明이라 甚深難知는 此文雖略이나 義在普中하니라 擧初攝後니 理實皆踐이니라 又普光明이 亦十地之總이니 總不出於普法智光故니라

세 번째 이미 밟았다고 한 아래는 부처님의 지위를 얻은 것을 밝힌 것이니,
말하자면 부처님에게 십지十地가 있으니
『대승동성경大乘同性經』에 설한 것과 같다.
첫 번째는 깊고도 깊어 알기 어렵고 널리 밝은 지혜 공덕의 지위요,
내지 제 열 번째 이름은 비로자나 창고 바다 지혜의 지위라 하니,
이 열 가지가 다 이 부처님의 지위이지만 공덕의 작용(德用)을 잡아 다름을 이루는 것이다.
지금에 넓은 광명의 지위라는 것은 그 『동성경』의 제일에 해당하

나니,
보普라는 것은 곧 저 『동성경』에 광廣의 뜻이요,
광명光明이라는 것은 곧 저 『동성경』에 명明의 뜻이다.
깊고도 깊어 알기 어렵다(甚深難知)고 한 것은, 이 문장이 비록 생략되었지만 그 뜻은 보普라는 글자 가운데 포함되어 있다.
처음에 하나를 들어서 뒤의 아홉을 거두나니,
이지理地와 실지實地를 다 밝은 것이다.
또 넓은 광명의 지위가 또한 십지의 총總이니,
이 총總이 넓은 법의 지혜 광명을 벗어나지 않는 까닭이다.

鈔

如大乘同性經說者는 經云호대 一은 甚深難知廣明地요 二는 淸淨身分이 威嚴하고 不思議한 明德地요 三은 善明月幢實相海藏地요 四는 精妙金光功德과 神通智德地요 五는 火輪威藏의 明德地요 六은 虛空內에 淸淨無垢한 焰光開相地요 七은 廣勝法界藏의 明界地요 八은 最勝普覺智藏이 能淨無垢하야 遍無礙한 智通地요 九는 無邊億莊嚴의 迴向照明地요 十은 毘盧遮那智海智藏地라하니 釋曰此上十地는 同是佛地로대 約用成別이니라 廣有其相은 具如彼經하니라

『대승동성경』에 설한 것과 같다고 한 것은, 『동성경』에 말하기를
첫 번째는 깊고도 깊어 알기 어렵고 넓고 밝은 지위요,
두 번째는 청정한 신분身分이 위엄스럽고 사의할 수 없는 밝은 덕의

지위요,
세 번째는 달빛 당기(月幢) 실상의 바다를 잘 밝히는 창고 지위요,
네 번째는 정미롭고 묘한 황금광명의 공덕과 신통과 지혜공덕의 지위요,
다섯 번째는 불꽃 바퀴 위엄스런 창고에 밝은 공덕의 지위요,
여섯 번째는 허공 안에 청정하여 때가 없는 빛나는 광명이 모습을 전개하는 지위요,
일곱 번째는 넓고 수승한 법계창고에 밝은 세계의 지위요,
여덟 번째는 가장 수승하게 널리 깨달은 지혜의 창고가 능히 청정하고 때가 없이 두루하여 걸림이 없는 지혜 신통의 지위요,
아홉 번째는 끝없는 억수(億)의 장엄이 회향回向하여 밝게 비추는 지위요,
열 번째는 비로자나 지혜의 바다, 지혜의 창고 지위라 하였으니,
해석하여 말하면 이 위의 십지는 다 이 부처님의 지위이지만 공덕의 작용을 잡아 다름을 이루는 것이다.
널리 그 모습(相)이 있는 것은 저 『동성경』에 갖추어 있는 것과 같다.

經

入於無量三昧海門하며

한량없는 삼매 바다의 문에 들어가며

疏

四에 入於下는 證佛三昧니 謂海印等定이 皆深廣如海니라 並通一實일새 故得稱門하니라

네 번째 한량없는 삼매 바다의 문에 들어간다고 한 아래는 부처님의 삼매에 증입하는 것이니,
말하자면 해인 등의 삼매가 다 깊고도 넓어 바다와 같은 것이다.
아울러 하나의 진실에 통하기에 그런 까닭으로 문門이라 이름함을 얻는 것이다.

經

於一切處에 皆隨現身하야 世法所行을 悉同其事하며 總持廣大하야 集衆法海하며 辯才善巧하야 轉不退輪하며

일체 처소에 다 몸을 나타냄을 따라 세간의 법에 행하는 바를 다 그 사실과 같이 하며,
총지總持가 광대하여 수많은 법의 바다를 모으며,
변재가 좋고 교묘하여 물러나지 않는 법륜을 굴리며

疏

第二에 於一切下는 明起果用이라 文有三業하니 一은 現佛身業하야 遍世同事요 二는 同佛意業하야 總持大法이요 三은 得佛語業하야 能轉法輪이라 不退는 有四하니 一은 稱理不退니 無改說故요 二는 應機不退니 無虛發故요 三은 利益不退니 聞已必定故요 四는 調伏不退니 天魔外道가 不能動故니라 復有四種不退니 謂信位證念이니 今當第四의 念不退也니라

제 두 번째 일체 처소라고 한 아래는 과지果地의 작용을 일으킴을 밝힌 것이다.
문장에 삼업이 있나니,
첫 번째는 부처님의 신업身業을 나타내어 세간에 두루하여 사실과 같게 하는 것이요,

두 번째는 부처님의 의업意業과 같아서 광대한 법을 모두 가지는 것이요,
세 번째는 부처님의 어업語業을 얻어서 능히 법륜을 굴리는 것이다.
물러나지 않는다고 한 것은 네 가지 뜻이 있나니[322]
첫 번째는 이치에 칭합하여 물러나지 않는 것이니
고쳐서 설할 수 없는 까닭이요,
두 번째는 근기에 응하여 물러나지 않는 것이니
허망하게 일으킬 수 없는 까닭이요,
세 번째는 이익케 하여 물러나지 않는 것이니
들은 이후에 반드시 결정케 하는 까닭이요,
네 번째는 제어하고 조복하여 물러나지 않는 것이니
천마와 외도가 능히 움직일 수 없는 까닭이다.

다시 네 가지 물러나지 않는 것이 있나니,
말하자면 믿음과 지위와 증입과 생각이니
지금에는 제 네 번째 생각이 물러나지 아니함(念不退)에 해당하는 것이다.

---

322 물러나지 않는다고 한 것은 네 가지 뜻이 있다고 한 것은, 여기에 네 가지 물러나지 않는다고 한 글자가 다 보살에 속하거늘, 어떤 사람은 말하기를 제 세 번째 물러나지 않는다고 한 글자는 도리어 중생에게 속하는 것이다 하였다. 역시 『잡화기』의 말이다.

鈔

不退有四等者는 此有兩種의 四不退義하니 前義는 卽十地論이니 一向約利他의 大用而說이요 後에 四不退는 如常所辯이니 信은 謂十信이니 已滿十千劫故며 亦是第六不退心也니라 位는 卽十住니 第七不退住라 不退墮聲聞과 辟支佛地일새 故名位不退니라 證은 謂初地이니 已證眞如하야 已得不退니라 念은 卽八地已上이니 念念入法流하며 心心趣寂滅일새 故得不退니라
第二에 勝進果行德은 竟이라

물러나지 않는다고 한 것은 네 가지 뜻이 있다고 한 등은 여기에 두 종류의 네 가지 물러나지 않는 뜻이 있나니,
앞의 뜻은 곧 『십지론』의 뜻이니
한결같이 이타의 큰 작용을 잡아서 설한 것이요,
뒤의 네 가지 물러나지 않는 것이라고 한 것은 평소에 분별한 바와 같나니
믿음은 십신을 말한 것이니,
이미 십천 세월이 가득 찬 까닭이며 또한 제 여섯 번째 물러나지 않는 마음(不退心)이다.
지위는 곧 십주이니,
제 일곱 번째 불퇴주不退住이다.
성문과 벽지불의 지위에서 물러나지 않고 떨어지지 않기에 그런 까닭으로 지위에서 물러나지 않는다(位不退) 이름하는 것이다.

증입은 초지初地를 말한 것이니,
이미 진여에 증입하여 이미 물러나지 아니함을 얻은 것이다.
생각은 곧 팔지 이상이니,
생각 생각이 법류法流에 들어가며 마음 마음이 적멸에 나아가기에
그런 까닭으로 물러나지 아니함을 얻은 것이다.

제 두 번째 승진의 과행덕은 마친다.

經

一切如來의 功德大海가 咸入其身하며 一切諸佛의 所在國土에 皆隨願往하며 已曾供養一切諸佛하야 無邊際劫에 歡喜無倦하며 一切如來의 得菩提處에 常在其中하야 親近不捨하며 恒以所得인 普賢願海로 令一切衆生으로 智身具足케하나니

일체 여래의 공덕의 큰 바다가 다 그 몸에 들어가며,
일체 모든 부처님이 계시는 바 국토에 다 서원을 따라가서 태어나며,
이미 일찍이 일체 모든 부처님께 공양하여 끝이 없고 끝이 없는 세월에 환희하여 게으름이 없었으며,
일체 여래가 보리를 얻은 처소에 그 가운데 항상 있으면서 친근하고 버리지 않았으며,
항상 얻은 바 보현의 서원의 바다로써 일체중생으로 하여금 지혜의 몸을 구족하게 하나니

疏

第三에 一切如來下는 二行無礙德이니 謂引攝佛德하야 不礙修因故니라 文有五句하니 一은 引攝佛德이라 然有二義하니 一은 則行成攝果요 二는 則諸佛同加라 二에 一切下는 隨佛徧生이니 不揀淨穢也라 三에 已曾下는 供佛集福이니 十方無邊하고 三世無際어늘 此一切佛에 皆供養故로 歡慶有遇요 不住福相故로 長時

無厭이라 四에 一切下는 長爲輔翼이니 義通眞應이라 五에 恒以下는 悲願調生이니 不以偏小利物하고 唯以同體普願으로 攝物하야 令證菩提하야 方顯智體圓足이니라

제 세 번째 일체 여래라고 한 아래는 두 가지 행(身·智)이 걸림이 없는 공덕이니,
말하자면 부처님의 공덕을 이끌어 거두어서 인행因行을 닦음에 걸리지 않는 까닭이다.
문장에 다섯 구절이 있나니
첫 번째는 부처님의 공덕을 이끌어 거두는 것이다.
그러나 두 가지 뜻이 있나니
첫 번째는 곧 인행이 이루어짐에 과보(果)[323]를 거두는 것이요,
두 번째는 곧 모든 부처님이 함께 가피하는 것이다.
두 번째 일체 모든 부처님이라고 한 아래는 부처님을 따라 두루 가서 태어나는 것이니,
정토와 예토를 가리지 않는 것이다.
세 번째 이미 일찍이라고 한 아래는 부처님께 공양하여 복을 모은 것이니,
시방이 끝이 없고 삼세가 끝이 없거늘 이 일체 부처님께 다 공양한 까닭으로 환희로 경사롭게 만날 수 있었고, 복덕의 모습에 머물지 않는 까닭으로 긴 시간 동안 싫어함이 없었던 것이다.

---

323 과보(果)는 공덕 과보이다.

네 번째 일체 여래라고 한 아래는 긴 시간 동안 보좌한 것이니,
그 뜻이 진신과 응신에 통하는 것이다.
다섯 번째 항상 얻은 바라고 한 아래는 대비의 서원으로 중생을 조복한 것이니,
치우쳐 소승으로써 중생을 이익케 하지 않고 오직 동체대비[324]의 넓은 서원으로써 중생을 거두어 하여금 보리를 증득케 하여 바야흐로 지혜의 몸을 원만히 구족하게 함을 나타낸 것이다.

---

324 동체대비라 한 아래는 대승·일승의 대비대원으로 제도함을 말하고 있다 하겠다.

經

成就如是無量功德하니라

이와 같은 한량없는 공덕을 성취하였습니다.

疏

第二에 成就下는 總結多門이라 無德而稱也는 菩薩之德焉이니 言不可周니라 宜以類取일새 故云如是無量이라하니라

제 두 번째 성취하였다고 한 아래는 수많은 법문을 모두 맺는 것이다.
그 공덕을 칭찬할 수 없는[325] 것은 보살의 공덕이니
말로 가히 다할 수 없는 것이다.
마땅히 비류比類하여 취하기에 그런 까닭으로 이와 같이 한량이 없다고 하였다.

325 원문에 무득無得이라 한 득得 자는 고본에는 덕德 자이고, 현행본에는 득得 자이다. 『논어』 주자주朱子註에 말하기를 그 자취를 숨겨 미미함에 그 자취를 가히 볼 수 없는 까닭으로 그 공덕을 칭찬할 수 없다 하였다. 『잡화기』도 덕德은 다 득得의 잘못이라 하였다. 그러나 둘 다 뜻을 포함하여 번역하면 큰 허물은 없다 하겠다. 나는 덕德 자로 해석하였다.

鈔

無德而稱也者는 此借論語泰伯篇言이니 子曰 泰伯은 其可謂至德也已矣라 三以天下讓호대 民無得而稱焉이라하니 意云호대 德既至深일새 故不能稱歎也니라 謂泰伯은 卽武王의 伯祖요 文王之伯이라 弟名은 季歷이니 卽文王之父라 合當泰伯長子가 承嫡이로대 知弟季歷이 必生聖子하야 讓而不受하고 託採藥於吳일새 故爲至德하니라

그 공덕을 칭찬할 수 없다고 한[326] 것은 이것은『논어』제팔권 태백편泰伯篇의 말을 빌려온 것이니,
공자가 말하기를 태백泰伯[327] 그는 가히 지극한 공덕을 가진 이라 말할 것이다.
세 번이나 천하를 사양하였지만 백성들이 그 공덕을 칭찬하는 이가 없다고 하였으니,
그 뜻에 말하기를 공덕이 이미 지극히 깊었기에 그런 까닭으로 능히 칭찬할 수 없는 것이다.
말하자면 태백은 무왕武王의 백조부며 문왕文王의 백부이다.
아우의 이름은 계력季歷이니, 곧 문왕의 아버지이다.
합당히 태백인 장자가 정실을 이어야 할 것이지만 아우인 계력이 반드시 성자聖子로 태어난 줄 알아 사양하여 받지 아니하고, 오吳[328]라

326 칭등稱等이라 한 등等 자는 야也 자가 좋다.

327 태백泰伯은 周나라 大王의 세 아들 중 큰아들이다. 세 아들은 장자는 태백이고, 차자는 중옹仲雍이고, 삼자는 계력이다.

는 땅에 몸을 의탁하여 약초를 캐고 살았기에 그런 까닭으로 지극한 공덕을 가진 이라 한 것이다.

328 오吳는 吳縣으로 현재 江蘇省이다. 태백은 뒤에 이곳에서 나라를 세우고 살았다.

영인본 2책 月字卷之二

대방광불화엄경수소연의초 제일권의 사권

大方廣佛華嚴經隨疏演義鈔 第一卷之四卷

우진국 삼장사문 실차난타 번역

청량산 대화엄사 사문 징관 찬술

대한민국 조계종 사문 수진 현토역주

세주묘엄품 제일의 일권

世主妙嚴品 第一之一卷

疏

第二는 異生衆이라 於中에 總三十九衆을 相從爲三하리니 第一은 雜類諸神衆이요 第二에 阿修羅下는 八部四王衆이요 第三에 月天子下는 欲色諸天衆이라

제 두 번째는 이생중異生衆이다.
그 가운데 모두 서른아홉 대중을 상종相從[329]끼리 세 부류로 하리니,
첫 번째는 잡류雜類인 모든 신중神衆이요,
두 번째 아수라라고 한[330] 아래는 팔부八部와 사왕중四王衆이요,
세 번째 월천자라고 한[331] 아래는 욕계와 색계의 모든 천중天衆이다.

---

329 상종相從은 유유상종類類相從의 줄임말이니, 서로 같은 유형을 말한다.
330 두 번째 아수라 운운은 영인본 화엄 2책, p.645, 7행이다.
331 세 번째 월천자 운운은 영인본 화엄 2책, p.670, 8행이다.

經

復有佛世界에 微塵數執金剛神하니

다시 부처님의 세계에 작은 티끌 수만치 많은 집금강신이 있나니

疏

今初有十九衆하니 通名神者는 靈祇不測故니라 文皆三段이니 第一은 標數辯類요 第二는 列名結數요 第三은 攝德圓滿이라 今第一에 金剛神衆이니 初辯類中에 以執持此杵하야 守護佛故니라 然一一類가 皆通有所表하니 如地는 表心地하고 海는 表德海等이라 觀其歎德인댄 則知通意리라 今此는 表般若堅利로 導於衆行하야 到彼岸故니라

지금은 처음으로 열아홉 대중이 있나니,
모두 신神이라 이름한 것은 신령한 신(靈神)은 측량할 수 없는 까닭이다.
문장이 다 삼단三段이니,
첫 번째는 대중의 수數를 표하여 유형類形을 분별한 것이요,
두 번째는 이름을 열거하고 대중의 수를 맺는 것이요,
세 번째는 공덕이 원만함을 섭수하는 것이다.
지금은 첫 번째 금강신중이니,
처음에 잡류를 분별하는 가운데 이 금강저를 잡아 가져 부처님을

수호하는 까닭이다.

그러나 낱낱 잡류 대중이 다 표현하는 바가 있나니

땅(地神)은 심지心地를 표현하고,

바다(海神)는 공덕의 바다를 표현하는 등과 같다.

그 공덕을 찬탄한 것을 관찰하면 곧 통하는 뜻을 알게 될 것이다.

지금에 이 신神은 반야의 견고하고 예리함으로 수많은 수행인을

인도하여 저 언덕에 이르게 함을 표하는 까닭이다.

經

所謂妙色那羅延執金剛神과

말하자면 묘색나라연妙色那羅延 집금강신과

疏

二에 所謂下는 列名結數라 然諸衆立名은 皆隨所得法門하야 爲物立稱이라 一에 那羅延者는 此云堅固니 由見佛妙色은 皆不可壞일새 故受此名하니라

두 번째 말하자면이라고 한 아래는 이름을 열거하고 대중의 수를 맺는 것이다.
그러나 모든 대중의 이름을 세운 것은 다 얻은 바 법문을 따라서 중생을 위하여 이름을 세운 것이다.
첫 번째 나라연이라고 한 것은 여기서 말하면 견고하다는 뜻이니, 부처님의 묘한 색신은 다 가히 무너뜨릴 수 없는 것인 줄 봄을 인유하기에 그런 까닭으로 이 이름을 받은 것이다.

鈔

那羅延者는 取下得法하야 以釋此名이라 下經云호대 妙色那羅延執金剛神은 得見如來의 示現無邊色相身하는 解脫門이라하며 偈云호

대 汝應觀法王하라 法王法如是니 色相無有邊하야 普現於世間이라 하니라

나라연이라고 한 것은 아래의 경에 법문 얻은 것을 취하여 이 이름을 해석한 것이다.
아래의 경에 말하기를[332] 묘색나라연 집금강신은 여래의 끝없는 색상신의 몸을 시현하는 해탈문을 득견得見한다 하였으며,
게송에 말하기를[333]
그대는 응당 법왕을 관찰하라.
법왕의 법이 이와 같나니,
색신의 모습이 끝이 없어서
널리 세간에 시현한다 하였다.

---

332 아래의 경에 운운은, 세주묘엄품 제일의 사四이니 교림출판, 『화엄경』 1책, p.129, 11행에 있다.

333 게송 운운은, 위에서 말한 묘색나라연 운운의 장행문이 끝나고 첫 번째 게송으로 묘색나라연 집금강신이 읊은 게송이다. 교림출판, 『화엄경』 1책, p.130, 12행에 있다.

經

日輪速疾幢執金剛神과

일륜속질당日輪速疾幢 집금강신과

疏

二는 見佛身毛에 猶如日輪이 現種種光하야 速摧障惱일새 故名曰幢이라하니라

두 번째는 부처님 몸의 털구멍에 비유하자면 둥근 태양이 가지가지 광명을 나타내는 것과 같아서 속히 장애와 번뇌를 꺾어버림을 득견하기에 그런 까닭으로 이름을 당幢이라 하였다.

鈔

見佛身毛者는 故下經云호대 日輪速疾幢執金剛神은 得佛身一一毛孔에 如日輪이 現種種光明雲하는 解脫門이라하며 偈云호대 佛身一一毛에 光網不思議니 譬如淨日輪이 普照十方國이라하니라 擧此爲例하야 下皆準之니라 欲具釋者인댄 但看下經하면 名義俱了리니 餘三十八衆은 例此可知니라

부처님 몸의 털구멍이라고 한 것은, 아래의 경에 말하기를[334] 일륜속

질당 집금강신은 부처님 몸의 낱낱 털구멍에 마치 둥근 태양이 가지가지 광명의 구름을 나타내는 것과 같은 해탈문을 득견한다 하였으며,

게송에 말하기를[335]

부처님 몸의 낱낱 털구멍에
광명의 거물이 사의할 수 없나니
비유하자면 맑은 태양이
널리 시방의 국토를 비추는 것과 같다고 하였다.

여기에 거론한 것을 예例를 삼아 아래는 다 여기를 기준할 것이다. 갖추어 해석하고자 한다면, 다만 아래의 경을 보기만 한다면 명名과 의義를 함께 알 수 있을 것이니,

나머지 서른여덟 대중은 여기를 예하면 가히 알 수가 있을 것이다.

---

334 아래의 경에 운운은 역시 세주묘엄품 제일의 사四로써 위에서 말한 묘색나라연 운운 다음에 있는 문장이다. 교림출판, 『화엄경』 1책, p.129, 12행에 있다.

335 게송 운운은, 역시 묘색나라연 집금강신이 읊은 게송으로 앞에 그대는 응당 법왕을 관찰하라 운운한 다음 게송이다. 교림출판, 『화엄경』 1책, p.130, 말행에 있다.

經

須彌華光執金剛神과

수미화광須彌華光 집금강신과

疏

三은 見佛身光에 映蔽一切가 猶如須彌가 顯于大海하고 神通等法이 如華開敷故니라

세 번째는 부처님 몸의 광명에 일체가 비춤을 가리는 것이 비유하자면 수미산이 큰 바다에서 나타나는 것과 같고,
신통 등의 법이 마치 꽃이 피는 것과 같음을 보는 까닭이다.

經

清淨雲音執金剛神과

청정운음淸淨雲音 집금강신과

疏

四는 圓音隨類가 如雷震故니라

네 번째는 원만한 소리가 중생의 유형을 따르는 것이 마치 우뢰가 진동하는 것과 같은 까닭이다.

經

諸根美妙執金剛神과

제근미묘諸根美妙 집금강신과

疏

五는 現爲世主하야 以美妙根으로 令物悟故니라

다섯 번째는 세주가 됨을 나타내어
미묘한 근성(根)으로
중생으로 하여금 깨닫게 하는 까닭이다.

經

可愛樂光明執金剛神과

가애락광명可愛樂光明 집금강신과

疏

六은 智光演法하야 令愛樂故니라

여섯 번째는 지혜의 광명으로 법을 연설하여 하여금 좋아하고 즐겁게 하는 까닭이다.

經

大樹雷音執金剛神과

대수뢰음大樹雷音 집금강신과

疏

七은 寶飾妙相이 如華嚴樹하고 方便警物이 如雷震音이니라

일곱 번째는 보배로 꾸민 묘한 모습이
마치 꽃이 나무를 장엄한 것과 같고,
방편으로 중생을 놀라게 하는 것이
마치 우레의 진동하는 소리와 같은 것이다.

經

師子王光明執金剛神과

사자왕광명師子王光明 집금강신과

疏

八은 福深相妙한 炳著光明이 如師子王이 處衆無畏이니라

여덟 번째는 복덕이 깊고 모습이 묘한
밝은 광명이
마치 사자의 왕이
수많은 짐승 가운데 거처하지만 두려움이 없는 것과 같은 것이다.

經

密焰勝目執金剛神과

밀염승목密焰勝目 집금강신과

疏

九는 慈眼視物이 爲吉祥目이요 神通之焰이 密現物前故니라

아홉 번째는 자비의 눈으로 중생을 보는 것이
길상吉祥의 눈이 되고,
신통의 불빛이
중생의 앞에 빈틈없이 나타나는 까닭이다.

經

蓮華光摩尼髻執金剛神이라

연화광마니계蓮華光摩尼髻 집금강신입니다.

疏

十은 雨此嚴具와 及光明故니라

열 번째는 이 장엄의 기구와

그리고 광명을 비 내리는 까닭이다.

經

如是等이 而爲上首하야 有佛世界微塵數하니

이와 같은 등이 상수上首가 되어
부처님의 세계에 작은 티끌 수만치 많은 집금강신들이 있었나니

疏

如是等은 結數이니 下諸衆도 皆類此知니라 至得法處하야 名當自顯하리니 恐厭繁文하야 下略不釋하니라

이와 같은 등이라고 한 것은 대중의 수를 맺는 것이니,
아래에 모든 대중도 다 여기 대중을 비류比類하면 알 수 있을 것이다.
법을 얻는 곳에 이르러서 이름이 마땅히 스스로 나타날 것이니,
번잡한 문장을 싫어할까 염려하여
이하는 생략하고 해석하지 않는다.

經

皆於往昔의 無量劫中에 恒發大願하고 願常親近供養諸佛하며 隨願所行이 已得圓滿하야 到於彼岸하며

다 지나간 옛날의 한량없는 세월 가운데 항상 큰 서원을 일으키고
항상 모든 부처님을 친근하여 공양하기를 서원하였으며,
서원을 따라 행한 바가 이미 원만함을 얻어서 저 언덕에 이르렀으며

疏

第三에 皆於下는 攝德圓滿이라 十句分二리니 初二句는 總彰願行이니 由昔願力일새 得預法會하야 常爲親侍하고 由今行滿일새 故能遍侍니라

제 세 번째 다 지나간 옛날이라고 한 아래는 공덕이 원만함을 섭수하는 것이다.
열 구절을 두 가지로 분류하리니,
처음에 두 구절은 서원과 행을 한꺼번에 밝힌 것이니,
옛날에 서원의 힘을 인유하기에 법회에 참예함을 얻어 항상 친근하여 모시고
지금에 행이 원만함을 인유하기에 그런 까닭으로 능히 두루 모시는 것이다.

經

積集無邊淸淨福業하며 於諸三昧에 所行之境을 悉已明達하며 獲神通力하야 隨如來住하며 入不思議解脫境界하며 處於衆會호대 威光特達하며 隨諸衆生所應하야 現身而示調伏하며 一切諸佛의 化形所在에 皆隨化往하며 一切如來의 所住之處에 常勤守護니라

끝없는 청정한 복업을 쌓아 모으며,
모든 삼매에서 행할 바 경계를 다 이미 밝게 통달하였으며,
신통력을 얻어서 여래를 따라 머무르며,
사의할 수 없는 해탈의 경계에 들어가며,
대중이 모인 곳에 거처하지만 위세와 광명이 특별하게 뛰어나며,
모든 중생이 응하는 바를 따라서 몸을 나타내어 조복함을 시현하며,
일체 모든 부처님이 화현한 형상이 있는 곳에 다 화현한 형상을 따라가며
일체 여래가 머무시는 바 처소에서 항상 부지런히 수호한 이들입니다.

疏

後에 積集下는 別顯滿相이니 一은 福積淨業이요 二는 智達定境이니 事定之境은 隨事百千이요 理定之境은 卽眞如實相이요 不思議

定은 則以無礙로 而爲其境이라 今皆智照일새 故云明達이라하니라 三은 通隨佛住요 四는 入用難思요 五는 處衆超絶이요 六은 應物調生이요 七은 隨佛化形이요 八은 護佛住處니 文並可知니라

뒤에 끝없는 청정한 복업을 쌓아 모은다고 한 아래는 원만한 모습을 따로 나타낸 것이니
첫 번째는 복으로 청정한 업을 쌓아 모은 것이요,
두 번째는 지혜로 정定의 경계를 통달한 것이니,
사정事定의 경계는 사실을 따라 백천 가지요,
이정理定의 경계는 곧 진여와 실상이요,
사의할 수 없는 정定은 곧 걸림이 없는 것으로써 그 경계를 삼는 것이다.
지금에는 다 지혜로 비추기에 그런 까닭으로 밝게 통달한다 하였다.
세 번째는 모두 부처님을 따라 머무는 것이요,
네 번째는 작용이 사의하기 어려움에 들어가는 것이요,
다섯 번째는 대중 속에 거처하지만 뛰어나 상대가 끊어진 것이요,
여섯 번째는 중생에게 응하여 중생을 조복하는 것이요,
일곱 번째는 부처님이 화현한 형상을 따르는 것이요,
여덟 번째는 부처님[336]이 머무는 처소를 수호하는 것이니,
문장은 아울러 가히 알 수가 있을 것이다.

---

336 法(법) 자는 佛(불) 자가 더 근접하다 하겠다. 그 이유는 경문의 제팔 끝 구절에 일체여래소주지처一切如來所住之處라 한 때문이다.

經

復有佛世界에 微塵數身衆神하니

다시 부처님의 세계에 작은 티끌 수만치 많은 신중신이 있나니

疏

第二는 身衆神이라 文三하니 同前이라 初는 辯類니 有二義라 一에 身은 謂神之自身이요 衆은 卽同生同名과 及所隨者라 凡有其一에 必更有二하니 共有其三이라 三故名衆이요 能所合目하야 名身衆神이라 二는 約所主니 謂此類神이 專以變化多身으로 爲佛事故니라

제 두 번째는 신중신身衆神이다.
문장에 세 가지[337]가 있나니
앞에서 말한 것[338]과 같다.
처음에는 유형을 분별한 것이니
두 가지 뜻이 있다.

---

337 세 가지라고 한 것은, 첫 번째는 대중의 수를 표하여 유형을 분별한 것이고, 두 번째는 이름을 열거하고 대중의 수를 맺는 것이고, 세 번째는 공덕이 원만함을 섭수하는 것이다.

338 앞에서 말한 것이라고 한 것은 집금강신의 처소이고, 고본은 月字卷下 권1장, 말행이고, 영인본 화엄은 2책, p.619, 말행이다.

첫 번째 몸(身)이라는 것은 말하자면 신神의 자신이요,
중衆이라는 것은 곧 동생자同生者와 동명자同名者와 그리고 소수자所隨者이다.
무릇 그 한 몸이 있음에 반드시 두 동자가 있나니[339]
함께 그 셋이 있게 되는 것이다.
셋이 있는 까닭으로 이름을 중衆이라 하고
능인과 소인所人[340]을 합하여 지목해 신중신이라고 이름하는 것이다.
두 번째는 소주所主를 잡은 것이니,
말하자면 이 유형의 신神이 오로지 변화한 수많은 몸으로써 불사佛事를 삼는 까닭이다.

鈔

衆은 卽同生同名者는 謂左右肩童子니라

중이라는 것은 동생자와 동명자라고 한 것은 왼쪽 오른쪽 어깨의 동자를 말하는 것이다.

---

339 그 한 몸이라고 한 것은 자신이고, 다시 두 동자가 있다고 한 것은 동생자와 소수자라고 『잡화기』는 말한다.

340 능인과 소인이라고 한 것은, 신身이란 오직 능히 통령만 하고, 중衆이란 능히 통령하고 통령하는 바 능소能所에 통하는 것이라고 『잡화기』는 말한다. 여기서 신身이란 신神의 자신自身이다.

經

所謂華髻莊嚴身衆神과 光照十方身衆神과 海音調伏身衆神과 淨華嚴髻身衆神과 無量威儀身衆神과 最上光嚴身衆神과 淨光香雲身衆神과 守護攝持身衆神과 普現攝取身衆神과 不動光明身衆神이라 如是等이 而爲上首하야 有佛世界微塵數하니 皆於往昔에 成就大願하야 供養承事一切諸佛이니라

말하자면 화계장엄華髻莊嚴 신중신과 광조시방光照十方 신중신과 해음조복海音調伏 신중신과 정화엄계淨華嚴髻 신중신과 무량위의無量威儀 신중신과 최상광엄最上光嚴 신중신과 정광향운淨光香雲 신중신과 수호섭지守護攝持 신중신과 보현섭취普現攝取 신중신과 부동광명不動光明 신중신입니다.

이와 같은 등이 상수가 되어 부처님의 세계 작은 티끌 수만치 많은 수가 있었나니,

다 지나간 옛날에 큰 서원을 성취하여 일체 모든 부처님을 공양하고 받들어 섬긴 이들입니다.

疏

所謂下는 二는 名이요 三은 德이니 文並可知니라

말하자면이라고 한 아래는 두 번째는 대중의 이름을 열거하고 수를 맺는 것이요,

세 번째는 공덕이 원만함을 섭수한 것이니

문장은 아울러 가히 알 수가 있을 것이다.[341]

---

341 문장은 아울러 가히 알 수가 있을 것이라고 한 것은, 말하자면이라고 한 아래는 첫 번째 이름을 열거한다 한 것이고, 이와 같은 등이라고 한 아래는 대중의 수를 맺는다 한 것이다. 그리고 다 지나간 옛날이라고 한 아래는 공덕이 원만함을 섭수한다 한 것임을 가히 알 수 있을 것이라는 것이다.

經

復有佛世界에 微塵數足行神하니

다시 부처님의 세계에 작은 티끌 수만치 많은 족행신이 있나니

疏

第三은 足行神이라 亦有二義하니 一은 謂依止足行衆生하며 及守護故니 如下善見比丘의 足行之神이 持華承足이라 故下德中에 戀仰如來라하니라 二는 足所行處니 卽道路神이니 通表修行이 履佛所行故니라

제 세 번째는 족행신足行神이다.
또한 두 가지 뜻이 있나니[342]
첫 번째는 말하자면 족행중생足行衆生에게 의지처가 되며 그리고 그 중생을 수호하는 까닭이니,
마치 아래의 경에[343] 선견비구善見比丘의 족행신이 꽃을 가져 부처님의 발을 받들어 섬긴 것과 같다.

---

342 두 가지 뜻이 있다고 한 것은, 족행의 두 가지 뜻 가운데 처음에는 곧 족행이 의지하는 바 사람을 가리키고, 뒤에는 곧 족행이 머무는 바 처소를 가리킨 것이라고 『잡화기』는 말한다.

343 마치 아래의 경이라고 한 아래는 아래 입법계품에서 선견비구를 족행신에 배속한 것이다.

그런 까닭으로 아래의 공덕(德) 가운데[344] 여래를 연모하고 우러러본다 하였다.

두 번째는 발로 걸어가는 바 처소이니

곧 도로신道路神이니,

수행이 부처님께서 행하신 바를 밟아 감을 모두 표하는[345] 까닭이다.

---

344 아래의 공덕(德) 가운데라고 한 것은, 바로 아래 경문에 여래를 친근하여 따라다니고 버리지 아니하였다고 한 것이니 곧 공덕을 찬탄한 것(讚德)이다. 이 아래도 마찬가지이다.

345 모두 표한다고 한 것은, 경에 별명別名을 상대한 까닭이라고 『잡화기』는 말하고, 『유망기』는 따로 한 행을 가리킨 것이 아닌 까닭으로 모두 한꺼번에 표한다 하였다.

經

所謂寶印手足行神과 蓮華光足行神과 淸淨華髻足行神과 攝諸善見足行神과 妙寶星幢足行神과 樂吐妙音足行神과 栴檀樹光足行神과 蓮華光明足行神과 微妙光明足行神과 積集妙華足行神이라 如是等而爲上首하야 有佛世界微塵數하니 皆於過去無量劫中에 親近如來하야 隨逐不捨니라
復有佛世界에 微塵數道場神하니

말하자면[346] 보인수寶印手 족행신과 연화광蓮華光 족행신과 청정화계淸淨華髻 족행신과 섭제선견攝諸善見 족행신과 묘보성당妙寶星幢 족행신과 낙토묘음樂吐妙音 족행신과 전단수광栴檀樹光 족행신과 연화광명蓮華光明 족행신과 미묘광명微妙光明 족행신과 적집묘화積集妙華 족행신입니다.

이와 같은 등이[347] 상수가 되어 부처님의 세계 작은 티끌 수만치 많은 수가 있었나니

다 과거 한량없는 세월[348] 가운데 여래를 친근하여 따라다니며 버리지 아니한 이들입니다.

---

346 말하자면 이하는 역시 대중의 이름을 열거한 것이다.

347 이와 같은 등이라고 한 이하는 대중의 수를 맺는 것이다.

348 다 과거 한량없는 세월이라고 한 이하는 공덕이 원만함을 섭수하는 것이다.

다시 부처님의 세계에 작은 티끌 수만치 많은 도량신이 있나니

疏

第四는 道場神이니 從所依所守得名이라 下諸神衆이 類皆同此니라 言道場者는 非唯護佛道場이라 但有莊嚴道場之處면 卽於中護니라 故下德中에 願供養佛이라하니 表護萬行道場과 及修行者故니라

제 네 번째는 도량신道場神이니,
의지하는 바가 되고 수호하는 바가 되므로 좇아 이름을 얻은 것이다.
아래에 모든 신중이 유형이 다 여기와 같다.
도량신이라고 말한 것은 오직 부처님의 도량을 장엄할 뿐만 아니라
다만 장엄된 도량의 처소가 있기만 하면 곧 그 가운데도 수호하는 것이다.
그런 까닭[349]으로 아래의 공덕 가운데 부처님께 공양하기를 서원한다 하였으니
만행의 도량과 그리고 수행하는 사람을 수호함을 표하는 까닭이다.

---

349 원문에 고故 자는 응당 위에 붙여 읽으라고 『잡화기』는 말한다. 즉 호고護故니 吐라는 것이다. 그러나 나는 앞의 예를 보아 아래로 붙여 故下德中에로 번역하였다.

經

所謂淨莊嚴幢道場神과 須彌寶光道場神과 雷音幢相道場神과 雨華妙眼道場神과 華纓光髻道場神과 雨寶莊嚴道場神과 勇猛香眼道場神과 金剛彩雲道場神과 蓮華光明道場神과 妙光照耀道場神이라 如是等이 而爲上首하야 有佛世界微塵數하니 皆於過去에 值無量佛하야 成就願力하야 廣興供養하니라

復有佛世界에 微塵數主城神하니

말하자면 정장엄당 도량신과 수미보광 도량신과 뇌음당상 도량신과 우화묘안 도량신과 화영광계 도량신과 우보장엄 도량신과 용맹향안 도량신과 금강채운 도량신과 연화광명 도량신과 묘광조요 도량신입니다.

이와 같은 등이 상수가 되어 부처님의 세계 작은 티끌 수만치 많은 수가 있었나니

다 과거에 한량없는 부처님을 만나서 원력을 성취하여 널리 공양을 일으킨 이들입니다.

다시 부처님의 세계에 작은 티끌 수만치 많은 주성신이 있나니

疏

第五는 主城神이니 表行德이 防御法城心城故니 如摩耶處說하니라

제 다섯 번째는 주성신主城神이니,
행덕行德이 법성과 심성을 방어함을 표하는 까닭이니
마야 선지식 처소[350]에서 말한 것과 같다.

350 마야 선지식 처소라고 한 것은, 입법계품 마야부인 선지식을 말한 곳이다.

經

所謂寶峯光耀主城神과 妙嚴宮殿主城神과 清淨喜寶主城神과 離憂清淨主城神과 華燈焰眼主城神과 焰幢明現主城神과 盛福光明主城神과 清淨光明主城神과 香髻莊嚴主城神과 妙寶光明主城神이라 如是等이 而爲上首하야 有佛世界微塵數하니 皆於無量不思議劫에 嚴淨如來所居宮殿하니라

말하자면 보봉광요 주성신과 묘엄궁전 주성신과 청정희보 주성신과 이우청정 주성신과 화등염안 주성신과 염당명현 주성신과 성복광명 주성신과 청정광명 주성신과 향계장엄 주성신과 묘보광명 주성신입니다.

이와 같은 등이 상수가 되어 부처님의 세계 작은 티끌 수만치 많은 수가 있었나니

다 한량없고 사의할 수 없는 세월에 여래가 거처하신 바 궁전을 장엄하고 청정케 한 이들입니다.

疏

德中에 以己德行으로 嚴佛宮殿者는 一은 佛殿은 爲所守之最며 瑩飾은 爲尊佛故요 二는 主伴善根이 互融攝故요 三은 瑩飾自心佛하야 安處故니라

공덕 가운데 자기의 덕행으로써 부처님의 궁전을 장엄한다고 한 것은 첫 번째는 부처님의 궁전은 수호할 바 최고의 처소가 되며, 밝게 꾸미는 것은 존엄한 부처님이 되는 까닭이요,

두 번째는 주(主: 佛)와 반(伴: 神)의 선근이 서로 융합하여[351] 섭수하는 까닭이요,

세 번째는 자심의 부처를 밝게 꾸며 편안히 거처하는 까닭이다.

---

351 두 번째 주主와 반伴의 선근이 서로 융합한다고 한 것은, 부처님의 궁전은 응당 가히 부처님의 선근으로 장엄할 것이나, 그러나 지금에 이 신神의 반伴이 선근으로 장엄한 것은 주와 반의 선근이 서로 융합한 까닭이다.

經

復有佛世界에 微塵數主地神하니

다시 부처님의 세계에 작은 티끌 수만치 많은 주지신이 있나니

疏

第六은 主地神이니 表深重願으로 荷負行德故며 亦表心地가 爲依持故니라

제 여섯 번째는 주지신主地神이니,
깊고 큰 서원[352]으로 행덕을 짊어짐[353]을 표하는 까닭이며
또한 심지心地가 의지가 됨을 표하는 까닭이다.

---

352 원문에 重은 大의 뜻이니 중대重大하다는 의미이다.

353 행덕을 짊어졌다고 한 것은, 마치 대지가 산천과 초목과 사람과 축생들을 짊어진 것과 같은 까닭이다.

經

所謂普德淨華主地神과 堅福莊嚴主地神과 妙華嚴樹主地神과 普散衆寶主地神과 淨目觀時主地神과 妙色勝眼主地神과 香毛發光主地神과 悅意音聲主地神과 妙華旋髻主地神과 金剛嚴體主地神이라 如是等이 而爲上首하야 有佛世界微塵數하니 皆於往昔에 發深重願하야 願常親近諸佛如來하야 同修福業하니라

復有無量主山神하니

말하자면 보덕정화 주지신과 견복장엄 주지신과 묘화엄수 주지신과 보산중보 주지신과 정목관시 주지신과 묘색승안 주지신과 향모발광 주지신과 열의음성 주지신과 묘화선계 주지신과 금강엄체 주지신입니다.

이와 같은 등이 상수가 되어 부처님의 세계 작은 티끌 수만치 많은 수가 있었나니

다 지나간 옛날에 깊고 큰 서원을 일으켜 항상 모든 부처님 여래를 친근하여 함께 복업을 닦기를 서원한 이들입니다.

다시 한량없는 주산신이 있나니

疏

第七은 主山神이니 通表萬德高勝하며 性皆閑寂이요 別表智德最高니 故德中云호대 得清淨眼이라하고 名中多有光稱하니라

제 일곱 번째는 주산신主山神이니,
만 가지 공덕이 높고 수승하며 성품이 다 한적함을 한꺼번에 표하고
지혜와 복덕이 최고로 높음을 따로 표한 것이니,
그런 까닭으로 공덕 가운데 말하기를[354] 청정한 눈을 얻었다 하였고
이름 가운데 광光이라는 호칭이 많이 있는[355] 것이다.

---

354 공덕 가운데 운운은, 이미 말한 것처럼 공덕이란, 공덕을 찬탄(讚德)한 것을 말한 것이니, 다음 장 5행에 다 모든 법에 청정한 눈을 얻었다 한 것이다.

355 이름 가운데 광光이라는 호칭이 많다고 한 것은, 엄격하게는 광조光照·광명光明·위광威光·광륜光輪뿐이고 보조普照도 광光이라 할 수는 있겠다. 호칭 가운데 光(광) 자와 공덕 가운데 청정한 눈이라 한 眼(안) 자는 다 지혜의 뜻이라 할 것이다.

經

所謂寶峯開華主山神과 華林妙髻主山神과 高幢普照主山神과 離塵淨髻主山神과 光照十方主山神과 大力光明主山神과 威光普勝主山神과 微密光輪主山神과 普眼現見主山神과 金剛密眼主山神이라 如是等이 而爲上首하야 其數無量하니 皆於諸法에 得淸淨眼하니라

復有不可思議數主林神하니

말하자면 보봉개화 주산신과 화림묘계 주산신과 고당보조 주산신과 이진정계 주산신과 광조시방 주산신과 대력광명 주산신과 위광보승 주산신과 미밀광륜 주산신과 보안현견 주산신과 금강밀안 주산신입니다.

이와 같은 등이 상수가 되어 그 수가 한량이 없었나니

다 모든 법에 청정한 눈을 얻은 이들입니다.

다시 가히 사의할 수 없는 수의 주림신이 있나니

疏

第八은 主林神이니 表以無漏智로 導於衆行하야 森聳建立이니 故德中云호대 皆有可愛光明이라하니라

제 여덟 번째는 주림신主林神이니,
무루無漏의 지혜로써 수많은 행인을 인도하여 수풀 속에 솟아나 우뚝 서 있음을 표한 것이니,
그런 까닭으로 공덕 가운데 말하기를 다 가히 좋아할 광명이 있다 하였다.

經

所謂布華如雲主林神과 擢幹舒光主林神과 生芽發耀主林神과 吉祥淨葉主林神과 垂布焰藏主林神과 淸淨光明主林神과 可意雷音主林神과 光香普遍主林神과 妙光逈耀主林神과 華果光味主林神이라 如是等이 而爲上首하야 不思議數하니 皆有無量可愛光明하니라

復有無量主藥神하니

말하자면 포화여운 주림신과 탁간서광 주림신과 생아발요 주림신과 길상정엽 주림신과 수포염장 주림신과 청정광명 주림신과 가의뢰음 주림신과 광향보변 주림신과 묘광형요 주림신과 화과광미 주림신입니다.

이와 같은 등이 상수가 되어 사의할 수 없는 수가 있었나니

다 한량없는 가히 좋아할 광명이 있는 이들입니다.

다시 한량없는 주약신이 있나니

疏

第九는 主藥神이니 表行德伏惑하야 資益法身이라 若約利他인댄 則三業不空이 如藥樹王이니 故下德中에 性皆離垢는 卽伏惑去

病也요 仁慈祐物은 卽進善補益也라 名中總名主藥은 藥旣不同일새 神神各別이라 吉祥者는 主香茅之類也요 淸淨光明은 謂乳石之流요 名稱普聞은 如藥樹王과 雪山忍草等이요 明見十方은 謂眼藥等이니 約法準之니라

제 아홉 번째는 주약신主藥神이니,
행덕行德이 미혹을 절복하여 법신을 도와 이익케 함을 표한 것이다.
만약 이타利他를 잡는다면 삼업三業이 없지 않는 것이 마치 약수왕藥樹王과 같나니,
그런 까닭으로 아래의 공덕 가운데 성품이 다 때를 여의었다고 한 것은 곧 미혹을 절복하여 병을 보내는 것이요,
인자하게 중생을 도운다고 한 것은 곧 선善에 나아가 이익을 도우는 것이다.
이름 가운데 모두 주약신主藥神이라고 이름한 것은 약이 이미 같지 않기에 신神과 신神이 각각 다른 것이다.

길상吉祥[356]이라고 한 것은 향과 띠를 주간하는 유형이요,
청정광명이라고 한 것은 말하자면 종유석種乳石[357]의 유형(流形: 類形)이요,

356 길상吉祥이라 운운한 것은, 부처님이 성도할 당시에 길상장자가 향과 띠와 등燈과 자리를 헌공한 까닭이다. 띠는 향초香草, 약초藥草이다.
357 종유석種乳石이라고 한 것은, 석종유石種乳와 종유석種乳石과 운모雲母와 단석丹石과 주사朱沙 등이니 다 돌에서 나오고 약으로 쓰인다.

명칭보문名稱普門이라고 한 것은 마치 약수왕藥樹王과 설산의 인초忍草[358] 등과 같은 것이요,

명견시방明見十方이라고 한 것은 안약眼藥 등이니

법을 잡아 기준할 것이다.[359]

---

358 인초忍草는 향초香草이다.

359 법을 잡아 기준할 것이라고 한 것은, 법의 약으로 시방을 밝게 본다(明見十方)는 것이다.

經

所謂吉祥主藥神과 栴檀林主藥神과 清淨光明主藥神과 名稱普聞主藥神과 毛孔光明主藥神과 普治清淨主藥神과 大發吼聲主藥神과 蔽日光幢主藥神과 明見十方主藥神과 益氣明目主藥神이라 如是等이 而爲上首하야 其數無量하니 性皆離垢하고 仁慈祐物하니라

復有無量主稼神하니

말하자면 길상 주약신과 전단림 주약신과 청정광명 주약신과 명칭보문 주약신과 모공광명 주약신과 보치청정 주약신과 대발후성 주약신과 폐목광당 주약신과 명견시방 주약신과 익기명목 주약신입니다.

이와 같은 등이 상수가 되어 그 수가 한량이 없었나니,

성품이 다 때를 여의었고 인자하게 중생을 도우는 이들입니다.

다시 한량없는 주가신이 있나니

疏

第十은 主稼神이니 稼者는 樹五穀也니 表萬行法味로 資益自他라 他益稱心일새 故德中云호대 大喜成就라하니라

제 열 번째는 주가신主稼神이니,

가稼라는 것은 오곡五穀을 심는 것이니

만행의 법미法味로 자自·타他를 도와 이익케 함을 표한 것이다.

다른 이를 이익케 하는 것이 마음에 칭합하기에 그런 까닭으로

공덕 가운데 말하기를 큰 기쁨(大喜)을 성취한다 하였다.

經

所謂柔軟勝味主稼神과 時華淨光主稼神과 色力勇健主稼神과 增長精氣主稼神과 普生根果主稼神과 妙嚴環髻主稼神과 潤澤淨華主稼神과 成就妙香主稼神과 見者愛樂主稼神과 離垢淨光主稼神이라 如是等이 而爲上首하야 其數無量하니 莫不皆得大喜成就하니라
復有無量主河神하니

말하자면 유연승미 주가신과 시화정광 주가신과 색력용건 주가신과 증장정기 주가신과 보생근과 주가신과 묘엄환계 주가신과 윤택정화 주가신과 성취묘향 주가신과 견자애락 주가신과 이구정광 주가신입니다.

이와 같은 등이 상수가 되어 그 수가 한량이 없었나니,

다 큰 기쁨을 성취함을 얻지 아니함이 없는 이들입니다.

다시 한량없는 주하신이 있나니

疏

十一은 主河神이니 卽河伯之流也라 表法河流注하야 潤益群品하며 又於生死瀑流에 拯彼漂溺이라 江河淮濟에 淸濁俱河니 故生

死法流를 此神皆主니라

열한 번째는 주하신主河神이니,
곧 하백河伯의 유형[360]이다.
법의 냇물이[361] 흘러 군품群品을 유익케[362] 하며,
또 생사의 폭류瀑流에서 저들이 표류하여 빠진 것을 건져줌을 표한 것이다.
강물과 냇물과 회수淮水[363]와 제수濟水[364]에 맑고 탁한 것이 모두 물(河)이니,
그런 까닭으로 생사의 법류法流를 이 신神이 주간하는 것이다.

十一은 主河神이니 卽河伯之流者는 外典說爲河伯이라 故莊子秋水篇云호대 秋水時至하야 百川灌河하면 涇流之大하야 兩涘渚涯之間에 不辯牛馬라하니 言其廣也니라 於是焉에 河伯이 欣然自喜하야 以天下之美가 爲盡在己라하고 順流而東行하야 至於北海하야 東面而

---

360 하백河伯의 유형이라고 한 것은 黃河의 江神이니 『莊子』에 나온다. 河伯을 통칭 江神이라 한다. 아래 초문에 있다.

361 법의 냇물이 운운은, 처음에는 맑은 냇물을 잡아 말하고, 뒤에는 탁한 냇물을 잡아 말한 것이라고 『잡화기』는 말한다.

362 원문에 윤익潤益은 자전에 이익이라 하니 유익, 이익의 뜻이다.

363 회수淮水는 하남성河南省에서 시작하여 안휘성安徽省으로 들어가는 물이다.

364 제수濟水는 연수沇水의 하류下流를 말한다.

視에 不見水端이라 於是焉에 河伯이 始旋其面目하야 望洋向若하야 而歎曰호대 野語有之曰호대 聞道百하고 以爲莫己若者가 我之謂也라하니 釋曰 若者는 卽海若이니 海神名也라 如下引之호대 皆此章具어니와 今但取名河伯이라 亦名馮夷니 故洛神賦云호대 馮夷鳴鼓하고 如媧清歌라하니라

제 열한 번째는 주하신이니, 곧 하백의 유형이라고 한 것은 외전外典에서 하백이라고 말한 것이다.

그런 까닭으로 『장자』 추수편秋水篇에 말하기를 가을 물이[365] 때가 이르러 백천의 물이 하수河水[366]로 흘러 들어가면 물줄기(涇流)가 커져서 양쪽 물가[367]의 사이에 소와 말을 분별하기 어렵다 하였으니, 그 하수가 크고 넓은 것을 말한 것이다.

이에 하백이 흔연히 스스로 기뻐하여 천하의 아름다움이 다 자기에게 있다 하고, 흐름을 따라 동쪽에서 가 북해北海에 이르러 동쪽을 바라봄에 물의 끝을 볼 수가 없었다.

이에 하백이 비로소 그 얼굴(面目)을 돌이켜 바다를 바라보며 해약신海若神을 향하여 탄식하여 말하기를, 속담(野語)에 어떤 사람이 말하되 도를 백 번 듣고 자기와 같은 자가 없다고 한 것이 나를 말한 것이라 하였으니,

---

365 가을 물 운운은, 봄에 물이 나서 가을에 물이 성하게 된다 하였으니 그 뜻을 그윽이 담고 있다 하겠다.

366 하수河水는 황하강물이다.

367 涘는 물가 사이다. 渚는 물가 저이다.

해석하여 말하면 약若은 곧 해약海若이니 바다신의 이름이다. 아래에도 인용[368]하였으되 다 이 문장에 갖추어 말한 것과 같거니와 지금에는 다만 하백이라는 이름만 취하였을 뿐이다.
또한 이름이 빙이馮夷니, 그런 까닭으로 낙신부洛神賦에 말하기를 빙이馮夷는 북을 치고 여왜女媧[369]는 맑게 노래한다 하였다.

---

368 아래에도 인용하였다고 한 것은, 곧 주해신主海神의 처소이니 바로 아래 열두 번째이다.

369 여왜女媧는 중국 고대 신녀神女의 이름으로 복희씨의 딸이라 한다.

經

所謂普發迅流主河神과 普潔泉澗主河神과 離塵淨眼主河神과 十方遍吼主河神과 救護衆生主河神과 無熱淨光主河神과 普生歡喜主河神과 廣德勝幢主河神과 光照普世主河神과 海德光明主河神이라 如是等이 而爲上首하야 有無量數하니 皆勤作意하야 利益衆生케하니라

말하자면 보발신류 주하신과 보결천간 주하신과 이진정안 주하신과 시방변후 주하신과 구호중생 주하신과 무열정광 주하신과 보생환희 주하신과 광덕승당 주하신과 광조보세 주하신과 해덕광명 주하신입니다.

이와 같은 등이 상수가 되어 한량없는 수가 있었나니,

다 부지런히 뜻을 지어 중생을 이익케 한 이들입니다.

疏

德中에 勤益生者는 謂遇沿流하면 則平波息浪하며 逢泝泳하면 則微風輕動하며 水性之屬은 深止而住居하며 陸行之流는 富生而應采하며 導百川而去害하며 灌萬頃而開利가 爲勤作意하야 利益衆生하니라 約所表法인댄 隨意消息이니라

공덕 가운데 부지런히 중생을 이익케 한다고[370] 한 것은, 말하자면

연류沿流를 만나면[371] 물결이 고요하고[372] 물결이 쉬며,
소영泝泳을 만나면 바람이 적고 움직임이 가벼우며,
물속에 사는 무리는 깊이 그쳐 주거住居하며,
육지에 다니는 무리[373]는 풍부하게 자라 채용함에 응하며,[374]
백천[375]의 물을 인도하여 수해를 보내며,
만경萬頃의 밭에 물을 대어 이익이 열리게 하는 것이 부지런히 뜻을 지어 중생을 이익케 함이 되는 것이다.
표한 바 법을 잡는다면 뜻을 따라 소식消息[376]할 것이다.

---

370 원문에 근익생勤益生이라고 한 것은, 경문에 개근작의皆勤作意에 勤(근) 자와 이익利益에 익益 자와 중생衆生에 생生 자만 따서 요약한 것이다.

371 연류沿流를 만나면이라고 한 등은, 순류(順流, 沿流)를 만나 배를 운행하면 곧 바람이 그치고 물결이 쉬며, 역류逆流를 만나 배를 운행하면 곧 바람이 움직이고 배를 막는 것이라고 『잡화기』는 말한다.

372 물결이 고요하다고 한 등과 바람이 적다고 한 등은 각각 그 뜻을 따라 그렇게 하는 것이다.

373 육지에 다니는 무리는 사람이니, 그 사람들이 바다에 나는 것을 풍부하게 채취하고자 한다면 그 사람들에게 응하는 것이니, 채취한다는 것은 보배를 채취하고 고기를 채취하는 것을 말한다.

374 풍부하게 자라 채용함에 응한다고 한 것은, 풍부하게 생활하고 사실에 응하여 취하여 쓰게 하는 것이니, 采는 取의 뜻이라고 『잡화기』는 말한다.

375 백천 운운은, 백천의 물이 흐르지 않는다면 수해를 입는 까닭으로 그 물을 인도하여 하여금 흐르게 한다는 것이다.

376 消息: 혹 없어지기도(消) 하고 생기기도(息) 한다는 뜻이다. 즉 소消는 진盡의 뜻이고 식息은 생生의 뜻이라 하겠다. 『잡화기』에는 소식은 소석消釋이라 말함을 가리킨 것이니, 영자권盈字卷 상권 23장을 볼 것이다 하였다.

經

復有無量主海神하니

다시 한량없는 주해신이 있나니

疏

十二는 主海神이니 卽海若之輩니 表具含萬德하야 一一深廣也니라

열두 번째는 주해신主海神이니,
곧 해약신의 무리니
만덕을 갖추어 포함하여 낱낱이 깊고 넓음을 표한 것이다.

經

所謂出現寶光主海神과 成金剛幢主海神과 遠離塵垢主海神과 普水宮殿主海神과 吉祥寶月主海神과 妙華龍髻主海神과 普持光味主海神과 寶焰華光主海神과 金剛妙髻主海神과 海潮雷聲主海神이라 如是等이 而爲上首하야 其數無量하니 悉以如來의 功德大海로 充滿其身케하니라

말하자면 출현보광 주해신과 성금강당 주해신과 원리진구 주해신과 보수궁전 주해신과 길상보월 주해신과 묘화용계 주해신과 보지광미 주해신과 보염화광[377] 주해신과 금강묘계 주해신과 해조뢰음 주해신입니다.

이와 같은 등이 상수가 되어 그 수가 한량이 없었나니

다 여래[378]의 공덕의 큰 바다로써 그 몸을 충만케 한 이들입니다.

疏

名中三에 名遠離塵垢者는 瑜伽八十六云호대 現斷煩惱離故로

---

377 보寶는 영각사본은 實(실) 자이나 寶(보) 자로 고쳐본다.

378 여래 운운은 영인본 화엄 2책, p.694, 4행 초문에 인용하였다. 단 여래공덕대해를 불공덕해佛功德海라고 한 것만 다르다.

遠塵이요 彼隨眠離繫故로 離垢라하니라 今約近事인댄 塵謂塵境이요 垢卽煩惱니 六根對境에 了彼性空일새 故曰遠塵이요 衆惑不行이 誠爲離垢니 心境相藉하야 離垢가 由於遠塵이니라

이름 가운데 세 번째 원리진구라고 이름한 것은, 『유가론』 팔십육권에 말하기를 현재 번뇌를 끊어[379] 떠나는 까닭으로 원진遠塵이요, 저 수면隨眠이 얽어맴을 떠나는 까닭으로 이구離垢[380]라 하였다. 지금에 사실(事)에 근간함을[381] 잡는다면 진塵은 말하자면 육진경계요

구垢는 곧 번뇌니,

육근이 경계를 상대함에 저 성품이 공한 줄 알기에 그런 까닭으로 원진遠塵이라 말하는 것이요,

수많은 번뇌가 행하지 못하는 것이 진실로 이구離垢가 되는 것이니, 마음과 경계가 서로 의지하여 때를 떠나는(離垢) 것이 경계를 멀리함(遠塵)에 인유한 것이다.

---

379 현재 번뇌를 끊는다고 한 등은, 본 『유가론』 팔십육권에 갖추어 말하기를 현재 끊을 바 번뇌의 종자가 얽어맴을 떠남을 얻음을 인유한 까닭으로 원진遠塵이라 설하여 이름하는 것이요, 저 수면이 얽어맴을 떠남을 얻음을 인유한 까닭으로 이구離垢라 설하여 이름한다 하였다. 이상은 『잡화기』의 말이다.

380 이구離垢라고 한 것은, 크게 말하면 육진과 육근을 떠나면 번뇌의 때는 자연히 사라지는 것이다.

381 사실(事)에 근간한다고 한 것은, 『잡화기』에 말하기를 육진의 경계가 이 사실에 근간한다 하였다.

經

復有無量主水神하니

다시 한량없는 주수신이 있나니

疏

十三은 主水神者니 通上河海等水와 及雨露霜雪等也니 表法水의 含潤等多義理故니라

열세 번째는 주수신主水神이니,
위에 주하신과 주해신 등의 물(水)과 그리고 비와 이슬과 서리와 눈 등의 물에 통하는 것이니,
진리의 물이 윤택하게 하는 등 수많은 의리義理를 포함하고 있음을 표한 까닭이다.

經

所謂普興雲幢主水神과 海潮雲音主水神과 妙色輪髻主水神과 善巧漩澓主水神과 離垢香積主水神과 福橋光音主水神과 知足自在主水神과 淨喜善音主水神과 普現威光主水神과 吼音遍海主水神이라 如是等이 而爲上首하야 其數無量하니 常勤救護一切衆生하야 而爲利益케하니라

말하자면 보흥운당 주수신과 해조운음 주수신과 묘색륜계 주수신과 선교선복 주수신과 이구향적 주수신과 복교광음 주수신과 지족자재 주수신과 정희선음 주수신과 보현위광 주수신과 후음변해 주수신입니다.

이와 같은 등이 상수가 되어 그 수가 한량이 없었나니

항상 부지런히 일체중생을 구호하여 이익케 한 이들입니다.

疏

德中에 拯溺爲救요 濟危爲護니 謂已溺邪見과 貪愛水者를 救之하고 將沈者를 護之니라 而爲利益은 卽雲雨等潤하야 發生萬物也니라 法合은 可知라

공덕 가운데 빠진 이를 건져 주는 것이 구救가 되고 건져 안아주는

것이 호護가 되는 것이니,
말하자면 이미 사견邪見과 탐욕과 애욕의 물에 빠진 자를 구하고 장차 빠질 자를 호지하는 것이다.

이익케 한다고 한 것은 곧 구름과 비 등이 윤택하여 만물을 발생하게 하는 것이다.
법합法合은 가히 알 수가 있을 것이다.[382]

382 법합法合은 가히 알 수가 있을 것이라고 한 것은 구름과 비의 법합이니, 몸의 구름을 나타내어 법의 비를 설하여 중생을 이익케 하는 것이다. 강과 바다의 법합은 아래 소문에 나타나 있다.

經

復有無數主火神하니

다시 수없는 주화신이 있나니

疏

十四는 主火神이니 卽宋無忌之流也니라 以顯智慧火로 燒煩惱薪하며 成熟善品하야 破無明闇耳니라

열네 번째는 주화신主火神이니,
곧 송무기宋無忌[383]의 유형[384]이다.
지혜의 불로 번뇌의 나무를 태우며
선품善品을 성숙시켜 무명의 어둠을 깨뜨림을 나타낸 것이다.

---

383 송무기宋無忌는 화정火定을 닦아 신선神仙이 된 사람으로 화선火仙, 화신火神, 화정火精이라고도 한다. 『박물지博物志』에 말하기를 물의 괴물은 용망상龍罔象(龍蝄蟓)이 되고, 나무와 돌의 괴물은 기망양夔罔兩(夔魍魎)이 되고, 흙의 괴물은 분양羵羊이 되고, 불의 괴물은 송무기宋無忌가 된다 하였다. 이 말은 『장자』에 나오는 말이다. 『초한연의楚漢衍義』에 송무기는 진시황 당시 사람인데 죽어서 화신火神이 되었다 하였다. 夔는 蘷니 짐승 이름 기이니 용같이 생긴 한 발 달린 짐승이다.

384 유형流形은 類形과 같다.

經

所謂普光焰藏主火神과 普集光幢主火神과 大光普照主火神과 衆妙宮殿主火神과 無盡光髻主火神과 種種焰眼主火神과 十方宮殿如須彌山主火神과 威光自在主火神과 光明破暗主火神과 雷音電光主火神이라 如是等이 而爲上首하야 不可稱數니 皆能示現種種光明하야 令諸衆生으로 熱惱除滅케하니라

말하자면 보광염장 주화신과 보집광당 주화신과 대광보조 주화신과 중묘궁전 주화신과 무진광계 주화신과 종종염안 주화신과 시방궁전 여수미산 주화신과 위광자재 주화신과 광명파암 주화신과 뇌음전광 주화신입니다.

이와 같은 등이 상수가 되어 가히 그 수를 말할 수 없었나니

다 능히 가지가지 광명을 시현하여 모든 중생으로 하여금 열뇌熱惱를 제거하여 소멸케 한 이들입니다.

疏

德中에 夫火有二能하니 一能은 爲益이요 二能은 爲損이라 今用益止損이니 表法亦爾하야 示慧光以去闇은 用益也요 除惑苦之熱惱는 止損也니라

공덕 가운데 대저 불(火)은 두 가지 기능이 있나니
첫 번째 기능은 이익케 하는 것이요,
두 번째 기능은 손해케 하는 것이다.
지금에는 이익케 함을 쓰고 손해케 함을 그치는 것이니,
법을 표하는 것도 또한 그러하여 지혜의 광명을 시현하여 어둠을 보내는 것은 이익케 함을 쓴 것이요,
미혹한 고통의 열뇌를 제거하는 것은 손해케 함을 그친 것이다.

經

復有無量主風神하니

다시 한량없는 주풍신이 있나니

疏

十五는 主風神이니 通表方便無住하야 無所不摧요 別表는 如下니라

열다섯 번째는 주풍신主風神이니,
방편이 머무름이 없어서[385] 꺾지 못할 바가 없음을 한꺼번에 표한 것이요,
따로 표한 것은 아래에 말한 것과 같다.[386]

385 머무름이 없다고 한 것은, 육조가 말하기를 머무름이 없는 것으로 자체를 삼나니 머무름이 없는 근본을 의지하여 일체법을 건립한다 하였으며, 『능엄경』에 말하기를 이 머무름이 없는 것을 근본하여 모든 세간을 건립한다 하였으니 머무름이 없다는 말만 가변으로 인용하여 본다.

386 따로 표한 것은 아래에 말한 것과 같다고 한 것은, 아래 득법처得法處에 각각 이름을 말한 곳과 같다는 것이며, 또한 지금 이 경문 아래 공덕을 섭수하는 가운데 다 부지런히 아만의 마음을 산멸하였다(여섯 줄 뒤에 있는 경문) 한 것이다. 아래 득법처라고 한 것은 『화엄소초』 제2권의 1. 영자권盈字卷 10장 상 8행이고, 영인본 화엄 2책, p.709, 8행 소위所謂 이하이니, 득법계허공계得法界虛空界라는 말은 득得이라는 말이고, 적정방편력해탈문寂靜方便力解脫門이라는 말은 법法이라는 말이니 곧 득법처得法處라는 것이다. 여기 모든 신들의 득법처는 영인본 화엄 3책에 있고, 멀리는 입법계품에 있다.

經

所謂無礙光明主風神과 普現勇業主風神과 飄擊雲幢主風神과 淨光莊嚴主風神과 力能竭水主風神과 大聲遍吼主風神과 樹杪垂髻主風神과 所行無礙主風神과 種種宮殿主風神과 大光普照主風神이라 如是等이 而爲上首하야 其數無量하니 皆勤散滅我慢之心하니라

復有無量主空神하니

말하자면 무애광명 주풍신과 보현용업 주풍신과 표격운당 주풍신과 정광장엄 주풍신과 역능갈수 주풍신과 대성변후 주풍신과 수초수계 주풍신과 소행무애 주풍신과 종종궁전 주풍신과 대광보조 주풍신입니다.

이와 같은 등이 상수가 되어 그 수가 한량이 없었나니,

다 부지런히 아만의 마음을 산멸散滅한 이들입니다.

다시 한량없는 주공신이 있나니

疏

十六은 主空神이니 表法性空이요 別卽離染周遍等이니 亦各如名辯하니라

열여섯 번째는 주공신主空神이니
법성이 공함을 한꺼번에 표한 것이요,
따로 표한 것은 곧 오염을 떠나 두루한 등이니
또한 각각 이름을 분별한 곳에서 말한 것과 같다.[387]

387 각각 이름을 분별한 곳에서 말한 것과 같다고 한 것은 바로 앞에 주풍신에서 주석한 바 있다.

經

所謂淨光普照主空神과 普遊深廣主空神과 生吉祥風主空神과 離障安住主空神과 廣步妙髻主空神과 無礙光焰主空神과 無礙勝力主空神과 離垢光明主空神과 深遠妙音主空神과 光遍十方主空神이라 如是等이 而爲上首하야 其數無量하니 心皆離垢하야 廣大明潔하니라

말하자면 정광보조 주공신과 보유심광 주공신과 생길상풍 주공신과 이장안주 주공신과 광보묘계 주공신과 무애광염 주공신과 무애승력 주공신과 이구광명 주공신과 심원묘음 주공신과 광변시방 주공신입니다.

이와 같은 등이 상수가 되어 그 수가 한량이 없었나니,

마음이 다 때를 떠나 광대하고 밝고 맑은 이들입니다.

疏

德中에 若情塵亂起하면 翳本性空하고 智日高昇하면 則情雲自卷이라 空有日而廓爾無際하고 智合理而杳然無涯일새 故云爾耳니라

공덕 가운데 만약 정진情塵이 산란하게 일어나면 본성이 공함을 가리고,

지혜의 태양이 높이 오르면 곧 정진情塵의 구름이 스스로 걷히는 것이다.

허공은 태양이 있으면 확 트여 끝이 없고, 지혜는 진리에 계합하면 묘연하여 끝이 없기에 그런 까닭으로 말하기를 광대하고 밝고 맑다 하였다.[388]

388 원문에 운이云爾에 이爾 자는 그렇게라는 뜻이니, 운이云爾는 그렇게 말하였다는 뜻이다. 즉 광대하고 밝고 맑다고 말하였다는 의미이다.

經

復有無量主方神하니

다시 한량없는 주방신이 있나니

疏

十七은 主方神이니 卽東方青帝等類也니 表顯邪正方隅하야 使行無迷倒케하니라

열일곱 번째는 주방신主方神이니,
곧 동방의 청제青帝 등의 유형이니
사邪·정正의 방우方隅[389]를 나타내어 길가는 사람으로 하여금 미하여 넘어짐이 없게 함을 표한 것이다.

鈔

卽東方等者는 此土五方에 有五帝라 東方은 甲乙木이니 其色青일새 故東方이 爲青帝요 南方은 丙丁火니 其色赤일새 爲赤帝요 西方은 庚辛金이니 其色白일새 爲白帝요 北方은 壬癸水니 其色黑일새 爲黑帝요 中央은 戊已土니 其色黃일새 爲黃帝니라 若十二神인댄 卽一方

389 사邪·정正의 방우方隅라고 한 것은, 사방四方은 정방正方이고, 사우四隅는 사방邪方이다. 『잡화기』에는 간방間方을 사방邪方이라 하였다.

有三故라 故成十二니 大集經說호대 十二獸가 皆是大菩薩이 示迹爲之라하니 廣如彼說하니라

곧 동방이라고 한 등은 이 오방五方을 주간함에 오제五帝가 있다.
동방은 갑을목甲乙木이니 그 색이 푸르기에 그런 까닭으로 동방이 청제青帝가 되고,
남방은 병정화丙丁火니 그 색이 붉기에 적제赤帝가 되고,
서방은 경신금庚申金이니 그 색이 희기에 백제白帝가 되고,
북방은 임계수壬癸水이니 그 색이 검기에 흑제黑帝가 되고,
중앙中央은 무기토戊己土니 그 색이 누르기에 황제黃帝가 되는 것이다.
만약 십이신十二神이라면 곧 한 방위에 셋이 있는[390] 까닭이다.
그런 까닭으로 십이十二를 이루나니,
『대집경』에 말하기를 열두 종류의 짐승(十二獸)[391]이 다 이 큰 보살이 자취를 시현하여 그들을 위하는 것이다 하였으니
저 『대집경』에 설한 것과 같다.

---

390 만약 십이신十二神이라면 곧 한 방위에 셋이 있다고 한 것은, 사방에 각각 갑甲·을乙·목木의 삼방三方이 있어 십이十二를 이루는 것이다. 중앙은 제외한다.

391 열두 종류의 짐승(十二獸)이라고 한 것은 『대집경』 23권에 있는 말이다. 즉 남섬부주의 사방 여러 섬에 쥐, 소, 사자, 토끼, 용, 뱀, 말, 양, 원숭이, 닭, 개, 돼지 등 열두 짐승이 살고 있다. 이들은 보살의 화신으로 1년 열두 달 인간계와 천상계에 다니면서 교화한다 하였다. 열두 종류의 짐승은 십이지十二支에 해당한다 하겠다.

經

所謂遍住一切主方神과 普現光明主方神과 光行莊嚴主方神과 周行不礙主方神과 永斷迷惑主方神과 普遊淨空主方神과 大雲幢音主方神과 髻目無亂主方神과 普觀世業主方神과 周遍遊覽主方神이라 如是等이 而爲上首하야 其數無量하니 能以方便으로 普放光明하야 恒照十方하야 相續不絶하니라

말하자면 변주일체 주방신과 보현광명 주방신과 광행장엄 주방신과 주행불애 주방신과 영단미혹 주방신과 보유정공 주방신과 대운당음 주방신과 계목무란 주방신과 보관세업 주방신과 주변유람 주방신입니다.

이와 같은 등이 상수가 되어 그 수가 한량이 없었나니,

능히 방편으로써 널리 광명을 놓아 항상 시방을 비추어 상속하여 끊어지지 않게 한 이들입니다.

疏

德中에 身智敎光으로 無不引攝일새 名普放也요 無時不放일새 所以稱恒이요 如日周天일새 故相續不絶이라하니라

공덕 가운데 신지身智와 교광敎光으로 인도하여 섭수하지 아니함이

없기에 널리 놓는다[392] 이름하고,
때때로 놓지 아니함이 없기에 그런 까닭으로 항상(恒)[393]하다 이름하고,
태양이 하늘에 두루함과 같기에 그런 까닭으로 상속하여 끊어지지 않게 한다 하였다.

392 원문에 보방普放이라고 한 것은 경문에 보방광명普放光明이라 한 것이다.
393 원문에 항恒이라고 한 것은 경문에 항조시방恒照十方이라 한 것이다.

經

復有無量主夜神하니

다시 한량없는 주야신이 있나니

疏

十八은 主夜神이니 表於無明黑闇인 生死長夜에 導以慧明하야 令知正路케하니라

열여덟 번째는 주야신主夜神이니,
무명의 어두운 곳인
나고 죽음의 긴 밤에
지혜의 밝음으로 인도하여
하여금 바른 길을 알게 함을 표한 것이다.

經

所謂普德淨光主夜神과 喜眼觀世主夜神과 護世精氣主夜神과 寂靜海音主夜神과 普現吉祥主夜神과 普發樹華主夜神과 平等護育主夜神과 遊戲快樂主夜神과 諸根常喜主夜神과 出生淨福主夜神이라 如是等이 而爲上首하야 其數無量하니 皆勤修習하야 以法爲樂하니라

말하자면 보덕정광 주야신과 희안관세 주야신과 호세정기 주야신과 적정해음 주야신과 보현길상 주야신과 보발수화 주야신과 평등호육 주야신과 유희쾌락 주야신과 제근상희 주야신과 출생정복 주야신입니다.

이와 같은 등이 상수가 되어 그 수가 한량이 없었나니

다 부지런히 닦아 익혀 법으로써 즐거움을 삼은 이들입니다.

疏

德中에 夜分亡寢일새 是曰勤修요 翻彼長迷일새 故以法爲樂이라 하니라

공덕 가운데 한밤중에도 잠을 잊었기에 이것을 부지런히 닦는다 말한 것이요,

저 길이 미혹한 것을 번복하기에 그런 까닭으로 법으로써 즐거움을 삼는다 한 것이다.

經

復有無量主晝神하니

다시 한량없는 주주신이 있나니

疏

十九는 主晝神이니 於晝攝化니 顯行德恒明也니라

열아홉 번째는 주주신主晝神이니,
낮에 섭수하여 교화하는 것이니
행덕이 항상 밝음을 나타낸 것이다.

經

所謂示現宮殿主晝神과 發起慧香主晝神과 樂勝莊嚴主晝神과 香華妙光主晝神과 普集妙藥主晝神과 樂作喜目主晝神과 普現諸方主晝神과 大悲光明主晝神과 善根光照主晝神과 妙華瓔珞主晝神이라 如是等이 而爲上首하야 其數無量하니 皆於妙法에 能生信解하야 恒共精勤하야 嚴飾宮殿하니라

말하자면 시현궁전 주주신과 발기혜향 주주신과 낙승장엄 주주신과 향화묘광 주주신과 보집묘락 주주신과 낙작희목 주주신과 보현제방 주주신과 대비광명 주주신과 선근광조 주주신과 묘화영락 주주신입니다.

이와 같은 등이 상수가 되어 그 수가 한량이 없었나니

다 묘법에 능히 믿고 이해하는 마음을 내어 항상 함께 정근하여 궁전을 장엄하여 꾸민 이들입니다.

疏

德中에 先修正解하고 後勤正行이니 有信無解면 增長無明하고 有解無信이면 還生邪見이라 信因解淨하고 解藉信深하니 晝之義也니라 上來엔 多主器界일새 故但名神이니 準梵本인댄 除金剛神하고 餘皆女神이니 表慈育故며 菩薩은 同於彼類하야 以攝衆生이니

라 自下는 攝領有情일새 皆受王稱이니 並是丈夫니라

공덕 가운데 먼저는 정해正解를 닦고 뒤에는 정행正行을 정근하는 것이니,
믿음만 있고 정해正解가 없으면 무명만 증장하고,
정해만 있고 믿음이 없으면 도리어 삿된 견해만 생장하는 것이다.
믿음은 정해(解)를 인하여 청정하여지고, 정해(解)는 믿음을 의지하여 깊어지나니 곧 낮(晝)의 뜻이다.
상래에는 다분히 기계器界를 주간하였기에 그런 까닭으로 다만 신神이라고만 이름하였나니,
범본을 기준한다면 금강신을 제외하고 나머지는 다 여신女神이니 자비로 양육함을 표한 까닭이며
보살은 저 여신의 유형과 같이 하여 중생을 섭수하는 까닭이다.
이 아래부터[394]는 유정을 섭수하여 거느리기에 다 왕이라는 명칭을 받나니 모두 장부이다.

394 이 아래부터라고 한 것은 두 줄 뒤 다시 한량없는 아수라왕이 있다 한 이하이다.

經

復有無量阿脩羅王하니

다시 한량없는 아수라왕이 있나니

疏

第二는 八部四王衆이라 文有八段하니 前四는 雜類라 後四에 能統은 是天王이요 所統은 是八部라 今初阿修羅는 亦云阿素落이니 梵音楚夏耳니라 婆沙엔 譯爲非天이라하고 佛地論云호대 天趣所攝이라하니 以多行諂媚하야 無天實行일새 故曰非天이라하니라 依阿毘曇인댄 亦鬼趣攝이라하니 諂曲覆故라 正法念經엔 鬼畜二攝이라하니 以羅睺阿修羅가 是師子子故니라 伽陀經엔 天鬼畜攝이라하니 具上說故라 由此하야 或開六趣하며 或合爲五하니라 多好鬪諍하니 懷勝負故라 或居衆相山中하며 或居海下라하니 如正法念說하니라 然有大力者는 廣修福故니 今之修福호대 有懷勝負와 諂媚心者면 多生其中하니라

제 두 번째는 팔부와 사왕중四王衆이다.[395]

395 팔부와 사왕중四王衆이라고 한 것은, 『잡화기』에 말하기를 팔부는 곧 앞에 사단의 잡류중과 그리고 뒤에 사단 가운데 소령所領의 사부중이 이것이고, 사왕은 곧 뒤에 사단 가운데 능령能領의 사왕이 이것이다.

만약 다만 팔부중만 말한다면 곧 뒤에 사단 가운데 능령이 거론되지 아니한

문장에 팔단八段이 있나니
앞의 사단四段은 잡류중雜類衆이다.
뒤의 사단四段에 능통能統 자는 천왕이고, 소통所統 자는 팔부중이다.[396]

지금은 처음으로 아수라阿修羅는 또한 아소락阿素落이라고도 말하나니
범어의 발음이 초楚나라와 하夏나라의 차이일 뿐이다.
『바사론』에서는 비천非天이라 번역하였고,
『불지론』에서는 천취天趣에 섭속되는 바라 말하였으니
다분히 아첨[397]을 행하여 하늘과 같은 진실한 행이 없기에 그런 까닭으로 말하기를 비천非天이라 한 것이다.
『아비담론』[398]을 의지하건대 또한 귀취鬼趣에 섭속된다 하였으니
아첨과 굽은 마음으로 뒤덮인 까닭이다.
『정법염경』[399]에는 귀취鬼趣와 축취畜趣의 이취二趣에 섭속된다 하였

바가 있기에 그런 까닭으로 반드시 따로 이름할 것이다 하였다.

396 소통所統 자는 팔부중이라고 한 것은, 『잡화기』에 말하기를 뒤에 사단 가운데 사천왕이 통령하는 바(所領)가 각각 이부중二部衆이 있나니 위에 팔부중은 『법화경』에 나타나 있고, 여기 팔부중은 『대명법수』에 나타나 있다 하였다.

397 媚는 아첨 미이다.

398 아비담阿毘曇은 아비달마阿毘達磨의 뜻이다. 아비담은 현장 이후의 번역이고, 보통은 아비달마라 한다. 담曇은 달마의 뜻이다.

399 『정법염경』은 곧 『정법염처경』이니 70권으로 되어 있다. 동위東魏의 구담반야류지 번역으로, 칠단으로 나누어져 있고, 선악업에 의하여 받는 과보가

으니

나후아수라羅睺阿修羅가 이 사자의 새끼인 까닭이다.

『가타경』에는 천취天趣와 귀취鬼趣와 축취畜趣에 섭속된다 하였으니

갖추어 위에서 설한 까닭이다.

이로 인유하여 혹 열어서 육취六趣로 하기도 하며,

혹 합하여 오취五趣[400]로 하기도 하는 것이다.

이 아수라는 다분히 투쟁을 좋아하나니 승부심을 품은 까닭이다.

혹은 수많은 모습의 산중에 거처하기도 하며,

혹은 바다 밑에 거처하기도 한다 하였으니

『정법염경』에 설한 것과 같다.

그러나 큰 힘이 있다고 한 것은 널리 복을 닦은 까닭이니,

지금에 복을 닦되 승부심과 아첨하는 마음을 품는 사람이 있다면

다분히 그 가운데 태어나게 될 것이다.

鈔

依阿毘曇인댄 亦鬼趣攝者는 若依雜心第八修多羅品인댄 亦畜生趣攝이라 有言호대 阿修羅는 與天同趣일새 是故說言호대 汝先是天이라하니 問호대 若然인댄 何不見天帝耶아 答호대 諂曲所覆故라하니라 有說호대 是大力餓鬼라하니 天趣不攝故라 問호대 若爾인댄 釋天이 云何與相習近耶아 答호대 天貪色故며 勝負多故라하니라

차별이 있음을 말하고 있다.

400 오취五趣는 阿修羅를 天이나 餓鬼나 畜生에 합하면 오취가 된다.

『아비담론』을 의지하건대 또한 귀취에 섭속된다 하였다고 한 것은, 만약 『잡심론』[401] 제팔권 수다라품을 의지하건대 또한 축생취에 섭속되는 것이다.
어떤 사람이 말하기를 아수라는 천취로 더불어 동취同趣이기에 이런 까닭으로 말하기를 그대는 선세先世에 하늘이다 하니,
묻기를 만약 그렇다면 어찌하여 천제天帝[402]를 보지 못하는가.
답하기를 아첨과 굽은 마음으로 뒤덮인 바인 까닭이다 하였다.
어떤 사람은 말하기를 대력아귀大力餓鬼다 하니
천취에 섭속되지 않는 까닭이다.
묻기를 만약 그렇다면 제석천왕이 어떻게 아귀와 더불어 서로 습관처럼 가까이 지내는가.
답하기를 하늘이 색을 탐하는 까닭이며,
승부심이 많은 까닭이다[403] 하였다.

401 『잡심론雜心論』은 『잡아비담심론雜阿毘曇心論』이니, 초문 끝날 때까지 모두 『잡심론』 제팔권 수다라품이다.

402 천제天帝라 한 帝(제) 자는 『잡심론』에는 諦(제) 자이니, 그렇다면 하늘의 진리라는 뜻이다.

403 원문에 승부다고勝負多故라고 한 것은 『잡심론』 제8권 수다라품에는 없다.

經

所謂羅睺阿脩羅王과 毘摩質多羅阿脩羅王과 巧幻術阿脩羅王과 大眷屬阿脩羅王과 大力阿脩羅王과 遍照阿脩羅王과 堅固行妙莊嚴阿脩羅王과 廣大因慧阿脩羅王과 出現勝德阿脩羅王과 妙好音聲阿脩羅王이라 如是等이 而爲上首하야 其數無量하니

말하자면 나후 아수라왕과 비마질다라 아수라왕과 교환술 아수라왕과 대권속 아수라왕과 대력 아수라왕과 변조 아수라왕과 견고행묘장엄 아수라왕과 광대인혜 아수라왕과 출현승덕 아수라왕과 묘호음성 아수라왕입니다.

이와 같은 등이 상수가 되어 그 수가 한량이 없었나니

疏

羅睺는 此云攝惱니 以能將手하야 隱攝日月하야 令天惱故라 二에 毘摩는 此云絲也요 質多羅는 種種也니 謂此王이 能以一絲로 幻作種種事故니라

나후羅睺는 여기서 말하면 섭뇌攝惱[404]이니

404 섭뇌攝惱는 은섭隱攝하여 뇌롭게 한다는 뜻이다. 즉 해와 달을 가리는 신이니

능히 손을 써서 해와 달을 은폐하고 거두어 하늘로 하여금 뇌롭게 하는 까닭이다.

두 번째 비마毘摩는 여기말로는 사絲이고, 질다라質多羅는 종종種種이니,

말하자면 이 아수라왕이 능히 한 가닥의 실로써 가지가지 일을 환작幻作하는 까닭이다.

일식월식日食月食을 한다.

經

悉已精勤하야 摧伏我慢과 及諸煩惱하니라

다 이미 정근하여 아만과 그리고 모든 번뇌를 꺾어 절복한 이들입니다.

疏

德中에 悉者는 因果俱慢故로 權應偏摧어니와 非不斷餘일새 故云及也라하니라

공덕 가운데 다(悉)라고 한 것은 인과因果가 함께 교만한[405] 까닭으로 방편(權)으로 아수라를 응대하여 치우쳐 교만을 꺾는다 하였거니와, 나머지 번뇌를 끊지 아니한 것이 아니기에 그런 까닭으로 말하기를 그리고(及)[406]라고 하였다.

---

405 인과因果가 함께 교만하다고 한 것은, 인행시因行時에 다분히 교만하여 아수라의 과보를 감득한 까닭으로 과보시果報時에도 또한 교만한 것을 말한다.

406 그리고(及)라고 한 것은, 경문에 아만과 그리고(及)라고 한 것이다.

經

復有不可思議數迦樓羅王하니

다시 가히 사의할 수 없는 수의 가루라왕이 있나니

疏

二는 迦樓羅니 昔云金翅어니와 正云妙翅니 以翅有種種寶色莊嚴故니라 此就狀翻거니와 若敵對翻인댄 此云大嗉項이니 以常著龍을 於嗉中故니라 此鳥가 能食消魚龍七寶라 然鳥及龍이 各具四生하니 謂卵胎濕化라 後後勝前前일새 劣不能食勝이니 謂卵生鳥는 不能食胎等이요 勝能噉劣이니 化食四生이라 如增一辯하니라 以化食化하고 暫得充虛하니 亦表菩薩攝生이라 故離世間品云호대 菩薩迦樓羅는 如意爲堅足하며 乃至搏撮人天龍하야 安置涅槃岸이라하니라

두 번째는 가루라이니,
옛날에는 금시金翅라 말하였거니와, 정확하게 말하면 묘시妙翅이니
날개가 가지가지 보배 색깔로 장엄되어 있는 까닭이다.
이것은 금시조의 모습에 나아가서 번역한 것이거니와,
만약 적대敵對하여 번역한다면 여기 말로 대소항大嗉項[407]이니

407 대소항大嗉項: 큰 주머니 목, 큰 밥통 목이라 하나니 용·칠보 등 무엇이든

항상 용龍을 목구멍(嗉中)에 넣는 까닭이다.
이 새가 능히 용과 고기와 칠보를 먹는다.
그러나 이 새와 그리고 용이 각각 사생四生을 갖추었나니,[408]
말하자면 난생卵生과 태생胎生과 습생濕生과 화생化生이다.
뒤에 뒤에가 앞에 앞에보다 수승하기에 하열한 금시조는 수승한 용을 능히 먹지 못하나니,
말하자면 난생의 금시조는 태생 등의 용을 능히 먹지 못하는 것이요,
수승한 금시조는 능히 하열한 용을 먹나니
화생의 금시조는 사생四生의 용을 다 먹는 것이다.
이는 『증일아함경增一阿含經』에 분별한 것과 같다.
화생의 금시조는[409] 화생의 용을 먹고 잠시 허기짐을 채움을 얻나니

삼킨다. 칠보七寶도 삼키면 녹아버린다. 소嗉는 주머니 소, 항項은 목 항이다.

408 그러나 이 새와 용이 각각 사생四生을 갖추었다고 한 것은 一은 난생의 금시조는 난생의 용만 먹고, 二는 태생의 금시조는 태생의 용만 먹고, 三은 습생의 금시조는 습생의 용만 먹고, 四는 화생의 금시조는 화생의 용만 먹는다. 그러나 수승한 금시조는 사생의 용을 다 먹는다. 그리고 위에 금시조는 아래 용을 다 먹나니 즉 화생의 금시조는 습생의 용을, 습생의 금시조는 태생의 용을, 태생의 금시조는 난생의 용을 먹는다. 또 화생의 금시조는 습생·태생·난생의 용을 다 먹고, 습생의 금시조는 태생·난생의 용을 먹고, 태생의 금시조는 난생의 용을 먹고, 난생의 금시조는 난생의 용만 먹는다.

409 화생의 금시조라고 한 등은, 대개 그 화생의 용인즉 가장 큰 까닭으로 먹으면 잠시 허기짐을 채움을 얻지만, 그러나 나머지 용(습생용·태생용 등)인즉 능히 크지 않은 까닭으로 비록 먹는다 하여도 오히려 요기(시장기)를 채울 수 없다. 이상은 『잡화기』의 말이다. 그러나 나는 이렇게 본다. 화생의 금시조는 사생의 용을 다 먹지만 우선 화생의 용을 먹나니, 이것은 잠시

또한 보살이 중생을 섭수함을 표한 것이다.
그런 까닭으로 이세간품에 말하기를[410] 보살인 가루라는 여의如意로 견고한 다리를 삼으며
내지 인간과 하늘의 용을 모아 열반의 언덕에 안치한다 하였다.

鈔

化食四生者는 化最勝故라 濕生鳥는 食濕胎卵三生龍하고 胎生鳥는 食胎卵二生龍하고 卵生鳥는 唯食卵生龍이라 然이나 劣不能食勝하나니 若有食者면 其鳥卽死니라 而可食者는 日食一龍王과 五百小龍호대 繞四天下하야 周而復始하야 次第取食이라가 其鳥命將盡時에 至海取龍이라가 爲龍吐毒하면 復不能食하고 飢火所繞하야 聳翅入海하야 直下至風輪際나 爲風所吹하야 還復却上하나니 如是七返호대 無處停足이라가 遂至金剛山頂하야 命終하나니 以食龍故로 其身毒氣가 發火自燒하니라 難陀龍王이 恐燒寶山하야 降雨滅火호대 滴如車軸하니라 其身肉消散하고 唯有心在호대 大如人髀하고 紺瑠璃色이라 輪王得之하야 用爲珠寶하고 帝釋得之하야 爲髻中珠하니라 亦表菩薩攝生下는 約表以釋이라 引文云乃至者는 彼經具 云호대 菩薩迦樓羅는 如意爲堅足하며 方便勇猛翅하며 慈悲明淨眼하며 住一切智樹하야 觀三有大海하고 搏撮天人龍하야 安置涅槃岸이라하니라

허기를 면하려는 것뿐이라고.

410 이세간품 운운은 아래 초문에 있다.

화생의 금시조는 사생의 용을 다 먹는다고 한 것은 화생이 가장 수승한 까닭이다.
습생의 금시조는 습생과 태상과 난생의 삼생三生의 용을 먹고,
태생의 금시조는 태생과 난생의 이생二生의 용을 먹고,
난생의 금시조는 오직 난생의 용만 먹는다.
그러나 하열한 금시조는[411] 수승한 용을 먹지 못하나니,
만약 먹는 놈이 있다면 그 금시조는 즉시에 죽는다.
가히 먹는 놈은 하루에 한 용왕과 오백의 작은 용을 먹되, 사천하四天下를 돌아 두루하고 다시 시작하여 차례로 취하여 먹다가, 그 금시조가 목숨이 장차 다할 때에 바다에 이르러 용을 취하다가 용이 독을 토함을 만나면 다시 능히 먹지 못하고 굶주려 울화鬱火가 치밀어 타는 바가 되어 날개를 쳐서 바다에 들어가 바로 아래로 풍륜風輪의 끝에 이르지만 바람이 부는 바가 되어 도리어 다시 물 위로 올라오나니,
이와 같이 하기를 일곱 번을 반복하되 발이 머무를 곳이 없다가 드디어 금강산[412] 꼭대기에 이르러 목숨을 마치나니
용을 먹은 까닭으로 그 몸에 독기가 불을 일으켜 스스로를 태우는

411 그러나 하열한 금시조라고 한 등은, 『잡화기』에 말하기를 말하자면 비록 난생의 금시조는 난생의 용과 태생의 용 등을 먹되, 만약 또한 금시조가 하열하고 용이 수승한즉 또한 능히 먹을 수 없다. 그러한즉 여기에 수승하다, 하열하다 말한 것은 다만 동생同生 가운데 있어 말한 것일 뿐 전후를 서로 바라보고 말한 것은 아니다 하였다.

412 금강산은 철위산이다.

것이다.

난타難陀 용왕이 보산寶山이 탈까 두려워 비를 내려 불을 끄되 그 물방울이 수레의 축과 같았다.

그 몸에 근육은 타서 없어지고 오직 심장心臟만 남아 있으되 크기는 사람의 장딴지 같고 색깔은 감청 유리색이었다.

윤왕輪王은 그것을 얻어 주보珠寶로 삼았고, 제석은 그것을 얻어 계중주髻中珠를 삼았다.

또한 보살이 중생을 섭수함을 표한 것이라고 한 아래는 표법表法을 잡아서 해석한 것이다.

인용한 문장에[413] 내지라고 말한 것은, 저 이세간품 경에 갖추어 말하기를 보살인 가루라는 여의로 견고한 다리를 삼으며,

방편으로 용맹한 날개를 삼으며,

자비로 밝은 눈을 삼으며,

일체 지혜의 나무에 머물러서 삼유三有의 큰 바다를 관찰하고,

하늘과 인간의 용을 모아

열반의 언덕에 안치한다 하였다.

413 인용한 문장이란, 이세간품을 말한다.

經

所謂大速疾力迦樓羅王과

말하자면 대속질력 가루라왕과

疏

大速疾力者는 增一中說호대 此鳥食龍에 從金剛山頂의 鐵杈樹下로 入海取龍하야 水未合間에 還至本樹라하니 是爲速疾이니라

대속질력大速疾力이라고 한 것은, 『증일아함경』에 말하기를
이 금시조가 용을 잡아먹을 때에
금강산 꼭대기의
무쇠나무 가지[414] 아래로 좇아
바다에 들어가 용을 잡아 취하여
갈라진 물이 합쳐지지도 아니한 사이에
본래 나무 아래로 돌아와 이른다 하였으니,
이것은 속질速疾이 되는 것이다.

414 원문에 杈는 가지 차이다.

經

無能壞寶髻迦樓羅王과 淸淨速疾迦樓羅王과 心不退轉迦樓羅王과 大海處攝持力迦樓羅王과

무능괴보계 가루라왕과 청정속질 가루라왕과 심불퇴전 가루라왕과 대해처섭지력 가루라왕과

疏

大海處攝持力者는 卽是攝彼命將盡者하야 食之호대 而龍受三歸어나 及袈裟一縷在身이면 則不可取니라 菩薩亦爾하나니 如前引離世間品說하니라 又出現云호대 取善根熟衆生하야 置佛法中이라하니 此爲命盡이라 若心有邪歸어나 斷見所覆인댄 則不可取니라

대해처섭지력大海處攝持力이라고 한 것은 곧 저 금시조가 목숨이 장차 다하고자 하는 용 놈을 섭취하여 먹되, 용이 삼귀의 계를 받았거나 그리고 가사의 한 올이라도 몸에 걸치고 있다면 곧 가히 취하여 먹을 수 없다.
보살도 또한 그러하나니
앞에 이세간품을 인용하여 설한 것과 같다.[415]

---

415 앞에 이세간품을 인용하여 설한 것과 같다고 한 것은, 바로 앞에 영인본

또 출현품에 말하기를[416] 선근이 성숙한 중생을 취하여 불법 가운데 안치한다 하였으니,
이것은 목숨이 다함이 되는 것이다.
만약 마음이 사도에 귀의함이 있거나 단견斷見에 덮인 바가 있다면 곧 가히 불법 가운데 취하여 들 수 없는 것이다.

而龍受三歸者는 菩薩處胎經에 佛自說호대 昔爲金翅鳥하야 七寶宮殿等이라하고 時入大海하야 求龍爲食이러니 時彼海中에 有化生龍하야 龍子가 八日과 十四日과 十五日에 受如來의 齋八禁戒法하니라 時鳥가 銜龍出海러니 金翅鳥法에 若食龍時면 先從尾呑이로대 求尾不得하고 已經日夜니라 明日에 龍出尾하야 示金翅鳥云호대 化生龍者는 我身是也라 我若不持八關齋法者면 汝可食我어니와 我奉齊戒일새 汝屈滅我니라 金翅聞已하고 悔過自責云호대 佛之威神이 甚深難量이라하고 請龍入宮거늘 龍卽隨入하니 乃請龍受八戒라하니라 一縷在身은 卽觀佛三昧海經이라 又出現下는 卽彼如來行中에 金翅鬭海喩니 喩如來無礙行이라 經云호대 佛子야 譬如金翅鳥王이 飛行虛空하야 回翔不去하고 以淸淨眼으로 觀察海內에 諸龍宮殿하고 奮

화엄 2책, p.650, 2행에 보살인 가루라왕이 운운한 것이다.

416 출현품 운운은 간략하게 인용한 것이니, 구체적으로 인용하면 약증종선근若曾種善根하야 이성숙자已成熟者면 여래如來가 분용맹십력奮勇猛十力 운운 치불법중置佛法中 운운하여 초문에 잘 설명하고 있다. 교림출판,『화엄경』 4책, p.49에 있는 보현보살의 말이다.

勇猛力하야 以左右翅로 鼓揚海水하야 悉令兩闢하고 知龍男女의 命將盡者하야 而摶取之하나니 如來應正等覺의 金翅鳥王도 亦復如是하야 住無礙行하야 以淨佛眼으로 觀察法界의 諸宮殿中에 一切衆生호대 若種善根하야 已成熟者면 如來가 奮勇猛十力하야 以止觀兩翅로 鼓揚生死의 大愛海水하야 使其兩闢하고 而撮取之하야 置佛法中하야 令斷一切妄想戲論하고 安住如來의 無分別無礙行이라하니 釋曰觀前經文하면 自知廣略이라 下釋救攝에 引出現品도 亦是此文하니라

용이 삼귀의계를 받았다고 한 것은, 『보살처태경』에 부처님께서 스스로 말씀하시기를 옛날에 금시조를 위하여 칠보궁전 등이라 하고 다음에 그때에 금시조가 큰 바다에 들어가 용을 구하여 먹더니, 그때에 저 바다 가운데 화생용化生龍이 있어 그 용의 새끼가 팔일과 십사일과 십오일에 여래가 팔금계법八禁戒法[417]을 재지齋持함을 받았다.
그때에 금시조가 용을 잡아 바다에서 나오니, 금시조의 식사법에 만약 용을 먹을 때면 먼저 꼬리부터 먹는 것이나, 꼬리를 구하여 보지만 얻지 못하고 이미 하룻밤이 지났다.
다음 날 용이 꼬리를 나타내어 금시조에게 보이고 말하기를 화생용化

417 팔금계라고 한 것은, 오계에다 높고 넓은 평상에 앉고 눕지(높은 것은 의자이니 앉는다는 뜻이고, 넓은 것은 평상〔침대〕이니 눕는다는 것이다) 않는다는 것과 꽃다발·영락을 걸지 않는다는 것과 노래하고 풍류잡지 않는 세 가지를 더하는 것이다. 역시 『잡화기』의 말이다.

生龍은 나의 몸이 이것이다.
내가 만약 팔관재법八關齋法[418]을 가지지 않았다면 그대가 가히 나를 먹었을 것이어니와, 내가 팔관재법을 받들어 가졌기에 그대가 나에게 굴복한[419] 것이다.
금시조가 들어 마치고 허물을 뉘우쳐 스스로 꾸짖어 말하기를 부처님의 위신력이 깊고도 깊어 사량하기 어렵다 하고는 용에게 간청하여 용궁에 들어가거늘, 용이 곧 따라가니 이에 용에게 팔관계八關戒 받기를 간청한다 하였다.

가사의 한 올이라도 몸에 걸치고 있다면이라고 한 것은 곧 『관불삼매해경』의 뜻이다.

또 출현품이라고 한 아래는 곧 저 여래의 행 가운데 금시조가 바다를 여는 비유이니
여래의 걸림 없는 행에 비유한 것이다.
출현품경[420]에 말하기를 불자야, 비유하자면 금시조의 왕이 허공을 비행하여 날개를 돌려 가지 않고 청정한 눈으로 바다 안에 모든 용의 궁전을 관찰하고, 용맹한 힘을 떨쳐 좌우의 날개로 바닷물을

---

418 팔관재는 곧 팔금계이니 관關은 곧 금禁의 뜻이다. 아울러 『대명법수』 32권 24장을 볼 것이다.

419 원문에 굴멸屈滅은 곧 굴복의 뜻이다.

420 출현품경이란 교림출판, 『화엄경』 4책, p.49, 1행에 있는 보현보살의 말이다. 여래출현품 제삼십칠의 삼이다.

쳐 드날려서 다 하여금 양쪽으로 갈라지게 하고, 용의 남녀가 목숨이 장차 다하려 하는 놈을 알아 잡아서 취하는 것과 같나니,
여래·응공·정등각인 금시조의 왕도 또한 다시 이와 같아서 걸림 없는 행에 머물러 청정한 부처님의 눈으로써 법계의 모든 궁전 가운데 일체중생을 관찰하되, 만약 선근을 심어 이미 성숙한 사람이라면 여래가 용맹한 십력十力을 떨쳐 지止·관觀의 양 날개로써 생사의 큰 사랑의 바닷물을 쳐 드날려서 그로 하여금 양쪽으로 갈라지게 하고, 그들을 잡아 취하여 불법 가운데 안치하여 하여금 일체 망상과 희론을 끊고, 여래의 분별이 없고 걸림이 없는 행에 안주케 한다 하였으니,
해석하여 말하면 앞에 경문[421]을 관찰한다면 스스로 광廣·약略을 알 수가 있을 것이다.[422]
아래에 구원하여 섭수함을 해석함에[423] 여래출현품을 인용한 것도 역시 이 문장이다.

---

421 앞에 경문이란, 이세간품이다.

422 스스로 광廣·약略을 알 수가 있을 것이라고 한 것은, 앞에 이세간품은 약설이고 여기 출현품은 광설이다. 또 앞에 이세간품은 약설이고 이 『보살처태경』과 출현품은 광설임을 알 수 있을 것이라는 것이다.

423 아래에 구원하여 섭수함을 해석한다고 한 것은, 7행 뒤에 널리 능히 구원하여 섭수한다 한 것이다.

經

堅固淨光迦樓羅王과 巧嚴冠髻迦樓羅王과 普捷示現迦樓羅王과 普觀海迦樓羅王과

견고정광 가루라왕과 교엄관계 가루라왕과 보첩시현 가루라왕과 보관해 가루라왕과

疏

普觀海者는 卽周四天下하야 求命盡龍이라

보관해普觀海라고 한 것은 곧 사천하에 두루하여 목숨이 다하는 용을 구원하는 것이다.

經

普音廣目迦樓羅王이라 如是等이 而爲上首하야 不思議數니 悉已成就大方便力하야 善能救攝一切衆生하니라

보음광목 가루라왕입니다.

이와 같은 등이 상수가 되어 그 수가 사의할 수 없었나니,

다 이미 큰 방편의 힘을 성취하여 잘 능히 일체중생을 구원하여 섭수한 이들입니다.

疏

德中에 大方便力은 卽雖了衆生空이나 而能入有니 是十力止觀也니라 普能救攝은 卽鼓生死大愛海水하야 取善根熟者也니 如出現品說하니라

공덕 가운데 큰 방편의 힘이라고 한 것은 곧 비록 일체중생이 공한 줄 알지만 그러나 능히 삼유三有에 들어가나니,
이것이 십력의 지止·관觀이다.

널리[424] 능히 구원하여 섭수한다고 한 것은 곧 생사의 큰 사랑의 바닷물을 쳐 선근이 성숙한 사람을 취하나니,

출현품에 설한 것과 같다.[425]

424 원문에 보普 자는 경문에는 선善 자이다.

425 출현품에 설한 것과 같다고 한 것은, 영인본 화엄 2책, p.652, 말행에 인용한 것과 같다는 것이다.

經

復有無量緊那羅王하니

다시 한량없는 긴나라왕이 있나니

疏

三은 緊那羅者라 此云疑神이니 謂頂有一角호대 形乃似人하야 面極端正하니 見者生疑호대 爲是人耶아 爲非人耶아할새 因此立稱하니라 依雜心論인댄 畜生道攝이라 亦云歌神이니 以能歌詠이라 是天帝執法樂神이니 卽四王眷屬이라 表菩薩이 示衆生形이나 而非衆生이며 常以法樂으로 娛衆生故니라

세 번째는 긴나라緊那羅[426]이다.
여기서 말하면 의신疑神이니,
말하자면 머리에 한 개의 뿔이 있으되 형상은 이에 사람과 같아서 얼굴이 지극히 단정하나니,
보는 사람이 의심을 내되 이 사람인가 사람이 아닌가 하기에 이로 인하여 이름을 세운 것이다.
『잡심론』을 의지한다면 축생도에 섭속된다.

426 보편적으로 者(자) 자가 있으면 '는' 토吐이나, 여기서는 번역의 통일성을 기하고자 '라' 토로 하였다. 이후로도 이런 대목이 있다.

또한 가신歌神이라고도 말하나니
가영歌詠에 능하기 때문이다.
이는 천제天帝의 집법락신執法樂神이니
곧 사천왕의 권속이다.
이 신은 보살이 중생의 형상을 시현하지만 중생이 아니며, 항상 법락法樂으로써 중생을 즐겁게 함을 표한 까닭이다.

亦云歌神은 卽唐三藏譯이라

또한 가신이라고도 말한다고 한 것은 곧 당나라 삼장이 번역한 것이다.

經

所謂善慧光明天緊那羅王과 妙華幢緊那羅王과 種種莊嚴緊那羅王과 悅意吼聲緊那羅王과 寶樹光明緊那羅王과 見者欣樂緊那羅王과 最勝光莊嚴緊那羅王과 微妙華幢緊那羅王과 動地力緊那羅王과 攝伏惡衆緊那羅王이라 如是等이 而爲上首하야 其數無量하니 皆勤精進하야 觀一切法이나 心恒快樂하야 自在遊戲하니라

말하자면 선혜광명천 긴나라왕과 묘화당 긴나라왕과 종종장엄 긴나라왕과 열의후성 긴나라왕과 보수광명 긴나라왕과 견자흔락 긴나라왕과 최승광장엄 긴나라왕과 미묘화당 긴나라왕과 동지력 긴나라왕과 섭복악중 긴나라왕입니다.

이와 같은 등이 상수가 되어 그 수가 한량이 없었나니,

다 부지런히 정진하여 일체법을 관찰하지만 마음이 항상 쾌락하여 자재롭게 노니는 이들입니다.

疏

德中에 要勤觀察하면 則得法樂하야 怡神하고 自他兼樂이 爲自在遊戲니라

공덕 가운데 중요한 것은 부지런히 관찰하면 곧 법락을 얻어 심신心神이 기쁘고 자타가 함께 즐거워하는 것이 자재롭게 노니는 것이 된다는 것이다.

經

復有無量摩睺羅伽王하니

다시 한량없는 마후라가왕이 있나니

疏

四는 摩睺羅伽者라 此云大腹行이니 卽蟒之類라 亦表菩薩이 遍行一切나 而無所行也니라

네 번째는 마후라가摩睺羅伽이다.
여기서 말하면 대복행大腹行이니
곧 이무기의 유형이다.
또한 보살이 일체 처에 두루 가지만 간 적이 없음을 표한 것이다.[427]

---

427 또한 보살 운운은, 『잡화기』에 말하기를 대개 무릇 동물이 어떤 곳을 가더라도 다 반드시 발을 사용하거늘, 지금에 배로 간즉 비록 가지만 그 발로 감을 볼 수 없는 까닭으로 법을 표하는 것도 이와 같다 하였다. 법을 표하는 것도 이와 같다고 한 것은 보살이 일체 처에 가지만 간 적이 없다(감을 볼 수 없다)는 것이다.
마후라가는 대망大蟒, 즉 큰 이무기로 다리가 없이 능히 가나니 마치 가는 것 같지만 감이 없는 것이다. 뱀들은 다 그렇다.

經

所謂善慧摩睺羅伽王과 清淨威音摩睺羅伽王과 勝慧莊嚴髻摩睺羅伽王과 妙目主摩睺羅伽王과 如燈幢爲衆所歸摩睺羅伽王과 最勝光明幢摩睺羅伽王과 師子臆摩睺羅伽王과 衆妙莊嚴音摩睺羅伽王과 須彌堅固摩睺羅伽王과 可愛樂光明摩睺羅伽王이라 如是等이 而爲上首하야 其數無量하니 皆勤修習廣大方便하야 令諸衆生으로 永割癡網케하니라

말하자면 선혜 마후라가왕과 청정위음 마후라가왕과 승혜장엄계 마후라가왕과 묘목주 마후라가왕과 여등당위중소귀 마후라가왕과 최승광명당 마후라가왕과 사자억 마후라가왕과 중묘장엄음 마후라가왕과 수미견고 마후라가왕과 가애락광명 마후라가왕입니다.

이와 같은 등이 상수가 되어 그 수가 한량이 없었나니,

다 부지런히 광대한 방편을 닦아 익혀 모든 중생으로 하여금 영원히 어리석음의 그물을 끊게 한 이들입니다.

疏

德中에 此類聾騃일새 故令方便捨癡케하니라

공덕 가운데 이 유형이[428] 어둡고 어리석기에[429] 그런 까닭으로 방편으로 하여금 어리석음을 버리게 하는 것이다.

428 이 유형이라 운운한 것은, 이것도 또한 실보實報의 마후라가인즉 어둡고 어리석기에 그런 까닭으로 지금에 보살이 방편으로 응하여 저로 하여금 어리석음을 버리게 하는 것이니, 아래는 다 이것을 본받을 것이라고 『잡화기』는 말하고 있다.

429 聾은 여기서는 어두울 롱이다. 騃는 어리석을 애이다.

經

復有無量夜叉王하니

다시 한량없는 야차왕이 있나니

疏

五는 夜叉王이라 初一은 是北方天王이니 卽毘沙門是也니라 若從能領인댄 是天衆攝거니와 今從所領하야 爲名이니라 然四王이 各領二部로대 從一立稱하니라 夜叉는 此云輕捷이니 飛空速疾故라 亦云苦活이라 此天이 又領一部니 名羅刹이라 此云可畏니라

다섯 번째는 야차왕이다.
처음에 한 야차는 이는 북방천왕이니,
곧 비사문毘沙門이 이것이다.
만약 능령能領을 좇는다면 이는 천중天衆에 섭속되거니와 지금에는 소령所領을 좇아서 이름하였다.
그러나 사천왕四天王이 각각 이부중二部衆을 거느리되[430] 야차 하나만을 좇아 이름을 세웠다.
야차夜叉는 여기서 말하면 몸이 가볍고 민첩敏捷하다는 뜻이니

430 사천왕四天王이 각각 이부중二部衆을 거느린다고 한 것은, 북방천왕은 야차와 나찰, 남방천왕은 구반다와 폐려다, 서방천왕은 용왕과 부단나, 동방천왕은 건달바와 비사사를 거느린다.

허공을 빠르게 나는 까닭이다.

또한 괴롭게 산다(苦活)는 뜻으로도 말한다.

이 북방천왕이 또 일부중一部衆을 거느리나니

이름이 나찰羅刹이다.

여기서 말하면 가히 두렵다(可畏)는 뜻이다.

經

所謂毘沙門夜叉王과 自在音夜叉王과 嚴持器仗夜叉王과 大智慧夜叉王과 焰眼主夜叉王과 金剛眼夜叉王과 勇健臂夜叉王과 勇敵大軍夜叉王과 富資財夜叉王과 力壞高山夜叉王이라 如是等이 而爲上首하야 其數無量하니

말하자면 비사문 야차왕과 자재음 야차왕과 엄지기장 야차왕과 대지혜 야차왕과 염안주 야차왕과 금강안 야차왕과 용건비 야차왕과 용적대군 야차왕과 부자재 야차왕과 역괴고산 야차왕입니다.

이와 같은 등이 상수가 되어 그 수가 한량이 없었나니,

疏

名中에 云毘沙門者는 此云多聞이니 以福德之名이 聞四方故라 此一은 是天이니 夜叉之王이요 餘九는 是夜叉니 夜叉卽王이라 雖一是天이나 又從所領커든 況九皆夜叉아 故非天衆이라 下三例然하니 如龍中娑竭羅王이 豈是天耶아

이름 가운데 비사문毘沙門이라고 말한 것은 여기서 말하면 다문多聞이니,

복덕의 이름이 사방에 소문이 난 까닭이다.

이 한 야차는 하늘이니 야차의 왕이요,

나머지 아홉은 야차이니 아홉 야차가 곧 각각 왕이다.

비록 한 야차가 하늘이지만 또한 통령하는 바(所領)[431]를 좇거든

하물며 나머지 아홉이 다 야차이겠는가. 그런 까닭으로 천중天衆이

아니다.

아래의 세 천왕[432]도 예例가 그러하나니

용 가운데 사갈라 용왕[433]과 같은 것이 어찌 이 하늘 용이겠는가.

---

431 통령하는 바(所領)라고 한 것은 북방 비사문천왕의 통령하는 바가 된다는 것이다.

432 아래의 세 천왕은 남·서·동방의 천왕이다.

433 사갈라 용왕은 대해 가운데 가장 높은 용왕이다.

經

皆勤守護一切衆生하니라

다 부지런히 일체중생을 수호한 이들입니다.

疏

德中에 此類가 飛空噉人일새 故菩薩示爲其王하야 翻加守護하며 亦令愛見羅刹로 不害法身慧命也니라

공덕 가운데 이 유형이 허공을 날아 사람을 먹기에 그런 까닭으로 보살이 그 왕이 됨을 시현하여 도리어 가피하여 수호하며, 또한 애愛·견見 나찰로 하여금 법신의 혜명을 해치지 않게 하는 것이다.

鈔

亦令愛見羅刹等者는 涅槃十一의 浮囊喩中에 羅刹이 乞浮囊을 合以愛見羅刹이라 謂一切衆生이 或因貪愛煩惱하야 破戒니 如有人이 明信因果하야 正見在懷나 但爲惑纏하야 遂破禁戒를 名愛羅刹이요 二者는 以見不正하야 撥無因果하고 起諸邪見과 斷常等見하야 便破禁戒하고 謂破無罪를 名見羅刹이니 但彼令破戒하고 此害慧命이 以之爲異요 羅刹義同하니라

또한 애·견 나찰로 하여금이라고 한 등은, 『열반경』 십일권 부낭浮囊 비유[434] 가운데 나찰이 부낭을 구걸한 것을 애견 나찰로써 법합法合한 것이다.

말하자면 첫 번째는 일체중생이 혹 탐貪·애愛의 번뇌를 인하여 계를 파하는 것이니

어떤 사람이 분명히 인과를 믿어 정견正見이 마음속에 있지만, 다만 미혹에 얽힌 바가 되어서 드디어 금계禁戒를 파하는 것과 같은 것을 애愛 나찰이라 이름하는 것이요,

두 번째는 소견이 바르지 못하여 인과를 발무撥無하고 모든 사견邪見과 단견斷見과 상견常見 등[435]의 소견을 일으켜 문득 금계를 파하고 파하였다 할지라도 죄가 없다고 말하는 것을 견見 나찰이라 이름하는 것이니,

---

434 『열반경』 십일권 부낭浮囊 비유라고 한 것은 『열반경』 십일권 성행품聖行品의 말이니, 그 부낭이라는 말만 인용한 것이다. 구체적으로 인용하면, 어떤 사람이 부낭(구명부대, 구명동의)을 몸에 달고 바다를 건너려 할 때 바닷속에 있던 나찰이 이 사람에게 부낭을 달라고 하였다. 그 사람은 주면 반드시 물에 빠져 죽을 것이다 생각하고 줄 수 없다 하였다. 그러자 나찰이 다 줄 수 없다면 반이라도 달라고 하였다. 그래도 줄 수 없다 하자 삼분의 일이라도, 손바닥만큼이라도, 티끌만큼이라도 달라고 하였다. 그래도 줄 수 없다 하면서, 내가 주면 이 바다에 빠져 죽을 것이다. 선남자야, 보살마하살이 계율을 수호하고 가지는 것도 이와 같아서 바다를 건너가는 사람이 부낭을 사랑하고 아끼는 것과 같다 하였다. 이상은 뜻으로 인용하였다. 한글대장경 열반부 1, 『대반열반경』 십일권, p.209 하단에서 p.210 상단까지이다.

435 등이란 육십이견六十二見이다.

다만 저 『열반경』에서는 하여금[436] 금계를 파한다 하고,
이 경에서는 혜명慧命을 해치게 한다는 것이 다름이 될 뿐, 나찰의 뜻은 같다 하겠다.

436 원문에 영파계令破戒라 한 令(영) 자는 파계라는 문장에 속하지 않고 아래 혜명慧命이라는 문장에 속하는 것이다. 즉 해치게 하느냐 하지 않느냐의 문제라는 것이다.

經

復有無量諸大龍王하니

다시 한량없는 모든 큰 용왕이 있나니

疏

六은 龍王이라 亦初一은 是天이니 卽西方天王이라

여섯 번째는 용왕이다.
역시 처음에 한 용왕은 하늘이니
곧 서방천왕이다.

經

所謂毘樓博叉龍王과 娑竭羅龍王과

말하자면 비루박차 용왕과 사갈라 용왕과

疏

毘樓博叉는 唐三藏譯云호대 醜目이니 毘樓는 醜也요 博叉는 目也라하니라 日照三藏譯云호대 毘는 遍也多也요 樓者는 具云嚕波니 此云色也요 博吃叉는 此云諸根也니 謂眼等諸根이 有種種色일새 故以爲名이라하니 此不必醜也니라 此王主二部하니 謂龍及富單那라 富單那者는 此云熱病鬼也라 娑竭羅는 此云海也니 於大海中에 此最尊故로 獨得其名하니라

비루박차는 당나라 삼장이 번역하여 말하기를 추목醜目이니,
비루毘樓는 추醜요 박차博叉는 목目이라 하였다.
일조삼장日照三藏이 번역하여 말하기를 비毘는 변遍이며 다多요,
루樓라는 것은 갖추어 말하면 노파嚕波이니 여기서 말하면 색色이요,
박흘차博吃叉는 여기서는 말하면 제근諸根이니,
말하자면 안眼 등 제근이 가지가지 색이 있기에 그런 까닭으로 이름한다 하였으니,
이는 반드시 추醜하다고만 번역할 수 없다.
이 왕이 이부중二部衆을 주간하나니

말하자면 용과 그리고 부단나이다.

부단나富單那라고 한 것은 여기서 말하면 열병귀熱病鬼이다.

사갈라娑竭羅라고 한 것은 여기서 말하면 해海이니,

큰 바다 가운데 이 용왕이 가장 높은 까닭으로 홀로 그 이름을 얻는 것이다.

經

雲音妙幢龍王과 焰口海光龍王과 普高雲幢龍王과 德叉迦龍王과

운음묘당 용왕과 염구해광 용왕과 보고운당 용왕과 덕차가 용왕과

疏

德叉迦는 舊云多舌이니 以嗜語故라 正云能害니 害於所害라 德叉者는 能害也요 迦者는 所害也니 謂若瞋噓視하면 人畜皆死니라

덕차가는 구역에 말하기를 다설多舌이라 하였으니
말하기를 즐기는[437] 까닭이다.
정확하게 말하면 능해能害라 할 것이니
해칠 바(所害)를 해치기 때문이다.
덕차德叉라고 한 것은 능해能害요, 가迦라고 한 것은 소해所害이니 말하자면 만약 성을 내어 독기를 내불[438]거나 바라보면 사람과 축생들이 다 죽기 때문이다.

437 嗜는 즐길 기 자이다.
438 噓는 독기 내불 허 자이다.

經

無邊步龍王과 淸淨色龍王과 普運大聲龍王과 無熱惱龍王이라

무변보 용왕과 청정색 용왕과 보운대성 용왕과 무열뇌 용왕입니다.

疏

無熱惱者는 卽阿耨達池之龍也라 諸龍이 有四熱惱어니와 今皆離故니라 四熱은 至下當釋하리라 智論云호대 此龍은 是七地菩薩이라하고 須彌藏經云호대 是馬形龍王이라하니라 又一切龍이 總有五種形類하니 一은 象形이니 善住龍王이 爲主요 二는 蛇形이니 難陀龍王이 爲主요 三은 馬形이니 阿那婆達多龍王이 爲主요 四는 魚形이니 婆樓那龍王이 爲主요 五는 蝦蟇形이니 摩那斯龍王이 爲主니라

무열뇌라고 한 것은 곧 아녹달지阿耨達池[439]의 용이다.
모든 용이 네 가지 열뇌가 있거니와 지금 이 용은 다 떠난 까닭이다.
네 가지 열뇌[440]는 아래에 이르러 마땅히 해석하겠다.[441]

---

439 아녹달지阿耨達池를 갠지스 강, 항하 강이라 한다. 구체적으로 말하면 아阿는 무無의 뜻이고, 녹달耨達은 열熱의 뜻이고, 지池는 강江의 뜻이니 갠지스(아녹달) 강(지池), 항하(아녹달) 강(지池)이라 한다. 항하 강 신은 소비라 한 바 있다.

440 네 가지 열뇌는, 금시조에게 먹히는 고통과 욕망을 행하고자 할 때 본신을

『지도론』에 말하기를 이 용은 칠지보살이다 하였고,
『수미장경』[442]에 말하기를 이는 말 모습의 용왕이다 하였다.
또 일체 용이 모두 다섯 가지 유형이 있나니
첫 번째는 코끼리 유형이니 선주 용왕이 주왕이 되는 것이요,
두 번째는 뱀의 유형이니 난타 용왕이 주왕이 되는 것이요,
세 번째는 말의 유형이니 아나바달다 용왕이 주왕이 되는 것이요,
네 번째는 고기 유형이니 바루나 용왕이 주왕이 되는 것이요,
다섯 번째는 두꺼비[443] 유형(蝦蟇形)이니 마나사 용왕이 주왕이 되는 것이다.

鈔

須彌藏經者는 有兩卷하니 此卽下卷이라 功德天이 自敘云호대 我與世尊으로 往昔에 於因陀羅幢相王佛所에 同時發誓願하야 今願悉滿하야 心意滿足할새 是故如來는 出現於世하시고 我今得住功德之處니라 我今雖復住功德處나 猶未圓滿昔本誓願하니 何以故요 此處는 多有象龍하니 下卽義引하리라 謂諸惡龍이 惱害衆生일새 請佛除滅

회복하는 고통과 비늘껍질에 미세한 벌레가 있는 고통과 열사熱沙에 몸이 붙는 고통이다.

441 아래에 이르러 마땅히 해석하겠다고 한 것은 측자권昃字卷 상, 5장에 있다.

442 『수미장경』은 『대집수미장경』 상·하권 가운데 하권이니, 북제北齊 나연제야사那連提耶舍 번역이다. 또 『대방등대집경』 60권 가운데 57권과 58권에도 있다.

443 蝦는 두꺼비 하이고, 蟇는 두꺼비 마이다.

한대 佛告須彌藏龍仙菩薩云호대 汝於往昔然燈佛所에 爲化諸龍하야 起大勇猛거늘 今四生龍이 有於惡毒과 氣毒見毒과 觸毒齧毒과 貪瞋癡毒하니 云何當令如法除滅고 彼菩薩答호대 我入其窟하야 入深三昧하면 彼當降伏이니다하고 廣說竟云호대 我從阿僧祇劫으로 勇猛精進故로 能教化一切衆生하리다 此諸龍王은 於大乘法에 精進修行하나니 謂此善住龍王은 爲一切象形龍主하고 此難陀龍王은 爲一切蛇形龍主하고 此阿耨達龍王은 爲一切馬形龍主하고 此婆樓那龍王은 爲一切魚形龍主하고 此摩那蘇婆帝龍王은 爲一切蝦蟇形龍主니이다 如是等諸大龍王은 能與衆生으로 作諸衰惱호대 自餘諸龍은 自力이 不堪作上衰患하나니 此五大龍은 安住大乘하야 有大威德이니다 是大龍王이 各各佛前에 率諸眷屬하야 不令起作如上災禍케하고 於佛法僧三寶種性이 久住於世하야 不令速滅케하리다하니라

『수미장경』이라고 한 것은 경이 두 권이 있으니 이는 곧 하권이다. 공덕천功德天이 스스로 서술하여 말하기를 내가 세존으로 더불어 지나간 옛날에 인다라당상왕불因陀羅幢相王佛 처소에서 동시에 서원을 일으켜, 지금에 그 서원이 다 만족하여 마음이 만족하기에 이런 까닭으로 여래는 지금 세상에 출현하시고, 나는 지금 공덕천의 처소에 머무름을 얻었다.

내가 지금 비록 다시 공덕천의 처소에 머물지만[444] 오히려 아직 옛날에 본래의 서원을 원만케 하지 못하였나니,

---

444 往(왕) 자는 住(주) 자의 잘못이라 고쳤다.

무슨 까닭인가.

이곳에는 상용象龍이 많이 있나니[445] 이 아래는 곧 뜻으로 인용하겠다. 말하자면 모든 악한 용이 중생을 뇌롭게 하고 해치기에 부처님께 제거하여 없애주기를 간청한대, 부처님이 수미장용선 보살에게 일러 말씀하시기를 그대는 지나간 옛날 연등 부처님의 처소에서 모든 용을 교화하기 위하여 큰 용맹을 일으켰거늘, 지금에 사생四生의 용이 악독惡毒과 기독氣毒과 견독見毒과 촉독觸毒과 치독齒毒과 탐貪·진瞋·치독痴毒이 있으니, 어떻게 마땅히 하여금 여법하게 제거하여 없애야 하겠는가.

저 용선보살이 답하기를 저가 그 굴에 들어가서 깊은 삼매에 들어가면 저 용이 마땅히 항복할 것입니다 하고, 널리 설하여 마치고 말하기를 저가 아승지 세월(劫)로 좇아 용맹정진한 까닭으로 능히 일체중생을 교화할 것입니다.

이 모든 용왕은 대승법에 정진하고 수행하나니,

말하자면 이 선주善住 용왕은 일체 상형象形 용의 주왕이 되고,

이 난타 용왕은 일체 사형蛇形 용의 주왕이 되고,

이 아뇩달 용왕은 일체 마형馬形 용의 주왕이 되고,

이 바루나 용왕은 일체 어형魚形 용의 주왕이 되고,

이 마나소바제 용왕은 일체 하마형蝦蟇形 용의 주왕이 됩니다.

이와 같은 등 모든 큰 용왕은[446] 능히 중생으로 더불어 모든 슬픔과

---

445 이곳에는 상용象龍이 많다고 한 것은, 이곳에는 상용이 많아서 그 상용을 조복한다고 본래의 서원을 원만케 하지 못하였다는 것이다.

446 이와 같은 등 모든 큰 용왕이라고 한 것은, 『잡화기』에 말하기를 일체

뇌로움을 짓지만 그 나머지[447] 모든 용은 자기의 힘이 위에서 지은 애환을 감당하지 못하나니,

그것은 이 오대용왕五大龍王[448]은 대승에 안주하여 큰 위덕이 있기 때문입니다.

이 오대용왕이 각각 부처님 전에 모든 권속을 인솔하여 하여금 위와 같은 재화災禍를 일으켜 짓지 않게 하고,

불법승 삼보의 종성種性이 오래도록 세상에 머물러 하여금 속히 사라지지 않게 할 것입니다 하였다.

상형과 일체 사형 등의 오대용왕을 가리킨다 하였다.

447 원문에 자여自餘는 기여其餘의 뜻이다.

448 이 오대용왕이라고 한 것은, 곧 선주 용왕 등이 주主가 된다고 한 것(영인본 화엄 2책, p.660, 9행)은 곧 앞에 모든 용왕으로 더불어 다름이 있는 것이다. 그리고 바로 위에 그 나머지(自餘) 모든 용이라 운운한 것은 힘이 하열한 까닭으로 해를 짓는 것을 감당하지 못하는 것이니, 이상은 다 강사를 의지하여 말한 것이다. 그러나 어리석은 나(私記主)는 곧 모든 큰 용왕이 곧 오대용왕이다. 그러한즉 상·하에 다 말하기를 저 법에 수행 등이라 하고, 이 가운데는 반대로 슬픔과 뇌로움을 짓는다(영인본 화엄 2책, p.662, 6행)고 말한 것은, 그 뜻에 말하기를 저 모든 큰 용왕 등(나머지 모든 용)이 비록 지금 뇌로움을 짓지만 그 용왕의 진실한 덕을 잡은즉 다 이 대승에 머문 자들이다. 그렇다면 곧 그 용왕이 지은 바 뇌로움은 그 뜻이 중생을 섭수하고자 함에 있는 것이니, 말한 바 혹은 역행으로 교화한다 한 것이다. 이상은 역시 『잡화기』의 말이다. 이 오대용왕이라 한 이상은 아직 발심하기 이전에 모든 슬픔과 뇌로움을 짓는 것이고, 이 오대용왕이라 한 아래는 이미 발심한 이후에 큰 위덕이 있는 것이라 하겠다.

經

如是等이 而爲上首하야 其數無量하니 莫不勤力으로 興雲布雨하야 令諸衆生으로 熱惱消滅케하니라

이와 같은 등이 상수가 되어 그 수가 한량이 없었나니

정근력으로 구름을 일으키고 비를 내려 모든 중생으로 하여금 열뇌를 소멸케 하지 아니함이 없는 이들입니다.

疏

德中에 外則雲行雨施하야 散去炎毒하며 內則慈雲廣被하고 法雨普霑하야 散業惑之熱惱니라

공덕 가운데 밖으로는 곧 구름을 일으키고 비를 내려 염열炎熱의 독을 흩어 제거케 하며,
안으로는 곧 자비의 구름으로 덮고 진리의 비로 널리 적셔 업과 혹惑의 열뇌를 흩어 제거케 하는 것이다.

鈔

德中雲行雨施者는 語出周易乾卦니 彖曰호대 大哉라 乾元이여 萬物資始하야 乃統天하며 雲行雨施하야 品物流形하며 大明終始하야 六位時成하니 時乘六龍하고 以御天하리라 乾道變化하야 各正性命하야

保合大和하야 乃利貞하나니 首出庶物하야 萬國咸寧이라하니라 釋曰호대 乾爲龍也니 六爻皆龍이라 今釋於龍일새 宜取乾德거든 況雲行雨施아

공덕 가운데 구름을 일으키고 비를 내린다고 한 것은, 말이 『주역』의 건괘乾卦[449]에서 나온 것이니,
단사彖辭[450]에 말하기를 크도다, 하늘의 원기元氣여.
만물이 그것을 바탕으로 시작하여 이에 하늘의 도를 통괄統括하며,
구름을 일으키고 비를 내려 만물萬物[451]이 형태를 펴게[452] 하며,
끝과 처음이 크게 밝아 육효六爻의 위치가 제때에 이루어지게 하나니,
이때에 육용六龍을 타고 하늘로 오르게 될 것이다.
하늘의 도가 변화하여 각각 성명性命을 바르게[453] 하여 큰 화기和氣를 보호하고 합치어 이에 이롭고 곧게 하나니,
먼저 만물萬物을 내어 만국萬國을 다 편안하게 할 것이다[454] 하였다.

---

449 『주역』의 건괘 운운은 홍신문화사, 노태준 역해, 『주역』, p.39, 상단에 있다.

450 단사彖辭는 단사斷辭이니 『주역』의 한 괘의 뜻을 총론하여 길하고 흉함을 판단한 말이다. 이 단사는 문왕文王이 지었다 한다.

451 원문에 품물品物은 만물이다.

452 流는 펼 류이니 늘어놓는다는 뜻이다.

453 성명性命을 바르게 한다고 한 것은, 성명은 타고난 생명이고 바르게 한다고 한 正(정) 자는 定(정) 자와 통한다.

454 만국萬國을 편안하게 할 것이다 한 아래에, 상象에 말하기를 하늘의 운행이 강건하니(天行健) 군자는 스스로 강하게 쉬지 말고 진력할 것(君子以自强不息)

해석하여 말하면 하늘은 용이 되나니
육효六爻가 다 용이다.[455]
지금에는 용을 해석하기에 마땅히 하늘의 덕을 취해야 할 것이어든,
하물며 구름을 일으키고 비를 내리는 것이겠는가.

이라는 말이 있다.

455 六位六龍者: 乾卦의 六爻가 다 龍이다. 이 말 역시 『주역』 건괘에 있나니 홍신문화사, 노태준 역해, 『주역』, p.39, 상단에 있다.
자세히 살펴보면 이렇다.

經

復有無量鳩槃茶王하니

다시 한량없는 구반다왕이 있나니

疏

七은 鳩槃茶王이라

일곱 번째는 구반다[456]왕이다.

456 구반다는 구변다·궁반다·공반다로·동과귀冬瓜鬼라 번역하기도 하고, 옹형귀甕形鬼라 번역하기도 하고, 음낭이라 번역하기도 하고, 형난形卵이라 번역하기도 한다. 말의 머리에 사람의 몸으로 되어 있다 한다.

經

所謂增長鳩槃茶王과 龍主鳩槃茶王과 善莊嚴幢鳩槃茶王과 普饒益行鳩槃茶王과 甚可怖畏鳩槃茶王과 美目端嚴鳩槃茶王과 高峯慧鳩槃茶王과 勇健臂鳩槃茶王과 無邊淨華眼鳩槃茶王과 廣大天面阿脩羅眼鳩槃茶王이라 如是等이 而爲上首하야 其數無量하니

말하자면 증장 구반다왕과 용주 구반다왕과 선장엄당 구반다왕과 보요익행 구반다왕과 심가포외 구반다왕과 미목단엄 구반다왕과 고봉혜 구반다왕과 용건비 구반다왕과 무변정화안 구반다왕과 광대천면 아수라안 구반다왕입니다.

이와 같은 등이 상수가 되어 그 수가 한량이 없었나니

疏

初一은 是南方天王이니 卽毘樓勒叉이다 此云增長主니 謂能令自他로 善根增長故니라 此王이 更領一部니 謂薜荔多라 薜荔多者는 此云魘魅鬼니 餘如音義니라

처음에 한 구반다왕은 이 남방천왕이니
곧 비루륵차毘樓勒叉이다.
여기서 말하면 증장주增長主니,

말하자면 능히 자기와 타인으로 하여금 선근을 증장케 하는 까닭이다.
이 왕이 다시 일부중一部衆을 거느리나니
말하자면 폐려다薜荔多이다.
폐려다라고 한 것은 여기서 말하면 암[457]매귀魘魅鬼니
나머지는 『화엄경음의音義』에서 말한 것과 같다.

鈔

餘如音義者는 前後에 不多引音義라 以鳩槃茶는 此譯爲陰囊이니 其狀稍隈일새 故指在音義耳니라 舊云冬苽鬼라하니 亦以狀翻이라

나머지는 『화엄경음의』에서 말한 것과 같다고 한 것은 전후에 음의音義를 많이 인용하지 않았다.
구반다鳩槃茶는 여기서 번역하면 음낭陰囊[458]이 되나니,

---

457 魘은 잠꼬대할 염이니, 음音에 암으로 발음한다.

458 음낭이라고 한 것은, 이 신이 음기가 큰 까닭으로 음기를 좇아 이름을 얻은 것이니, 『화엄음의華嚴音義』에 갖추어 말하기를 여기서 말하면 음낭이니 형상이 동과冬苽와 같다. 길을 갈 때는 그 음낭을 들어 어깨 위에 두었다가 앉을 때는 곧 그 음낭을 의지하나니, 이 폐형弊刑이 모든 유형과 특이함을 인유한 까닭으로 이것을 좇아 이름한 것이다 하고, 또 『명의집名義集』 제오권 초3장에 말하기를 이 구반다신의 음낭이 동과와 같나니, 길을 갈 때는 그 음낭을 들어 어깨 위에 두었다가 앉을 때는 곧 그 음낭을 걸터앉나니, 걸터앉는다고 한 것은 땅에 대고 걸터앉아 의지하는 것이다.

그 모습이 음낭과 약간[459] 가깝기[460]에 그런 까닭으로 『음의』에 있다고 지시하였다.
구역에는 말하기를 동과귀冬苽鬼[461]라 하였으니
역시 모습으로써 번역한 것이다.

범례凡例에 말하기를 외偎 자를 의倚 자의 뜻이라 하나 외偎 자는 이異 자의 뜻이다. 따라서 초의稍偎라고 말한 것은 그 구반다신의 음낭 모습이 약간 괴이함이 있음을 말하는 것이다. 이상은 『잡화기』의 말이다.

459 원문에 초稍는 약간, 조금, 점점의 뜻이다.

460 偎는 가까이할 외로 가깝다고 번역하였으나, 『잡화기』는 異(이) 자의 뜻이라 하니 그렇다면 괴이하다고 번역할 것이다.

461 동과귀冬苽鬼라고 한 것은 형면形面이 사동과似冬菓니, 즉 얼굴이 동과와 비슷하다는 것이다. 菓는 瓜와 통한다.

經

皆勤修學無礙法門하야 放大光明하니라

다 부지런히 무애無礙 법문을 수학하여
큰 광명을 얻은 이들입니다.

疏

德中에 此類가 障礙深重일새 故偏明無礙니 自學權實無礙하야
法界智光으로 以利衆生케하니라

공덕 가운데 이 유형이
장애가 깊고도 무겁기에
그런 까닭으로 치우쳐 무애無礙를 밝힌 것이니,
스스로 방편(權)과 진실(實)이 무애함을 배워
법계 지혜의 광명으로
중생을 이익케 하는 것이다.

經

復有無量乾闥婆王하니

다시 한량없는 건달바왕이 있나니

疏

八은 乾闥婆니 此云尋香이라 謂諸樂兒가 不事生業하고 但尋諸家의 飮食香氣하야 卽往設樂하야 求食自活일새 因此世人이 號諸樂人하야 爲乾闥婆라하니 彼能執樂일새 故以名焉이니라 亦云食香이니 止十寶山間하야 食諸香菋하니 卽帝釋執樂神也라 帝釋須樂하면 此王이 身有相現하니라

여덟 번째는 건달바왕이니,
여기서 말하면 심향尋香이다.
말하자면 모든 음악 하는 아이[462]가 생업生業에 종사하지 않고 다만

462 모든 음악 하는 아이라고 한 것은, 곧 지금 세속에 여자 광대의 무리와 같다. 그러한즉 심향이라는 것은 본시 인간에 음악 하는 아이를 이름하는 것이어니와, 저 아이가 이미 음악을 집행하는 까닭으로 또한 이 심향이라는 말로써 이름한 것이니, 인근석으로써 이름을 얻은 것이다.
어떤 사람이 말하기를 모든 음악 하는 아이는 건달바의 아이를 가리킨다 하나 아니다. 역시 『잡화기』의 말이다. 원문에 제악아諸樂兒라고 한 것은 무량건달바無量乾闥婆를 말하는 것이니, 제諸는 무량無量의 뜻이고 악아樂兒는 건달바乾闥婆의 뜻이다.

모든 집에 음식의 향기만을 찾아 곧 가서 음악을 베풀어 음식을 구하여 스스로 생활하기에, 이로 인하여 세상 사람들이 모든 음악하는 사람들을 이름하여 건달바라 하나니,

저 건달바가 능히 음악을 집행하기에 그런 까닭으로 이름한 것이다.

또한 식향食香이라고도 말하나니

열 가지 보배산간에 그쳐 모든 향의 죽[463]을 먹나니,

곧 제석에게 음악을 집행하는 신이다.

제석이 음악을 구하면 이 왕이 몸에 그 모습이 나타남이 있는 것이다.[464]

---

463 粖은 미음, 죽 말 자이다.

464 제석이 음악을 구하면 이 왕이 몸에 그 모습이 나타남이 있다고 한 것은, 음악을 청하면 벌써 몸이 움찔움찔한다는 뜻이다. 긴나라도 제석의 음악신이다.

經

所謂持國乾闥婆王과 樹光乾闥婆王과 淨目乾闥婆王과 華冠乾闥婆王과 普音乾闥婆王과 樂搖動妙目乾闥婆王과 妙音師子幢乾闥婆王과 普放寶光明乾闥婆王과 金剛樹華幢乾闥婆王과 樂普現莊嚴乾闥婆王이라 如是等이 而爲上首하야 其數無量하니

말하자면 지국 건달바왕과 수광 건달바왕과 정목 건달바왕과 화관 건달바왕과 보음 건달바왕과 낙요동묘목 건달바왕과 묘음사자당 건달바왕과 보방보광명 건달바왕과 금강수화당 건달바왕과 낙보현장엄 건달바왕입니다.

이와 같은 등이 상수가 되어 그 수가 한량이 없었나니

疏

提頭賴吒는 卽東方天王이니 此云持國이라 謂護持國土하야 安衆生故니 此從所領爲名이라 更領一部니 名毘舍闍라 此云噉精氣니 謂噉有情과 及五穀精氣故니라

제두뢰타提頭賴吒는 곧 동방천왕이니
여기서 말하면 지국持國이다.
말하자면 국토를 호지하여 중생을 편안케 하는 까닭이니
이것은 소령所領을 좇아서 이름한 것이다.

다시 일부중一部衆을 거느리나니

이름이 비사사毘舍闍이다.

여기서 말하면 담정기噉精氣이니,

말하자면 유정有情과 그리고 오곡五穀의 정기를 먹는 까닭이다.

經

皆於大法에 深生信解하야 歡喜愛重하야 勤修不倦하니라

다 큰 법에 깊이 믿고 이해하는 마음을 내어 환희하고 좋아하고 소중히 여겨 부지런히 닦아 게으르지 아니한 이들입니다.

疏

德中에 大法은 卽大緣起法也라 信解故로 歡喜하고 深心故로 愛重이라 旣歡旣重일새 故不替修行하니라
二에 八部四王衆은 竟이라

공덕 가운데 큰 법이라고 한 것은 곧 큰 연기법이다.
믿고 이해하는 까닭으로 환희하고,
마음이 깊은 까닭으로 좋아하고 소중히 여기는 것이다.
이미 환희하고 이미 소중히 여겼기에 그런 까닭으로 수행을 쉬지 않는 것이다.

두 번째 팔부와 사왕중[465]은 마친다.

465 두 번째 팔부사왕은 영인본 화엄 2책, p.645, 8행에서 시작하여 여기에서 마친다는 것이다. 즉 첫 번째는 잡류제신중雜類諸神衆이고, 두 번째는 팔부사왕중八部四王衆이고, 세 번째는 욕색제천중欲色諸天衆이다.

疏

第三에 月天子下에 十二段은 明欲色諸天衆이라 天者는 自在義며 光明義며 淸淨義라 智論云호대 天有三種하니 一은 人天이니 謂帝王이요 二는 生天이니 謂欲色等이요 三은 淨天이니 謂佛菩薩의 第一義天이니 今通後二라 然諸天壽之長短과 身之大小와 衣服輕重과 宮殿勝劣은 俱舍十一과 及瑜伽等論과 起世等經에 皆廣辯之하니 恐繁不敘하니라

제 세 번째 월천자 아래에 열두 단은 욕계·색계의 모든 하늘 대중을 밝힌 것이다.
하늘이라는 것은 자재의 뜻이며 광명의 뜻이며 청정의 뜻이다.
『지도론』[466]에 말하기를 하늘에 세 가지가 있나니
첫 번째는 인천人天이니 제왕帝王을 말하는 것이요,
두 번째는 생천生天이니[467] 욕계·색계 등을 말하는 것이요,

466 『지도론』은 제22권이다.

467 두 번째 생천生天이라고 말한 것은 사람 스스로 태어나는 바 하늘이니, 위에 사람이 곧 이 하늘(一에 人天)이라고 한 것이 아님을 가리는 것이다. 『지도론』 22권에 또 말하기를 다시 다음에 네 가지 하늘이 있나니 명천名天과 생천生天과 정천淨天과 생정천生淨天이다. 명천이라고 한 것은 지금에 국왕을 천자라 이름하는 것이고, 생천이라고 한 것은 사왕천으로 좇아 이에 비유상비무상천非有想非無想天에 이르는 것이고, 정천이라고 한 것은 사람 가운데 모든 성인이 태어나는 것이니 말하자면 수다원가家 등이고, 생정천이라고 한 것은 색계 가운데 오나함천(五淨居天~五不還天) 등이 있다 하였으니, 상대

세 번째는 정천淨天이니 불보살의 제일의천第一義天[468]을 말하는 것이니,
지금은 뒤의 두 하늘에 통하는 것이다.[469]
그러나 모든 하늘의 수명이 길고 짧은 것과 몸이 크고 작은 것과 의복이 가볍고 무거운 것과 궁전이 좋고 좋지 못한 것은 『구사론』 십일권과 그리고 『유가론』 등과 『기세起世』 등의 경[470]에 다 폭넓게 분별하였으니,
문장이 번잡할까 염려하여 서술하지 않는다.

然諸天壽者는 俱舍世間品云호대 人間五十年이 下天의 一晝夜니 乘斯하면 壽五百이요 上五倍倍增이라 色은 無晝夜殊하고 劫數는 等身量이라 無色에 初는 二萬이요 後後는 二二增이라 言身量者는 頌云호대 欲天俱盧舍로 四分一一增하고 色天踰繕那로 初四增半半이라

하여 보면 가히 알 수 있을 것이라고 『잡화기』는 말하고 있다.

468 불보살제일의천佛菩薩第一義天은 불보살佛菩薩이 천왕天王으로 화현化現하기에 정천淨天을 佛菩薩第一義天이라 하고, 보신불報身佛은 색구경천色究竟天에서 성불하기에 하는 말이다. 정천淨天은 오정거천五淨居天을 말한다.

469 지금은 뒤의 두 하늘에 통한다고 한 것은, 방편을 잡는다면 제 세 번째 정천이고, 진실을 잡는다면 제 두 번째 생천인 까닭이다. 또 미륵은 도솔천에 있고, 십지보살의 보신은 색구경천에 해당하는 까닭이다. 역시 『잡화기』의 말이다.

470 『기세경』은 십권으로 사나굴다 번역이다. 십이품으로 되어 있다.

此上增倍倍로대 唯無雲減三이라하니 釋曰호대 俱盧舍는 卽二里요 踰繕那는 卽十六里라 以八俱盧舍로 爲一踰繕那니 則四天王天은 身長半里요 至第六天하야는 身長三里니 以半里半里로 增故니라 有가 引三法度經云호대 忉利天은 身長一由旬이요 衣는 二由旬이라 廣一由旬者는 以彼誤譯里하야 爲由旬거늘 不知彼失故로 妄引耳라하니라 四天王天이 半里인댄 忉利天은 則一里니 餘可例知니라 上云호대 劫數等身量者는 色界梵衆天은 身長半由旬이요 則人壽半劫이니 餘可例知니라 云初四增半半者는 二에 梵輔天은 則一由旬이요 三에 大梵은 則一由旬半이요 四에 少光은 則二由旬이니 此上諸天이 皆倍倍增호대 唯無雲天은 減三由旬이라 所以減者를 略出一意리니 謂無量光天이 四由旬인댄 光音은 則八이요 少淨은 十六이요 無量淨은 三十二요 遍淨은 六十四요 至無雲天하야 合有一百二十八이로대 減却三由旬하야 有一百二十五하니 此上七天이 倍倍增之하야 至色究竟天하야 欲成一萬六千劫故로 則身長도 一萬六千由旬이라 又云호대 少光의 上下天은 大全半으로 爲劫이라 謂少光已上은 大全爲劫이니 謂八十中劫으로 爲一劫也라 自下諸天은 大半爲劫이니 卽四十中劫으로 爲一劫也니라 言中劫者는 卽一增一減劫也니라

그러나 모든 하늘의 수명이라고 한 것은, 『구사론』 세간품世間品에 말하기를 인간의 오십 년이[471] 가장 아래 하늘의 일주야一晝夜니

---

471 인간의 오십 년 운운은, 저 『구사론』 세간품에 해석하여 말하기를 인간의 오십 세가 사왕천의 일주일야가 되나니, 이 일주야를 타서 삼십일을 한 달로 삼고, 열두 달로 한 해를 삼아 저 수명이 오백 세가 된다고 하였다.

이를 곱(乘)하면 사왕천은 수명이 오백 세이고, 위의 다섯 하늘[472]은 배로 배倍로 더 늘어난다.[473]
색계는 낮과 밤이 다름이 없고[474] 겁劫의 수數는 몸의 양量과 같다.
무색계에 처음 하늘은 이만 세이고[475]

---

472 위의 다섯 하늘이라고 한 것은 욕계의 사왕천 위의 다섯 하늘이니, 1. 도리천(1,000세), 2. 야마천(2,000세), 3. 도솔천(4,000세), 4. 화락천(8,000세), 5. 타화자재천(16,000세)이다.

473 위의 다섯 하늘은 배로 배倍로 더 늘어난다고 한 것은, 저 『구사론』 세간품에 해석하여 말하기를 위에 다섯 하늘이란 욕계천이 점점 함께 배로 더 늘어나나니, 말하자면 인간 가운데 백 세가 도리천의 일주야가 되나니, 이 일주야를 타서 한 달과 그리고 한 해를 이루어 저 수명이 천 세이고, 야마천은 인간의 이백 년으로 일주야를 삼고 이 일주야를 타서 한 달과 그리고 한 해를 이루어 저 수명이 이천 세이다. 나머지 도솔천·화락천·타화자재천은 위에 하늘을 비례하면 가히 알 수 있을 것이니, 말하자면 일주야는 곧 차례와 같이 인간 가운데 사백(도솔천)·팔백(화락천)·천육백 년(타화자재천)이고, 수명은 곧 차례와 같이 사천·팔천·만 육천 년이라 하였다. 이상은 역시 『잡화기』의 말이다.

474 색계는 낮과 밤이 다름이 없다고 한 것은, 색계 이상은 日·月이 없는 까닭이니, 『구사론』에 해석하여 말하기를 색계천 가운데는 주·야가 다름이 없기에 다만 겁의 수數로 수명의 길고 짧은 것을 아나니, 저 겁의 수명이 몸의 양으로 더불어 같다. 말하자면 만약 몸의 양이 반 유순이면 곧 수명의 양이 반 겁이고, 만약 몸의 양이 일 유순이면 곧 수명의 양이 일 겁이고, 내지 몸의 양이 만 육천 유순이면 곧 수명의 양이 만 육천으로 또한 같다 하였다. 역시 『잡화기』의 말이다.

475 무색계 처음 하늘은 이만 세라 한 등은, 저 『구사론』에 해석하여 말하기를 무색계 사천은 아래로 좇아 차례와 같이 수명의 양이 이만(공무변처천)·사만(식무변처천)·육만(무소유천)·팔만(비상비비상천)이라 하였다. 역시 『잡화

뒤로 뒤로 갈수록 두 배로 두 배로 더 늘어난다.
몸의 양과 같다고 말한 것은, 『구사론』 게송에 말하기를
욕계천은 구로사俱盧舍로
사분四分하여 낱낱이 더 늘어나고,[476]
색계천은 유선나踰繕那로
처음 사천四天[477]은 반半으로 반半으로 더 늘어난다.
이 위에 모든 하늘이 배倍로 더 늘어나지만
오직[478] 무운천만은 삼 유순을 감소한다 하였으니,
해석하여 말하면 구로사[479]는 곧 이 리二里이고
유선나는 곧 십육 리이다.
팔八 구로사로써 일一 유선나를 삼나니
곧 사천왕의 하늘은 신장身長이 반 리半里이고, 제육천에 이르러서는

기』의 말이다.

476 사분四分하여 낱낱이 더 늘어난다고 한 것은, 저 『구사론』에 해석(석론)하여 말하기를 사왕천에 몸의 양은 일 구로사의 사분에 일一이니. 이와 같이 뒤에 뒤에를 일분씩 더하여 제육천에 이르면 몸이 일 구로사 반이라 하고, 색계천이라 한 이하는 초문과 같이 가히 알 수 있을 것이다. 역시 『잡화기』의 말이다.

477 처음 사천四天이란, 색계 십팔천 가운데 처음 사천이니, 초선에 삼천과 이선의 삼천 가운데 처음 일천이다.

478 원문의 喩는 唯의 잘못된 글자이다.

479 구로사俱盧舍는 우명지牛鳴地로 번역(의역)하나니, 소의 우는 소리 또는 북의 소리가 들릴 만한 거리이다. 혹은 600步 또는 四里라고도 한다. 유선나는 유순의 다른 이름이다.

신장이 삼 리里이니,

반 리로 반 리로써 더 늘어나는 까닭이다.

어떤 사람이 『삼법도경三法度經』을 인용하여 말하기를 도리천은 신장이 일 유순이고, 옷은 이 유순이다.

폭이 일 유순이라고 한 것은 저가 이里를 잘못 해석하여 유순을 삼았거늘, 저의 허물을 알지 못한 까닭으로 잘못 인용하였다고 하였다.

사천왕의 하늘이 반 리里라면 도리천은 곧 일 리이니,

나머지는 가히 비례하면 알 수가 있을 것이다.

위에서 말하기를 겁의 수는[480] 몸의 양과 같다고 한 것은 색계 범중천은 신장이 반 유순이고, 곧 그 하늘의 수명(天壽)은 반 겁刦이니,

나머지는 가히 비례하면 알 수가 있을 것이다.

처음 사천은 반으로 반으로 더 늘어난다고 말한 것은

두 번째 범보천은 곧 일 유순이고,

세 번째 대범천은 곧 일 유순 반이고,

네 번째 소광천은 곧 이 유순이니,

이 위의 모든 하늘이 다 배로 배로 더 늘어나지만 오직 무운천無雲天만은 삼 유순을 감소하는 것이다.

감소(減)하는 까닭을 간략하게 한 가지 뜻만 설출하리니,

---

480 위에서 말하기를 겁의 수라고 한 등은, 이것은 이 수명의 양에 대한 문장이거늘 곧 위에서 해석하지 않고 지금에 비로소 해석한 것은, 그 뜻이 이 몸의 양을 해석함을 기다려 하여금 수명의 양과 몸의 양을 서로 비례하여 아울러 설하고자 한 까닭이라고 『잡화기』는 말하고 있다.

말하자면[481] 무량광천이 사 유순이라면 광음천은 곧 팔 유순이고, 소정천은 십육 유순이고, 무량정천은 삼십이 유순이고, 변정천[482]은 육십사 유순이고, 무운천에 이르러 합당히 일백이십팔 유순이 있어야 할 것이지만 도리어 삼 유순을 감소하여 일백이십오 유순이 있나니

이 위의 일곱 하늘이[483] 배로 배로 더 늘어나서 색구경천에 이르러 일만 육천 겁을 이루고자 하는 까닭으로, 곧 신장身長도 일만 육천 유순이 있는 것이다.

또 말하기를 소광천의[484] 이상과 이하의 하늘은 대전大全과 대반大半으로[485] 겁劫을 삼는다.

---

481 唯(유) 자는 謂(위) 자의 잘못이다.

482 변정천徧淨天은 키가 64유순이고, 수명은 64劫이다.

483 이 위의 일곱 하늘이라고 말한 것은, 『구사론』 세간품의 뜻은 곧 제사정려(색계 사선四禪 중 第四禪)에 오직 팔천이 있는 까닭이나, 무상천無想天을 광과천廣果天 가운데 거두어 두는 까닭으로 이 위의 일곱 하늘이라 한 것이니, 나머지는 『회현기』 14권, 초6행을 볼 것이다. 역시 『잡화기』의 말이다. 보편적으로는 팔천八天 가운데 무운천을 제외하지만 『잡화기』에는 무상천을 제외하였다.

484 또 말하기를 소광천이라 한 등은, 이 위에서는 이미 모두 겁劫을 말한 까닭으로 여기서는 그 하늘의 대전大全과 대반大半이 다름이 있음을 말한 것이라고 『잡화기』는 말한다.

485 대전大全이라고 한 것은, 앞에서는 곧 다만 욕계의 육천만 말한 까닭으로 성·주·괴·공에 각각 이십二十증감겁이 있은즉 합하면 팔십증감겁이 되나니, 이것이 대겁이 되는 것이다.

지금에는 이에 팔십증감겁을 온전히 취한즉 대겁의 전체인 까닭이요, 대반大半이라고 한 것은 사십증감겁이 이 대겁의 반인 까닭이다. 이것은 곧 팔십증감

말하자면 소광천 이상은 대전大全으로 겁劫을 삼나니,
말하자면 팔십 중겁中劫으로 일 겁一劫을 삼는 것이다.
이로부터 아래의 모든 하늘은 대반大半으로 겁을 삼나니,
곧 사십 중겁으로 일 겁을 삼는 것이다.
중겁中劫이라고 말한 것은 한 번 더 늘어나고 한 번 감소하는 겁이다.

言衣服輕重者는 四天王衣는 十二銖요 忉利는 六銖요 夜摩는 三銖요 兜率은 一銖半이요 化樂은 一銖요 他化는 半銖니 上皆減半也니라 言宮殿等殊者는 月天은 長阿含云호대 其城正方이 一千九百六十里요 高下亦爾하니 分二에 一分은 天金이요 一分은 瑠璃라 王座는 二十里니 遙看似圓이나 而實正方이라 日天도 同此나 但量은 加半由旬이라 三十三天中은 宮名善現이니 周萬踰繕那요 高一半이라 金城雜飾하고 其地柔軟하며 中有殊勝殿하니 周千踰繕那라하니라 此上諸天은 皆倍倍勝하니 可以意得이니라 今但略消名意일새 故指廣在餘니라

겁이 대겁이 되고, 일증겁과 일감겁이 중겁이 되고, 오직 일증겁 등만이 소겁이 되나니, 이것은 『장춘론莊椿論』 등의 논에 삼대겁三大劫·사중겁四重劫·팔십소겁八十小劫의 말로 더불어 그 대겁을 논한 것은 온전히 같지만, 그러나 다만 그 중겁과 소겁을 논한 것이 같지 않나니, 말하자면 저 『구사론』은 곧 이십증감겁이 일중겁이 되고, 일증겁과 일감겁이 일소겁이 된다 한 까닭이니, 이미 수많은 길을 말하였기에 가히 하나로 기준할 수 없는 것이다. 역시 『잡화기』의 말이다.

의복이 가볍고 무겁다고 말한 것은 사천왕의 옷은 십이 주十二銖[486]
이고,
도리천의 옷은 육 주이고,
야마천의 옷은 삼 주이고,
도솔천의 옷은 일 주 반半이고,
화락천의 옷은 일 주이고,
타화자재천의 옷은 반 주이니,
이상은 다 반 주씩[487] 감소하여 가는 것이다.
궁전 등이 다르다고 말한 것은,[488] 월천자月天子는 『장아함경』에 말하기를 그 성城이 정방正方[489]이 일천구백육십 리이고 높낮이[490]도 또한 그러하나니,
둘로 나눔에 일 분分은 천금天金[491]이고 일 분은 유리이다.
왕의 자리는 이십 리이니,
멀리서 바라봄에 둥근 형인 듯하나 실로는 정방正方형이다.
일천자日天子도 이 월천자와 같지만 다만 양量은 반 유순由旬이 더

---

486 주銖는 저울눈 주이다. 일 주一銖는 일 전一錢이다.

487 이상은 다 반주라고 한 등은, 앞에서는 곧 다만 욕계의 육천만 설한 까닭으로 여기에 또 색계 십팔천을 비례하여 가리킨 것이라고 『잡화기』는 말하고 있다.

488 궁전 등이 다르다고 말한 것은, 소문에는 궁전이 좋고 좋지 못한 것이라 하였다.

489 정방正方은 동, 서, 남, 북이다.

490 높낮이는 상, 하이다.

491 천금天金은 진금眞金으로 되어 있는 곳도 있다.

늘어나는 것이다.

삼십삼천[492]의 중앙은 궁의 이름을 선현성善現城[493]이라 하나니

둘레가 일만 유순이고, 높이가 한 배 반[494]이다.

황금으로 그 성을 꾸미었고 그 땅은 부드러우며,

그 가운데 수승한 궁전이 있나니

둘레가 일천 유순이다 하였다.

이 위에 모든 하늘은 다 배로 배로 수승하나니 가히 뜻으로 자득自得할 것이다.

지금에는 다만 간략하게 이름과 뜻만을 소석消釋하였기에 그런 까닭으로 폭넓게 분별한 것은 나머지 경·론에 있다고 지시하였다.[495]

---

492 三十三天은 도리천忉利天을 말한다.

493 선현성善現城은 보통 선견성善見城이라 한다. 『불교사전』 도리천忉利天 항목을 참고하라.

494 높이가 한 배 반이라고 한 것은, 일만의 반인즉 오천 유선나이다. 그러나 이 가운데 수명의 양과 몸의 양 등(의복의 양)의 세 가지에는 곧 사천왕천을 밝혀 일천자와 월천자를 생략하고, 궁전의 좋고(勝) 좋지 못한 것(劣)에는(소문에 있다. 2책, p.667, 6행) 일천자와 월천자를 밝혀 사왕천(사천왕천)을 생략하니, 강사가 그 이유를 자세히 알지 못하겠다 하였다. 역시 『잡화기』의 말이다.

수명의 양 등이라고 한 것은, 소문에는 모든 하늘에 수명의 길고 짧은 것과 몸의 크고 작은 것과 의복의 무겁고 가벼운 것과 궁전의 좋고 좋지 않은 것이라 하였다.

495 폭넓게 분별한 것은 나머지 경·론에 있다고 지시하였다고 한 것은, 소문에 『구사론』 십일권과 『유가론』과 『기세』 등 경에 널리 분별하였다고 가리키고 있는 것을 말한다 하겠다.

經

復有無量月天子하니

다시 한량없는 월천자가 있나니

疏

文中에 先有七段하니 明欲界天이요 後有五段하니 明色界天이라 前中에 卽分爲七하리니 今初는 月天子라 月者는 缺也니 有虧缺故라 下面이 頗胝迦寶와 水精所成이니 能冷能照라 表菩薩得淸涼慈하야 照生死夜니 如云菩薩淸涼月等이라하니라

문장 가운데 먼저는 칠 단段이 있나니
욕계천을 밝힌 것이요,
뒤에는 오 단이 있나니
색계천을 밝힌 것이다.
앞의 가운데 곧 나누어 칠 단으로 하리니
지금은 처음으로 월천자이다.
월月이라는 것은 결월缺月이니
이지러져 모자람이 있는 까닭이다.[496]

496 휴월虧月은 이지러진 달이니, 둥글지 아니한 달을 말함이다. 결월缺月이라고도 한다.

하면下面이 파지가頗胝迦[497] 보배와 수정水精으로 이루어진 바이니 능히 차게도 하고 능히 비추기도 하는 것이다.

이것은 보살이 청량한 자비를 얻어 생사의 밤을 비춤을 표한 것이니, 저기에 말하기를[498] 보살의 청량한 달이라 한 등과 같다.

497 파지가頗胝迦는 유리를 말한다.

498 저기 운운은 『화엄경』 제38권 이세간품이다.

經

所謂月天子와 華王髻光明天子와 衆妙淨光明天子와 安樂世間心天子와 樹王眼光明天子와 示現淸淨光天子와 普遊不動光天子와 星宿王自在天子와 淨覺月天子와 大威德光明天子라 如是等이 而爲上首하야 其數無量하니

말하자면 월천자와 화왕계광명 천자와 중묘정광명 천자와 안락세간심 천자와 수왕안광명 천자와 시현청정광 천자와 보유부동광 천자와 성수왕자재 천자와 정각월 천자와 대위덕광명 천자입니다.

이와 같은 등이 상수가 되어 그 수가 한량이 없었나니

疏

名中에 初一은 是總이니 雖標總稱이나 卽受別名이니 下皆準此니라

이름 가운데 처음에 한 천자는 이 총칭總稱이니,
비록 총칭總稱[499]을 표한 것이지만 곧 별명別名을 받은 것이니
아래는 다 여기를 기준한 것이니라.[500]

---

499 총칭總稱은 月天子이다.

500 아래는 다 여기를 기준한 것이라고 한 것은, 이 아래도 다 처음에 한 천자는 총칭이지만 별명을 받는다고 인지하라는 것이다.

經

皆勤顯發衆生心寶하니라

다 부지런히 중생의 마음에 보배를 현발顯發한 이들입니다.

疏

德中에 顯發衆生心寶者는 水珠가 見月하면 則流潤發光하며 淨心이 遇緣하면 則慈流智發하나니 生了旣發에 正因顯然이라 生由性成인댄 則了非外入이니 生與不生이 無二니라 發은 乃發其本心이니 故顯發雙辯하니라

공덕 가운데 중생의 마음에 보배를 현발하였다고 한 것은, 수주水珠가 달을 보면 곧 흐름이 윤택하고 빛을 발하며
맑은 마음이 인연을 만나면 곧 자비가 흐르고 지혜가 일어나나니, 생인生因과 요인了因이[501] 이미 일어남에 정인正因이 나타나는 것이다. 생인이 자성을 인유하여[502] 이루어진다면 곧 요인도 밖에서 들어오는

501 생인生因과 요인了因이 운운한 것은, 자비는 곧 생인이고 지혜는 곧 요인인 까닭이다.

502 생인이 자성을 인유하여 운운한 것은, 이 위에는 곧 우선 경문 가운데 중생의 마음에 보배를 현발하는 까닭을 밝혀 정인正因을 나타내었고, 여기는 곧 바로 생인과 그리고 정인이 다 동일한 자성임을 나타낸 것이니, 그 뜻에 말하기를 비록 생인은 이 발發의 뜻이고 정인은 이 현顯의 뜻이나,

것이 아니니,

생인과 더불어 생인이 아닌 것[503]이 둘이 없기 때문이다.

발發이라는 것은 이에 그 본심을 일으키는 것이니,

그런 까닭으로 현顯과 발發을 함께 들어 분별하였다.

지금 경문에 이미 중생의 마음에 보배를 현발하였다고 말하였다면 곧 이것은 유독 정인만이 이 자성이 아니라 생인도 또한 자성을 이루며, 요인도 또한 밖에서 들어오는 것이 아니다. 이미 이 자성이고 밖에서 들어오는 것이 아니라면 곧 생인과 생인이 아닌 것과 요인과 요인이 아닌 것이 둘이 없어서 그 본래의 마음을 함께 현발하기에, 그런 까닭으로 경문이 본심의 분상에서 현顯과 발發을 함께 들어 분별한 것이다. 이상은 역시 『잡화기』의 말이다.

503 원문에 불생不生은 생인이 아닌 것이니 요인 등이다.

經

復有無量日天子하니

다시 한량없는 일천자가 있나니

疏

二는 日天子라 日者는 實也니 常充實故라 下面이 亦頗胝迦寶와 火精所成이니 能熱能照라 表菩薩智照故라 又日은 以陽德이요 月은 以陰靈이라 一은 能破暗이니 表根本破惑이요 一은 能淸涼이니 表後得益物이라 又依寶性論인댄 法日이 有四義하니 一은 破暗如慧요 二는 照現如智요 三은 輪淨如解脫이요 四는 上三이 不相離는 如同法界也라하니라

두 번째는 일천자日天子이다.
일日이라는 것은 실實이니 항상 충실한 까닭이다.
하면下面이 역시 파지가 보배와 화정火精으로 이루어진 바이니
능히 따뜻하게도 하고 능히 비추기도 하는 것이다.
이것은 보살이 지혜로 비춤을 표한 까닭이다.
또 일日은 양陽의 덕이요,
월月은 음陰의 신령한 것이다.
하나[504]는 능히 어둠을 깨뜨리는 것이니
근본지로 미혹을 깨뜨림을 표한 것이요,

하나[505]는 능히 청량하게 하는 것이니
후득지로 중생을 이익케 함을 표한 것이다.
또 『보성론』[506]을 의지한다면 진리의 태양(日)이 네 가지 뜻이 있나니,
첫 번째는 어둠을 깨뜨리는 것은 혜慧와 같은 것이요,
두 번째는 비추어 나타내는 것은 지智와 같은 것이요,
세 번째는 일륜日輪이 청정한 것은 해탈과 같은 것이요,
네 번째는 위의 셋이 서로 떠나지 않는 것은 동일한 법계인 것과 같은 것이다 하였다.

鈔

又日은 以陽德이요 月은 以陰靈은 卽文選과 月賦中言이라

또 일日은 양의 덕이요, 월月은 음의 신령한 것이라고 한 것은 곧 『문선文選』[507]과 『월부月賦』[508] 가운데 말한 것이다.

---

504 여기에 一은 日이다.

505 여기에 一은 月이다. 혹 이 일一 자는 이二 자가 아닌지. 이二 자라면 첫 번째는 능히 어둠 운운으로, 두 번째는 능히 청량 운운으로 번역할 것이다.

506 『보성론』은 후위後魏의 륵나마제勒那摩提가 508년에 번역한 『구경일승보성론』의 줄인 말이다. 이 논은 4세기 견혜堅慧논사가 지었다. 여래장의 자성이 청정한 뜻을 밝힌 것으로, 먼저 게송이 있고 뒤에 게송을 설명하고 있다.

507 『문선文選』은 名文을 가려 뽑아 모은 책이다.

508 『월부月賦』는 달에 대한 이야기를 기록한 책이다. 혹은 『문선』의 '월부'라고도 번역할 수 있다. 그렇다면 문선에 달에 대한 기록 부분이라 이해할 것이다.

經

所謂日天子와 光焰眼天子와 須彌光可畏敬幢天子와 離垢寶莊嚴天子와 勇猛不退轉天子와 妙華纓光明天子와 最勝幢光明天子와 寶髻普光明天子와 光明眼天子와 持勝德天子와 普光明天子라 如是等이 而爲上首하야 其數無量하니

말하자면 일천자와 광염안 천자와 수미광가외경당 천자와 이구보장엄 천자와 용맹불퇴전 천자와 묘화영광명 천자와 최승당광명 천자와 보계보광명 천자와 광명안 천자와 지승덕 천자와 보광명 천자입니다.

이와 같은 등이 상수가 되어 그 수가 한량이 없었나니

疏

名中에 可畏敬幢者는 爲惡者는 畏其照明하고 爲善者는 敬其辦業하나니 以斯超出일새 故以名幢하니라

이름 가운데 가외경당可畏敬幢이라고 한 것은, 악한 사람은 그 조명照明[509]을 두려워하고 선한 사람은 그 판업辦業[510]을 공경하나니, 이것을 뛰어났기에 그런 까닭으로 이름을 당幢이라 한 것이다.

---

509 조명照明: 비추어 밝히다(밝음이 비치다).

510 판업辦業: 일을 힘써 하다(事業을 힘써 하다).

經

皆勤修習하야 利益衆生하고 增其善根하니라

다 부지런히 닦아 익혀 중생을 이익케 하고 그 선근을 증장한 이들입니다.

疏

德中에 居者가 辦業하야 成就本行等은 利益也요 生長穀稼하야 開敷覺華等은 爲增長善根이니 如出現品하니라

공덕 가운데 그곳에 거처하는 사람이 힘써 사업을 하여 본행本行을 성취하는 등은 이익利益이요,
곡식을 생장하여 깨달음의 꽃을 피우는 등은[511] 선근을 증장하는 것이 되나니,
출현품에 설한 것과 같다.[512]

---

511 그곳에 거처하는 사람이 힘써 사업을 한다고 한 것은 사실을 잡은 것이고, 본행本行을 성취한다고 한 것은 법을 표한 것이니, 곧 사실과 법을 함께 나타낸 것이다. 아래 증장을 해석하는 것도 또한 그렇다고 『잡화기』는 말하고 있다. 증장을 해석하는 것도 또한 그렇다고 한 것은, 곡식을 생장한다고 한 것은 사실을 잡은 것이고, 깨달음의 꽃을 피운다고 한 것은 법을 표한 것이니, 곧 사실과 법을 함께 나타낸 것이라는 것이다.

512 출현품에 설한 것과 같다고 한 것은 보현보살의 말이니, 말이 많이 생략되었고 비유와 법을 합하여 놓았다. 구체적으로 말하면, 비유하자면 태양이 염부제

에 떠오르면 운운 초목을 생장하며(生長草木) 곡식을 성숙시키며(成熟穀稼) 연꽃을 피우며(開敷蓮華) 그곳에 거처하는 사람이 힘써 사업을 하나니(居者辦業) 운운하고, 불자야, 여래의 지혜 태양(佛子如來智日)도 또한 다시 이와 같아서(亦復如是) 운운하고, 깨달음의 꽃을 피우며(開敷覺華) 본행을 성취케(成就本行) 하나니 운운하였다.

經

復有無量三十三天王하니

다시 한량없는 삼십삼천왕이 있나니

疏

三은 三十三天者니 佛地論等皆云호대 妙高山의 四面에 各有八大天王거늘 帝釋居中일새 故有三十三也라하니라 下釋天名은 皆依佛地니라

세 번째는 삼십삼천이니[513]
『불지론』 등에 다 말하기를 묘고산妙高山[514]의 사면四面에 각각 팔대천왕八大天王이 있거늘, 제석천왕이 그 중앙에 거처하기에 그런 까닭으로 삼십삼천이 있다고 하였다.
이 아래에 하늘의 이름을 해석한 것은 다 『불지론』을 의지한 것이다.

513 원문에 者(자) 자가 있어 토吐를 '는'으로 할 것이나, 전후에 번역의 일관성을 감안하여 '라'라고 현토하였다. 앞에서도 이미 그런 예가 있었다.

514 묘고산妙高山은 수미산을 말한다.

經

所謂釋迦因陀羅天王과 普稱滿音天王과 慈目寶髻天王과 寶光幢名稱天王과 發生喜樂髻天王과 可愛樂正念天王과 須彌勝音天王과 成就念天王과 可愛樂淨華光天王과 智日眼天王과 自在光明能覺悟天王이라 如是等이 而爲上首하야 其數無量하니

말하자면 석가인다라 천왕과 보칭만음 천왕과 자목보계 천왕과 보광당명칭 천왕과 발생희락계 천왕과 가애락정념 천왕과 수미승음 천왕과 성취념 천왕과 가애락정화광 천왕과 진일안 천왕과 자재광명능각오 천왕입니다.

이와 같은 등이 상수가 되어 그 수가 한량이 없었나니

疏

名中에 言釋迦等者는 釋迦는 能也요 因陀羅는 主也라 具足하면 應云釋迦提桓因陀羅리니 提桓은 天也라 卽云能天主니 撫育勸善하야 能爲天主故니라 更有異釋하니 如音義說하니라

이름 가운데 석가라고 말한 등은, 석가는 능能이요 인다라는 주主이다.

구족하여 말한다면 응당 석가제환인다라釋迦提桓因陀羅라 해야 할 것이니,

제환提桓은 천天이다.
곧 능천주能天主라 말할 것이니,
어루만져 교육하고 선행을 권하여 능히 천주天主가 된 까닭이다.
다시 다른 해석이 있기도 하나니
『화엄경음의音義』에 설한 것과 같다.

鈔

更有異釋等者는 彼云釋迦는 正云鑠迦羅니 此云帝也요 因陀羅는 此云主也라 古來釋호대 同佛釋種族을 望之稱이라하니 謬之深矣니라 又楞伽大雲疏云호대 天帝名이 有一百八하니 今略擧三하리라 一은 因陀羅니 此云尊重이니 三十三天이 共尊重故요 二는 云釋迦이니 此云勇猛이니 威德勇猛하야 勝諸天故요 三은 名不蘭陀니 此云降伏이니 以能降伏阿修羅故라하니라

다시 다른 해석이 있기도 하다고 한 등은, 저 『화엄경음의』에 말하기를 석가釋迦는 바로 해석하면 삭가라鑠迦羅니 여기서 말하면 제帝요, 인다라因陀羅는 여기서 말하면 주主다.
고래古來에[515] 해석하기를 부처님의 석씨 종족을 모든 사람들이 우러러보는 종족[516]이라 부름(稱)과 같다 하였으니,

515 고래에 운운은, 부처님의 성이 석씨거늘 고인이 해석하기를 부처님의 석가 종족과 같다 하니, 아니다 운운하였다. 역시 『잡화기』의 말이다.
516 족망族望은 망족望族이니, 모든 사람이 우러러보는 종족이라는 뜻이다.

잘못 해석한 것이 심각하다 하였다.[517]

또 『능가경』 대운소大雲疏에 말하기를 천제天帝의 이름이 일백여덟 가지가 있나니,

지금에는 생략하고 세 가지만 들겠다.

첫 번째는 인다라因陀羅니,

여기서 말하면 존중尊重이니 삼십삼천이 모두 존중하는 까닭이요,

두 번째는 석가라 말하나니,

여기서 말하면 용맹이니 위덕이 용맹하여 모든 하늘을 이기는 까닭이요,

세 번째는 불란타不蘭陀라 이름하나니,

여기서 말하면 항복降伏이니 능히 아수라를 항복 받는 까닭이다 하였다.

517 심각하다 한 것까지가 다 『음의音義』 가운데 말이다.

經

皆勤發起一切世間의 廣大之業하니라

다 부지런히 일체 세간의 광대한 업을 발기發起한 이들입니다.

疏

德中에 言發起廣大業者는 令修普賢行故라 以此天이 居地天之頂하야 總御四洲하나니 雖勝事頗多나 猶懼修羅之敵하나니라 若修善者衆인댄 卽天侶增威하고 苟爲惡者多인댄 卽諸天減少일새 故多好勸發하나니 況受佛付囑하야 大權應爲아 至如堅常啼之心하며 施雪山之偈하며 成尸毘大行하며 破盧志巨慳하며 談般若於善法堂中하며 揚大教於如來會下等히 皆是發起廣大業也니라

공덕 가운데 광대한 업을 발기한다고 말한 것은 하여금 보현의 행을 닦게 하고자 하는 까닭이다.
이 천왕이 지거천[518]의 정상에 거처하여 사주四州를 모두 통어通御하나니
비록 싸워 승리하는 일이 자못 많지만 오히려 아수라의 대적을 두려워한다.

518 지거천地居天은 사왕천四王天과 도리천忉利天이니, 이 두 하늘(此二天)은 수미산須彌山을 의지하고 있기에 하는 말이다. 역으로 공거천空居天은 욕계의 야마·도솔·화락·타화자재천의 四天과 색계의 모든 하늘을 말한다.

만약 선행을 닦는 사람이 많다면 곧 하늘 사람들이 위세를 더하고, 진실로 악행을 하는 사람이 많다면 곧 모든 하늘 사람들이 감소할 것이기에 그런 까닭으로 다분히 권하여 발기하기를 좋아하나니, 하물며 부처님의 부촉을 받아서 큰 방편(大權)으로 응대하는(應) 것이겠는가.

상제常啼보살[519]의 마음을 견고하게 하며,

설산동자의 게송[520]을 시여施與하며,

시비왕尸毘王[521]의 큰 행을 성취하며,

노지盧志장자의 크게 인색함을 깨뜨리며,

반야를 선법당善法堂 가운데서 담설하며,

대교大敎를 여래의 회하會下에서 드날림과 같은 등에 이르기까지 모두 다 광대한 업을 발기하는 것이라 할 수 있다.

---

519 상제常啼보살은 여래출현품의 말이니 『불교사전』 435쪽을 참고하라. 『잡화기』는 상제와 설산은 바로 아래 초문을 보라 하였으나, 초문에는 대품반야와 열반십삼이라고만 말하고 구체적인 설명은 없다.

520 설산동자의 게송이란 '제행무상諸行無常 시생멸법是生滅法, 생멸멸이生滅滅已 적멸위락寂滅爲樂'이다.

521 시비왕尸毘王은 매에게 쫓기는 비둘기를 구하기 위해 自己의 살을 매에게 준 聖王이다. 『불교사전』을 참고하라. 노지장자盧志長子도 『불교사전』 127쪽을 참고하라.

그러나 『잡화기』에는 시비왕은 『회현기』 20권, 21장을 보라. 그러나 노지장자는 곧 진실로 그 본本을 점검하지 못하였다 하였다.

鈔

猶懼修羅之敵者는 修羅는 嫉天有甘露味하고 諸天은 求修羅之女色일새 因起諍競하나니 廣有因緣하니라 若修善者는 正法念經說호대 帝釋이 知修羅欲來하고 遽遣天使하야 令觀閻浮之人의 爲修善多와 爲作惡多케하야 若修善者多면 知戰必勝일새 故生歡喜하며 若爲惡者多하야 不孝父母하고 不敬三寶하면 則生憂悴하야 知戰不勝이라하니라 今言減少者는 兼辯餘時니 爲惡하면 必墮三途일새 故人天減少니라 況受佛付囑者는 則淨名과 大品等에 皆屬天帝라하니라 大權應爲者는 小乘中에 說是須陀洹거니와 若準此經인댄 例是大權菩薩이니라 至如下는 引事證成이니 堅常啼之心은 大品般若요 施雪山之偈는 卽涅槃十三이요 成尸毘大行은 卽方便報恩經이요 破盧志巨慳은 卽盧志長者經이요 談般若等者는 大品廣說이요 揚大敎等者는 淨名과 大品等이라 其類非一이나 恐厭文繁하야 不能具出하니라

오히려 아수라를 두려워한다고 한 것은, 수라修羅는 하늘이 감로의 맛이 있음을 질투하고,
모든 하늘은 수라의 여색女色을 구하기에 그로 인하여 다툼을 일으키나니
널리 그 인연이 있다.[522]
만약 선행을 닦는 사람이 많다면이라고 한 것은, 『정법념경』에 말하기를 제석이 아수라가 싸우러 오려는[523] 줄 알고 급히[524] 천사를

522 원문에 광유인연廣有因緣은 다투는 연유, 내력이 있다는 뜻이다.

보내어 하여금 염부제 사람들이 선행을 닦는 사람이 많은지 악행을 하는 사람이 많은지를 관찰케 하여, 만약 선행을 닦는 사람이 많다면 전쟁에 반드시 승리하는 줄 알기에 그런 까닭으로 환희심을 내며, 만약 악행을 하는 사람이 많아서 부모에게 효도하지 않고 삼보를 공경하지 아니하면 곧 근심하는[525] 마음을 내어 전쟁에 승리하지 못하는 줄 안다 하였다.

지금에 감소減少한다고 말한 것은 나머지 시간을 겸하여 분별한 것이니[526]

악행을 하면 반드시 삼악도에 떨어지기에[527] 그런 까닭으로 인간과 하늘이 감소하는 것이다.

---

523 원문에 욕구欲求의 求(구) 자는 來(내) 자의 잘못이다. 그러나 求(구) 자로 보아 欲求라고 해도 뜻은 통한다 하겠다.

524 遽는 급히 거 자이다.

525 悴는 근심할 췌 자이다.

526 나머지 시간을 겸하여 분별한 것이라고 한 것은, 그 뜻에 말하기를 지금 이미 다만 전투시의 일만 분별한다면 곧 응당히 다만 전쟁(전투)에서 반드시 승리하지 못한다 말해야 할 것이어늘, 그 모든 하늘이 감소한다고 말한 것은 그 악취에 떨어지는 일을 겸하여 분별한 것이니, 악취에 떨어지는 것이 후시後時에 있는 까닭으로 나머지 시간이라 말하는 것이다.

527 악행을 하면 반드시 삼악도에 떨어진다고 한 등은, 대개 사람이 악행을 지어 삼악도에 떨어짐에 하늘이 또한 감소함이 있는 것은 악행을 저지른 사람이 삼악도에 떨어진즉 아수라는 한 권속을 얻고 제석천왕은 한 권속을 잃는 까닭이니, 그러한즉 인간이 감소하는 것이 곧 이 하늘이 감소하는 것이라고 『잡화기』는 말한다.

하물며 부처님의 부촉을 받아서라고 한 것은 곧 『정명경』과 『대품반야경』 등에 다 천제天帝[528]에게 부촉한다 하였다.

큰 방편으로 응대하는 것이겠는가 한 것은, 소승 가운데는 이 수다원須陀洹을 천제[529]라 설하였거니와, 만약 이 『화엄경』을 기준한다면 이 천제天帝는 대권大權 보살에 비례比例한다 하겠다.

상제보살의 마음을 견고하게 하는 등과 같음에 이르기까지라고 한 아래는 사실을 인용하고 증거하여 성립한 것이니,
상제보살의 마음을 견고하게 한다고 한 것은 『대품반야경』의 말이요,
설산동자의 게송을 시여한다고 한 것은 곧 『열반경』 십삼권의 말이요,
시비왕의 큰 행을 성취한다고 한 것은 곧 『방편보은경』의 말이요,
노지장자[530]의 크게 인색함을 깨뜨린다고 한 것은 곧 『노지장자경』의

---

528 천제天帝는 제석천왕이다.

529 천제天帝는 역시 제석천왕을 말한다.

530 노지장자 운운은, 노지장자는 부처님 당시 남천축의 거부였다. 그는 늘상 스스로를 복승비사문福勝毗沙門 낙승천제석樂勝天帝釋, 즉 나의 복은 비사문천왕보다 수승하고 나의 즐거움은 제석천왕보다 수승하다 하면서 집안 식구뿐만 아니라 모든 사람에게 인색하였다. 부처님이 그 버릇을 고쳐주려고 제석천왕에게 또 다른 노지장자로 변신하여 다녀오라 하였다. 제석은 곧 노지장자로 변신하여 노지장자의 집에 들어가 광을 열어 수많은 사람들에게 잔치를 베풀어 주었다. 그리하고는 집안사람들에게 나와 똑같이 생긴 사람이

말이요,

반야를 선법당 가운데서 담설한다고 한 등은 『대품반야경』에 널리 설한 것이요,

대교를 여래의 회하에서 드날린다고 한 등은 『정명경』과 『대품반야경』 등의 말이다.

그 유형이 하나가 아니지만 문장이 번잡함을 싫어할까 염려하여 능히 갖추어 설출하지 않는다.

찾아올 테니 절대로 문을 열어 주지 말라 하였다. 갑자기 돌변한 듯하여 이상하게는 생각하였으나 그렇게 하겠다고 하였다. 그러자 조금 있으니까 노지장자가 들어왔다. 하인이 서문 없이 나가라 하였다. "내가 이 집 주인인데 무슨 말이냐." "우리 집 상전께서는 이미 와서 안에 계시는데 무슨 잔말이야. 당장 나가라." 할 수 없이 쫓겨나 전전긍긍하다 고을 원님께 하소연하니 고을 원님이 두 노지장자를 불러놓고 광 속에 곡식은 얼마인지, 돈은 얼마인지 물으니 진짜 노지장자는 알지 못하고 변신한 제석의 노지장자는 잘도 아는 것이었다. 결국 고을 원님에게도 답을 얻지 못하고 빈병 걸인으로 유행하다가, 모든 사람은 몰라도 부처님만은 내 억울함을 아실 것이다 하고 부처님을 찾아가 이 억울함을 풀어 주십시오 하니, 부처님께서 제석천왕을 불러 본신으로 화현케 하시고 너의 인색한 마음을 고쳐주려고 한 것이니 앞으로는 절대로 인색하지도 방자하지도 말라 하였다. 이상은 뜻으로 인용한 것이다. 『노지장자경』과 『열반경』 범행품을 참고할 것이다.

經

復有無量須夜摩天王하니

다시 한량없는 수야마천왕이 있나니

疏

四는 須夜摩天이니 須者는 善也며 妙也요 夜摩는 時也니 具云하면 善時分天이라 論云호대 隨時受樂일새 故名時分天이라하니라 又大集經엔 此天은 用蓮華開合하야 以明晝夜라하며 又云호대 赤蓮華開爲晝하고 白蓮華開爲夜일새 故云時分也라하니라 隨此時別하야 受樂亦殊일새 故論云호대 隨時受樂也라하니라

네 번째는 수야마천이니
수須라는 것은 선善이며 묘妙요, 야마夜摩는 시時니
갖추어 말하면 선시분천善時分天이다.
『불지론』에 말하기를 때를 따라 즐거움을 받기에 그런 까닭으로 시분천이라 이름한다 하였다.
또 『대집경』에는 이 하늘은 연꽃이 펴지고 오므라짐으로써 낮과 밤을 밝힌다 하였으며,[531]

---

531 원문에 연화개합명주야蓮華開合明晝夜는 꽃이 펴지고 오므라지는 것은 매일 같이 하는 것으로 주야를 의미하고, 꽃이 피고 지는 것은 꽃의 一生을 말하는 것이니, 꽃이 피고 지고 꽃이 펴지고 오므라진다는 것을 잘 번역하여

또 말하기를 붉은 연꽃이 피면 낮이 되고 흰 연꽃이 피면 밤이 되기에 그런 까닭으로 말하기를 시분時分이라 한다 하였다.

이 때가 다름을 따라서 즐거움을 받는 것도 또한 다르기에 그런 까닭으로 『불지론』에 말하기를 때를 따라 즐거움을 받는다 하였다.

야 한다.

經

所謂善時分天王과 可愛樂光明天王과 無盡慧功德幢天王과 善變化端嚴天王과 總持大光明天王과 不思議智慧天王과 輪臍天王과 光焰天王과 光照天王과 普觀察大名稱天王이라 如是等이 而爲上首하야 其數無量하니 皆勤修習廣大善根하야 心常喜足하니라

말하자면 선시분 천왕과 가애락광명 천왕과 무진혜공덕당 천왕과 선변화단엄 천왕과 총지대광명 천왕과 부사의지혜 천왕과 윤제 천왕과 광염 천왕과 광조 천왕과 보관찰대명칭 천왕입니다.

이와 같은 등이 상수가 되어 그 수가 한량이 없었나니

다 부지런히 광대한 선근을 닦아 익혀 마음이 항상 기쁘고 만족한 이들입니다.

疏

德中에 心恒喜足者는 喜足在於第四이니 今慕上而修니라

공덕 가운데 마음이 항상 기쁘고 만족하다고 한 것은 기뻐하고 만족함이 제사천[532]에 있나니,
지금에는 위에[533] 제오천을 사모하여 수행하는 것이다.

532 第四는 야마천夜摩天이다. 『잡화기』에는 第四란 제사단第四段이니, 말하자면 기쁘고 만족(喜足)하는 것은 제오단第五段이거늘, 여기 제사단에 있는 사람이 위에 제오의 희족(도솔타천)을 사모하여 수행하는 까닭이니. 第四하니 吐라 하였다. 그러나 어리석은 나(私記主)는 第四는 제사천(야마천)이니, 말하자면 기쁘고 만족하는 것이 제사천 가운데 있거늘, 지금에 제삼천(도리천~삼십삼천)이 이 덕이 있는 사람은 위에 第四天을 사모하여 수행하는 까닭이니, 第四어늘 吐로 본다고 하였다.

533 上이란, 第五 도솔천兜率天이다.

經

復有不可思議數兜率陀天王하니

다시 가히 사의할 수 없는 수의 도솔타천왕이 있나니

疏

五는 兜率天王이니 此云喜足이라 論云호대 後身菩薩이 於彼教化하야 多修喜足之行故라하니 得少意悅이 爲喜요 更不求餘가 爲足이라

다섯 번째는 도솔타천왕이니,
여기서 말하면 희족喜足이다.
『불지론』에 말하기를 최후신最後身 보살이[534] 저곳에서 교화하여 다분히 기쁘고 만족하는 행(喜足行)을 닦게 하는 까닭이라 하였으니,
조금이라도 마음에 기쁨을 얻는 것이 희喜가 되는 것이요,
다시 나머지 기쁨을 구하지 않는 것이 족足이 되는 것이다.

---

534 『불지론』에 말하기를 최후신 보살이라고 한 것은, 저 도솔타천에 거주한 보살이 저 도솔타천을 좇아 하강하여 곧 문득 성불한 까닭으로 저 보살은 이 보살의 최후 몸이니, 뒤에 다시 다른 보살의 몸은 없는 까닭이다. 강자권畺字卷 상권 18장을 보라고 『잡화기』는 말한다. 여기서 최후신 보살은 도솔천에 호명보살로 있다가 하강하여 성불하신 석가모니를 가리키고 있다 하겠다.

經

所謂知足天王과 喜樂海髻天王과 最勝功德幢天王과 寂靜光天王과 可愛樂妙目天王과 寶峯淨月天王과 最勝勇健力天王과 金剛妙光明天王과 星宿莊嚴幢天王과 可愛樂莊嚴天王이라 如是等이 而爲上首하야 不思議數니 皆勤念持一切諸佛의 所有名號하니라

말하자면 지족 천왕과 희락해계 천왕과 최승공덕당 천왕과 적정광 천왕과 가애락묘목 천왕과 보봉정월 천왕과 최승용건력 천왕과 금강묘광명 천왕과 성수장엄당 천왕과 가애락장엄 천왕입니다.

이와 같은 등이 상수가 되어 사의할 수 없는 수가 있었나니

다 부지런히 일체 모든 부처님이 소유한 명호를 생각하여 가진 이들입니다.

疏

德中에 彼天은 是諸佛上生之處일새 故令修念佛三昧也니라 召體曰名이요 響頒人天爲號니 通號別名을 皆悉念也니라 不記一方일새 故云一切라하니 以諸如來가 同一法界하야 體德均故니라 念卽明記니 而慧逾增이요 持而不忘이니 故無間斷이라 以佛爲境거니 何五塵之能惑哉아

공덕 가운데 저 도솔천은 이 모든 부처님께서 상생上生한 곳이기에 그런 까닭으로 하여금 염불삼매念佛三昧를 닦게 하는 것이다.
부처님의 자체를 부르는 것을 명名이라 말하고, 부르는 소리가 인간과 천상에서 나누어지는[535] 것을 호號라 하나니,
통호通號와 별명別名을 모두 다 생각하여 가지는 것이다.[536]
한 방소에 부처님만 기억하여 생각하지 않기에 그런 까닭으로 말하기를 일체一切라 하였으니,
모든 여래가 한 법계와 같아서 자체의 공덕이 균등한 까닭이다.
생각한다(念)고 한 것은 곧 분명하게 기억하는 것이니
지혜가 더욱 증장하는[537] 것이요,
가진다(持)고 한 것은 잊지 않는 것이니
그런 까닭으로 잠깐도 끊어짐이 없는 것이다.
부처님으로써 경계를 삼거니 어찌 오진五塵이 능히 현혹하겠는가.

---

535 頒은 나눌 반이다.

536 명호는 통호와 별호이니, 통호와 별호를 생각하는 이것이 염불이다.

537 지혜가 더욱 증장한다고 한 것은, 지금에는 정定과 혜慧에 통하는 까닭으로 그렇게 말한 것이라고 『잡화기』는 말하고 있다.

經

復有無量化樂天王하니

다시 한량없는 화락천왕이 있나니

疏

六은 化樂天王이니 論云호대 樂自變化하야 作諸樂具하야 以自娛樂이라하며 又但受自所化樂하고 不犯他故로 名爲善化也라하니라 變謂轉變이니 轉麁爲妙요 化謂化現이니 無而忽有니라

여섯 번째는 화락천왕이니,
『불지론』에 말하기를 스스로 변화하기를 좋아하여 모든 오락의 기구를 만들어 스스로 오락을 한다 하였으며,
또 다만 스스로 변화하여 좋아하는 바만을 받아들이고 다른 것을 범하지 않는 까닭으로 이름을 선화善化라 하였다.
변變이라는 것은 전변轉變을 말하는 것이니
추잡한 것을 전하여 아름답게 하는 것이요,
화化라는 것은 화현化現을 말하는 것이니
없는 듯하지만 홀연히 있는 것이다.

經

所謂善變化天王과 寂靜音光明天王과 變化力光明天王과 莊嚴主天王과 念光天王과 最上雲音天王과 衆妙最勝光天王과 妙髻光明天王과 成就喜慧天王과 華光髻天王과 普見十方天王이라 如是等이 而爲上首하야 其數無量하니 皆勤調伏一切衆生하야 令得解脫케하니라

말하자면 선변화 천왕과 적정음광명 천왕과 변화력광명 천왕과 장엄주 천왕과 염광 천왕과 최상운음 천왕과 중묘최승광 천왕과 묘계광명 천왕과 성취희혜 천왕과 화광계 천왕과 보견시방 천왕입니다.

이와 같은 등이 상수가 되어 그 수가 한량이 없었나니

다 부지런히 일체중생을 조복하여 하여금 해탈을 얻게 한 이들입니다.

疏

德中에 以出世化일새 故得解脫케하니라

공덕 가운데[538] 출세간의 법으로써 교화하기에 그런 까닭으로 해탈을 얻게 하는 것이다.

538 공덕 가운데라고 한 아래에 엄격하게는 "하여금 해탈을 얻게 한다고 한 것은"이라는 말이 있어야 한다. 이 아래도 이런 유형은 마찬가지이다.

經

復有無數他化自在天王하니

다시 수없는 타화자재천왕이 있나니

疏

七은 他化自在天王이니 論云호대 令他化作樂具케하야 以自娛樂하야 顯己自在故라하니라

일곱 번째는 타화자재천왕이니,
『불지론』에 말하기를 다른 사람으로 하여금 오락의 기구를 화작化作케 하여 스스로 오락하여 자기의 자재함을 나타내는 까닭이다 하였다.

經

所謂得自在天王과 妙目主天王과 妙冠幢天王과 勇猛慧天王과 妙音句天王과 妙光幢天王과 寂靜境界門天王과 妙輪莊嚴幢天王과 華蘂慧自在天王과 因陀羅力妙莊嚴光明天王이라 如是等이 而爲上首하야 其數無量하니

말하자면 득자재 천왕과 묘목주 천왕과 묘관당 천왕과 용맹혜 천왕과 묘음구 천왕과 묘광당 천왕과 적정경계문 천왕과 묘륜장엄당 천왕과 화예혜자재 천왕과 인다라력묘장엄광명 천왕입니다.

이와 같은 등이 상수가 되어 그 수가 한량이 없었나니

疏

名中에 寂靜境界門者는 境爲入理之處니 卽是門也요 根無躁動이니 故稱寂靜이니 根卽門也니라 根無取著하야사 方見境空이니 合爲門也니라 故鴦掘經云호대 明見來入門하야사 具足無減修라하니라

이름 가운데 적정경계문이라고 한 것은, 경계[539]는 진리에 들어가는 처소가 되나니[540]

539 경계는 육경六境이다.

곧 이는 문門이요,

제근諸根[541]은 들뜨거나 동요함이 없나니 그런 까닭으로 적정寂靜이라 이름하나니,

제근도 곧 문門이다.

제근이 취착取着함이 없어야 바야흐로 경계境界가 공함을 보나니 함께 문門이라 하였다.

그런 까닭으로 『앙굴경』 게송에[542] 말하기를

분명히 보고 와서 그 문에 들어가야[543]

구족하게 수행이 감소함이 없을 것이다 하였다.

---

540 경계는 진리에 들어가는 처소가 된다고 한 등은 이것은 경계문이니 곧 경계가 문門이 되는 뜻이고, 제근은 들뜨거나 동요함이 없다고 한 등은 이것은 적정문이니 곧 제근이 문이 되는 뜻이고, 제근이 취착取着함이 없어야 한다고 한 아래는 두 가지가 다 문이 되는 것을 합하여 나타낸 것이다. 이상은 『잡화기』의 말이다.

541 제근諸根은 육근六根이다.

542 『앙굴경』 게송에 운운한 것은 곧 저 『앙굴경』 제삼권 육입 가운데 문장이니, 그 위에 반게송에 말하기를, 말하자면 안입처眼入處가 / 저 모든 여래의 영원한 것이다 하였다.

543 와서 그 문에 들어간다고 한 것은, 여래의 안근이 이것이 진리에 통하는 문이니 들어가는 것(六入)이 곧 근(六根)이다. 그렇다면 곧 이 게송은 오직 제근諸根이 문이 되는 뜻만 증거한 것이다. 본경을 자세히 보고 또 조자권鳥字卷 상권 11장에 나와 있으니 자세히 볼 것이다. 역시 『잡화기』의 말이다.

經

皆勤修習自在方便과 廣大法門하니라

다 부지런히 자재한 방편과 광대한 법문을 닦아 익힌 이들입니다.

疏

德中에 物我自在가 卽廣大法門이라
初에 欲界天衆은 竟이라

공덕 가운데[544] 만물과 내가 자재한 것이 곧 광대한 법문이다.

처음에 욕계의 천중天衆은 마친다.

544 공덕 가운데라고 한 아래에 "역시 광대한 법문이라고 한 것은"이라는 말이 있어야 한다.

經

復有不可數大梵天王하니

다시 가히 수없는 대범천왕이 있나니

疏

第二는 色界諸天衆이라 有五衆하니 以第四禪에 有二衆故니라 然四靜慮에 攝天多少는 下經頻列하니 至十藏品하야 當會釋之리라 多依十八하니 初二三은 各攝三天이라 皆擧最上하야 以勝攝劣일새 故但列一하니라 下文說頌에 遍觀諸天이라하니 第四靜慮는 自攝九天하니라 上五는 小乘聖居니 非此正被니라 異生位中엔 廣果至極일새 故今列之요 大自在天은 三千界主일새 所以別列하니라 今初는 大梵天王衆이니 佛地論云호대 離欲寂靜일새 故名爲梵이라하니라 具云梵摩니 此云淸潔寂靜이라 謂創離欲染일새 故名淸潔이요 得根本定일새 名爲寂靜이라

제 두 번째는 색계의 모든 천중天衆이다.
오중五衆이 있나니
제사선천에 이부중二部衆[545]이 있는 까닭이다.
그러나 사정려四靜慮[546]에 하늘의 다소多少를 섭수한 것은 하경下經에

545 이부중二部衆이란, 광과천廣果天과 대자재천大自在天이다.

자주 열거하였으니,

십무진장품에 이르러 마땅히 회석會釋하겠다.

다분히 십팔천十八天을 의지하나니

초선천[547]과 이선천과 삼선천은 각각 삼천三天을 섭수한다.

다 최상천을 열거하여 수승한 하늘로써 하열한 하늘을 섭수하기에

그런 까닭으로 다만 한 하늘[548]만 열거하였다.

아래 문장에 게송을 설함에[549] 두루 모든 하늘을 관찰한다 하였으니,

---

546 사정려四靜慮는 색계사선정이니 초선은 유심유사정有尋有伺定이고, 이선은 무심유사정無尋有伺定이고, 삼선은 무심무사정無尋無伺定이고, 사선은 사념법사정捨念法事定이다.

547 정려사靜慮四라는 세 글자가 소본에 없다면 곧 지금에 있는 것은 반드시 衍(연) 자이다. 그러한즉 이것은 이 『유가론』의 뜻이니, 말하자면 앞의 삼선三禪에 각각 삼천三天이 있고, 제사선 가운데 무상천으로 광과천에 섭수하여 두고 색구경천 밖에 따로 대자재천을 설한 까닭으로 스스로 구천九天이 있으면 곧 합하여 십팔천十八天이 되는 것이다. 그러나 아래 십무진장품 소문에 또한 十八天을 밝혔으되 여기로 더불어 같지 않나니, 저 십무진장품에는 초선에 四天을 나누고 제사선에 八天이 있는 까닭이다. 그러한 까닭은, 이것은 지금 소문에는 대자재천을 따로 설한 까닭이고, 아래 십무진장품의 저 소문에는 대자재천을 설하지 않고 범신梵身을 따로 더한 까닭이다. 이상은 역시 『잡화기』의 말이다. 바로 위에 하경에 하늘의 多少를 섭수한 것은 십무진장품에 이르러 회석하겠다고 한 것이 이것이다. 『잡화기』는 정려사 세 글자가 衍(연)이라 하였으나 四字만 衍으로 보고 초정려와 이정려와 삼정려는이라고 번역해도 무방하다.

548 한 하늘이란, 제사선천이다.

549 아래 문장에 운운은, 원문에 변관제천徧觀諸天이라는 말이 게송이라는 말이 아니라 게송을 설하기 전, 예를 들면 일체 자재천 대중을 널리 (두루) 관찰하고

제 네 번째 정려(第四靜慮)[550]는 스스로 아홉 하늘(九天)을 섭수하였다.[551] 구천九天 가운데 위의 오천五天[552]은 소승의 성인이 거처하는 곳이니[553] 이는 정피正被가 아니다.

이생위異生位[554] 가운데는 광과천廣果天이 극위極位에 이르기에 그런 까닭으로 지금에 열거하였고, 대자재천大自在天은 삼천대천세계의 주인이기에 그런 까닭으로 따로 열거하였다.

지금은 처음으로 대범천왕중이니,

『불지론』에 말하기를 욕망을 떠나 적정하기에 그런 까닭으로 이름을 범梵이라 하였다.

갖추어 말하면 범마梵摩이니 여기서 말하면 청결적정淸潔寂靜이다. 말하자면 처음으로 욕망의 더러움을 떠났기에 그런 까닭으로 이름을 청결이라 하고, 근본 선정을 얻었기에 이름을 적정이라 하는 것이다.

게송을 설하여 말하기를 또 일체 소광천·무량광천·광과천 대중을 널리 관찰하고 게송을 설하여 말하기를이라고 한 등이니, 한꺼번에 모든 하늘을 널리 (두루) 관찰한다 한 것이다. 80본 『화엄경』 세주묘엄품에는 보관普觀이라 하였고, 60본 『화엄경』 세간정안품世間淨眼品에는 변관徧觀이라 하였다. 세주묘엄품을 60본 『화엄경』에는 세간정안품이라 하였다.

550 제 네 번째 정려(第四靜慮)는 제사선천이다.

551 아홉 하늘(九天)을 섭수하였다고 한 것은, 무상천을 합하고 자재천을 연 까닭이니 아래 제사단에 무상천을 들지 않고 광과천을 든 까닭이다. 이상은 『잡화기』의 말이고, 아래 제사단이란 영인본 화엄 2책, p.687, 3행이다.

552 구천九天 가운데 위의 오천五天이라고 한 것은, 무운·복생·광과·무상·무번·무열·선견·선현·색구경천 가운데 뒤에 오천이 위의 오천이다.

553 소승의 성인이 거처하는 곳이란, 소승의 삼과위三果位이다.

554 이생위異生位는 범부위凡夫位이다.

經

所謂尸棄天王과 慧光天王과 善慧光明天王과 普雲音天王과 觀世言音自在天王과 寂靜光明眼天王과 光遍十方天王과 變化音天王과 光明照耀眼天王과 悅意海音天王이라 如是等이 而爲上首하야 不可稱數하니

말하자면 시기 천왕과 혜광 천왕과 선혜광명 천왕과 보운음 천왕과 관세언음자재 천왕과 적정광명안 천왕과 광변시방 천왕과 변화음 천왕과 광명조요안 천왕과 열의해음 천왕입니다.

이와 같은 등이 상수가 되어 가히 그 수를 말할 수 없었나니

疏

尸棄는 此云持髻니 謂此梵王의 頂有肉髻가 似螺形故라 亦名螺髻니라 或云火頂이니 以火災至此故라 貌如童子요 身白銀色이며 衣金色衣요 禪悅爲食이라

시기尸棄는 여기서 말하면 지계持髻이니,
말하자면 이 범천왕의 머리에 육계肉髻가 있는 것이 마치 소라의 모습과 같은 까닭이다.
또한 라계螺髻라고도 이름한다.
혹은 화정火頂이라고도 말하나니

화재火災가 이 대범천에까지 이르는 까닭이다.

이 천왕의 얼굴은 동자와 같고 몸은 흰 은색이며

옷은 금색 옷이고 선열禪悅로 밥을 삼는다.

經

皆具大慈하야 憐愍衆生하고 舒光普照하야 令其快樂케하니라

다 큰 자비를 갖추어 중생을 어여삐 여기고 광명을 펴 널리 비추어 그로 하여금 쾌락케 한 이들입니다.

疏

德中에 本修慈心하야 得生梵世일새 等流相續하야 還愍衆生이라 好請轉法輪일새 故智光照物하고 不爲汚行일새 故身光發揮하나니 若有遇之하면 身心悅樂하니라

공덕 가운데 본래 자비한 마음을 닦아 범천의 세상에 태어남을 얻었기에 같은 무리(等流)[555]가 상속相續하여 도리어 중생을 어여삐 여기는 것이다.

555 등류 운운은, 『잡화기』에 말하기를 인간에 가서 자비를 닦더니 지금에는 이 범천에 태어나 자비를 닦는 까닭으로 상속이라 말하는 것이고, 같은 무리(等流)가 상속한다고 한 것은 등류인等流因과 상속인相續因이라 하였다. 『유망기』에는 등류과가 등류인으로 더불어 상속한다 하였으니, 통합적으로 잘 살펴볼 것이다.
등류는 같은 무리라는 말이다. 또 등류는 네 가지 법신의 하나이니, 첫 번째 자성법신自性法身과 두 번째 수용법신受用法身과 세 번째 변화법신變化法身과 네 번째 등류법신等流法身 가운데 제 네 번째이다. 등류법신은 부처님의 몸이 변화하여 사람과 짐승과 같은 유형을 짓는 것이다.

법륜 전하기 청함을 좋아하기에 그런 까닭으로 지광智光이 중생을 비추고, 오염된 행을 하지 않기에 그런 까닭으로 신광身光이 발휘하나니,

만약 어떤 사람이라도 이 광명을 만나면 몸과 마음이 기쁘고 즐거울 것이다.

經

復有無量光音天王하니

다시 한량없는 광음천왕이 있나니

疏

第二는 光音天이니 二禪의 第三天也라 智論亦云호대 第二禪을 通名光音이라하니 彼天語時에 口出淨光故니라 有云호대 彼無尋伺하고 言語亦無하야 用光當語일새 故名光音이라하니라 瑜伽에 名極光淨이니 謂淨光이 遍照自他處故라하니라

두 번째는 광음천이니,
이선천二禪天의 제 세 번째 하늘이다.
『지도론』에 또한 말하기를 제이선천을 모두 광음光音이라 이름하나니,
저 하늘이 말을 할 때에 입에서 맑은 빛이 나오는 까닭이다 하였다.
어떤 사람이 말하기를 저 하늘에는 심尋도 사伺[556]도 없고 언어도 또한 없어서 빛을 사용하여 마땅히 말을 하기에 그런 까닭으로 광음이라 이름한다 하였다.

556 심사尋伺는, 尋은 대상에 대하여 찾아 구하는 것이고, 伺는 한 걸음 더 나아가 엿보아 살피는 것이다.

『유가론』에는[557] 극광정極光淨이라 이름하나니,
말하자면 맑은 빛이 자·타의 처소에 두루 비치는 까닭이다 하였다.

557 『유가론』 운운은, 『유가론』에는 이 말이 보이지 않고 『현담회현기』 제육권에는 보이나 의미가 없다. 청량스님의 『현담』을 보고 『회현기』를 지었기에 그렇다. 다시 『유가론』을 찾아볼 것이다.

經

所謂可愛樂光明天王과 淸淨妙光天王과 能自在音天王과 最勝念智天王과 可愛樂淸淨妙音天王과 善思惟音天王과 普音遍照天王과 甚深光音天王과 無垢稱光明天王과 最勝淨光天王이라 如是等이 而爲上首하야 其數無量하니 皆住廣大寂靜喜樂無礙法門하니라

말하자면 가애락광명 천왕과 청정묘광 천왕과 능자재음 천왕과 최승염지 천왕과 가애락청정묘음 천왕과 선사유음 천왕과 보음변조 천왕과 심심광음 천왕과 무구칭광명 천왕과 최승정광 천왕입니다.

이와 같은 등이 상수가 되어 그 수가 한량이 없었나니

다 광대하고 적정하고 희락한 걸림 없는 법문에 머문 이들입니다.

疏

德中에 定生喜樂하야 離尋伺故로 得寂靜名이라 然凡得之에 捨動求靜일새 故非廣大요 味定之喜일새 非無礙法거니와 今菩薩은 卽動而靜하야 不散不味일새 是爲廣大無礙法門也니라

공덕 가운데 선정 속에 희락喜樂을 내어 심사尋伺를 떠난 까닭으로

적정寂靜이라는 이름을 얻은 것이다.

그러나 범부는 그것을 얻으려 함에 동요함을 버리고 적정을 구하기에 그런 까닭으로 광대廣大라 하지 않고, 선정에 맛들여 희락하기에 걸림 없는 법문이라 하지 않거니와,

지금에 보살은 동요함에 즉卽하여 적정하여 산란하지도 않고 맛들이지도 않기에 이것을 광대한 걸림 없는 법문이라 하는 것이다.

經

復有無量遍淨天王하니

다시 한량없는 변정천왕이 있나니

疏

第三은 遍淨天이니 此天離喜하야 身心遍淨故니라

제 세 번째는 변정천이니,
이 하늘은 희락을 떠나[558]
몸과 마음이 두루 청정한 까닭이다.

---

558 원문에 차천리희此天離喜는, 이 변정천은 제 두 번째 광희천光喜天의 정생희락定生喜樂을 떠났다는 것이다.

經

所謂淸淨名稱天王과 最勝見天王과 寂靜德天王과 須彌音天王과 淨念眼天王과 可愛樂最勝光照天王과 世間自在主天王과 光焰自在天王과 樂思惟法變化天王과 變化幢天王과 星宿音妙莊嚴天王이라 如是等이 而爲上首하야 其數無量하니 悉已安住廣大法門하야 於諸世間에 勤作利益하니라

말하자면 청정명칭 천왕과 최승견 천왕과 적정덕 천왕과 수미음 천왕과 정염안 천왕과 가애락최승광조 천왕과 세간자재주 천왕과 광염자재 천왕과 낙사유법변화 천왕과 변화당 천왕과 성수음묘장엄 천왕입니다.

이와 같은 등이 상수가 되어 그 수가 한량없었나니

다 이미 광대한 법문에 안주安住하여 모든 세간에 부지런히 이익을 짓게 한 이들입니다.

疏

德中에 身心遍淨은 未爲廣大어니와 物我無二하야 普益世間하야사 方爲廣大也니라

공덕 가운데 몸과 마음이 두루 청정한 것은 아직 광대함이 되지

않거니와,

만물과 내가 둘이 없어서 널리 세간을 이익케 하여야 바야흐로 광대함이 된다 할 것이다.

經

復有無量廣果天王하니

다시 한량없는 광과천왕이 있나니

疏

第四는 廣果天이니 卽第四禪의 第三天이라 於異生에 善果가 此最廣故며 所有功德도 勝下三故니라

제 네 번째는 광과천이니,
곧 제사선천의 제 세 번째 하늘이다.
이류생異類生 가운데 선과善果가 이 하늘이 가장 넓은 까닭이며,
소유한 공덕도 아래 삼천三天[559]보다 수승한 까닭이다.

---

559 아래 삼천三天이라고 한 것은 1. 대범천, 2. 광음천, 3. 변정천이다. 『잡화기』에는 아래 삼천이란 아래 삼선三禪이라 하니 같은 말이다.

經

所謂愛樂法光明幢天王과 清淨莊嚴海天王과 最勝慧光明天王과 自在智慧幢天王과 樂寂靜天王과 普智眼天王과 樂旋慧天王과 善種慧光明天王과 無垢寂靜光天王과 廣大清淨光天王이라 如是等이 而爲上首하야 其數無量하니 莫不皆以寂靜之法으로 而爲宮殿하야 安住其中하니라

말하자면 애락법광명당 천왕과 청정장엄해 천왕과 최승혜광명 천왕과 자재지혜당 천왕과 낙적정 천왕과 보지안 천왕과 낙선혜 천왕과 선종혜광명 천왕과 무구적정광 천왕과 광대청정광 천왕입니다.

이와 같은 등이 상수가 되어 그 수가 한량이 없었나니

다 적정한 법으로 궁전을 삼아 그 가운데 안주하지 아니함이 없는 이들입니다.

疏

德中에 此天은 離八災患하야 世中最寂하니 今以實智로 住本寂之宮이라

공덕 가운데 이 하늘은 팔재八災[560]의 환난[561]을 떠나 세상 가운데

가장 적정하나니,

지금에 진실한 지혜로써 그 본래적정(本寂)한 궁전에 안주한 것이다.

560 팔재八災는 팔난八難 혹은 삼재팔난三災八難이라고도 한다.

561 팔재八災의 환난이라고 한 것은, 『잡화기』에 말하기를 고苦·우憂·심尋·사伺·희喜·락樂·출식出息·입식入息이 이것이니, 검자권劍字卷 52장을 볼 것이다 하였다.

經

復有無數大自在天王하니

다시 수없는 대자재천왕이 있나니

疏

第五는 大自在者라 梵云摩醯首羅가 是也니 於三千界에 最自在故니라 智論第二云호대 此天은 有八臂三目하며 乘白牛執白拂하며 一念之間에 能知大千雨滴이라하니 下經同此니라 智論第九에 過五淨居하야 有十住菩薩住處하니 亦名淨居요 號大自在天王이라하며 又三乘中에 立此爲淨土하니 是報身所居라 約實인댄 但是第十地菩薩이 攝報之果로 多作彼王耳니라

제 다섯 번째는 대자재천[562]이다.
범어에 말하기를 마혜수라천이라고 한 것이 이것이니,
삼천대천세계에 가장 자재한 까닭이다.
『지도론』 제이권에 말하기를 이 하늘은 여덟 개의 팔과 세 개의 눈이 있으며, 흰 소를 타고 흰 불자를 잡았으며,
한 생각 사이에 능히 삼천대천세계의 빗방울을 안다 하였으니
아래의 경에 설한 것도 여기와 같다.

562 대자재천大自在天은 색구경천色究竟天이다.

『지도론』 제구권[563]에는 오정거천五淨居天을 지나서 십주보살의 주처住處가 있나니 또한 이름이 정거천이요, 이름이 대자재천왕이라 하였으며,

또 삼승 가운데는[564] 이 하늘을 세워 정토淨土를 삼았으니,

이 하늘은 보신이 거처하는 바이다.

진실을 잡는다면 다만 제 십지보살이 보신을 섭수한 과보로 다뷴히 저 자재천왕을 지었을 뿐이다.

---

563 원문에 『지도론』 제일권이라고 한 것은, 대만본 등에는 제십일권이라 하였다. 그러나 아래 인용한 것을 보면 『지도론』 제구권이다. 『탐현기』도 제구권이라 하였다. 미루어보면 남장경과 북장경은 2권의 차이가 있으므로 구권과 십일권은 같다 하겠다. 따라서 나는 구권으로 고친다.

564 또 삼승 가운데라고 한 등은 권상종(權相宗: 三乘)의 소견을 설출한 것이니 곧 실보신의 뜻이요,

진실을 잡는다면이라고 한 등은 이것은 당종(當宗: 華嚴)의 뜻이니 곧 십지보살이 보신을 섭수하는 뜻이다. 역시 『잡화기』의 말이다.

經

所謂妙焰海天王과 自在名稱光天王과 淸淨功德眼天王과 可愛樂大慧天王과 不動光自在天王과 妙莊嚴眼天王과 善思惟光明天王과 可愛樂大智天王과 普音莊嚴幢天王과 極精進名稱光天王이라 如是等이 而爲上首하야 不可稱數니 皆勤觀察無相之法하야 所行平等하니라

말하자면 묘염해 천왕과 자재명칭광 천왕과 청정공덕안 천왕과 가애락대혜 천왕과 부동광자재 천왕과 묘장엄안 천왕과 선사유광명 천왕과 가애락대지 천왕과 보음장엄당 천왕과 극정진명칭광 천왕입니다.

이와 같은 등이 상수가 되어 가히 그 수를 말할 수 없었나니

다 부지런히 무상無相의 법을 관찰하여 행하는 바가 평등한 이들입니다.

疏

德中에 三界之頂은 非無相이면 不超나 非離相求일새 故所行平等이라하니라 然上釋名과 歎德이 皆從義便하야 以順類殊거니와 若約實德인댄 無不互有하나니 皆可虛求니라

衆海雲集은 竟이라

已下에 入第二卷하야는 第七에 稱揚讚德이라

공덕 가운데 삼계의 정상[565]은 무상無相의 법이 아니면 넘을 수 없지만, 유상有相을 떠나서 구하지 않기에 그런 까닭으로 행하는 바가 평등하다 하였다.
그러나 위에 이름을 해석(釋名)하고 덕을 찬탄(歎德)한 것이 다 뜻의 편리함을 좇아 유형類形을 따라 달리 해석하였거니와,
만약 진실한 공덕을 잡는다면 서로 있지 아니함이 없나니,
다 가히 빈 마음으로 궁구할 것이다.

대중이 구름처럼 모인다고(衆海雲集)한 것은 마친다.

이 아래 제이권에 들어가서는[566] 제 일곱 번째 공덕을 칭양하여 찬송(稱揚讚德)하는 것이다.[567]

---

565 삼계의 정상이라고 한 것은, 강사가 말하기를 우선 통상에 나아가 말한 것이어니와 그 진실인즉 二界의 정상이라 하나, 어리석은 나(私記主)는 곧 이것은 표법表法을 잡아 해석한 것이니, 말하자면 사실이 있은즉 二界의 정상에 해당하거니와 지금에는 법을 표하는 까닭으로 삼계의 정상이라 말하나니, 곧 색계의 정상으로 삼계三界의 정상을 표하는 것이다. 역시 『잡화기』의 말이다.

566 이 아래 제이권에 들어간다고 한 것은 바로 아래 『화엄경청량소초』 제이권이다.

567 제 일곱 번째 공덕을 칭양하여 찬송한다고 한 것은 교기인연敎起因緣의 십단 가운데 제칠단이다. 교기인연은 영인본 화엄 2책, p.396, 8행에 선출先出하였다.

청량 징관(清涼 澄觀, 738~839)

중국 화엄종의 제4조.
절강성浙江省 월주越州 산음山陰 사람으로, 속성은 하후夏侯, 자는 대휴大休, 탑호는 묘각妙覺이다.
11세에 출가하여 계율, 삼론, 화엄, 천태, 선 등을 비롯, 내외전을 두루 수학하였다. 40세(777년) 이후 오대산 대화엄사에 머물면서 『화엄경』을 여러 차례 강설하였으며, 이를 토대로 『대방광불화엄경소』 60권, 『대방광불화엄경수소연의초』 90권을 저술하고 강의하였다. 796년에는 반야삼장의 『40권 화엄경』 번역에 참여하였고, 덕종에게 내전에서 화엄의 종지를 펼쳤다. 덕종에게 청량국사清涼國師, 헌종에게 승통청량국사僧統清涼國師라는 호를 받는 등 일곱 황제의 국사를 지냈다.
저서로 『화엄경주소華嚴經註疏』, 『화엄경수소연의초華嚴經隨疏演義鈔』, 『화엄경강요華嚴經綱要』, 『화엄경략의華嚴經略義』, 『법계현경法界玄鏡』, 『삼성원융관문三聖圓融觀門』 등 400여 권이 있다.

관허 수진貫虛 守眞

1971년 문성 스님을 은사로 출가, 1974년 수계, 해인사 강원과 금산사 화엄학림을 졸업하고, 운성, 운기 등 당대 강백 열 분에게 10년간 참문수학하였다.
1984년부터 수선안거 10년을 성만하고, 1993년부터 7년간 해인사 강원 강주로 학인들을 지도하였다.
대한불교조계종 교육위원, 역경위원, 교재편찬위원, 중앙종회의원, 범어사 율학승가대학원장 및 율주를 역임하였다.
현재 부산 승학산 해인정사에 주석하면서, 대한불교조계종 고시위원장, 단일계단 계단위원·존증아사리, 동명대학교 석좌교수, 동명대학교 세계선센터 선원장 등의 소임을 맡고 있다.

청량국사화엄경소초 12 - 세주묘엄품 ②

초판 1쇄 인쇄 2021년 4월 16일 | 초판 1쇄 발행 2021년 4월 26일
청량 징관 찬술 | 관허 수진 현토역주 | 펴낸이 김시열
펴낸곳 도서출판 운주사
(02832) 서울시 성북구 동소문로 67-1 성심빌딩 3층
전화 (02) 926-8361 | 팩스 0505-115-8361
ISBN 978-89-5746-642-1 94220
ISBN 978-89-5746-592-9 (총서) 값 23,000원
http://cafe.daum.net/unjubooks 〈다음카페: 도서출판 운주사〉